KB061401

새로운 **교육과정**

제도적 과정의 분석

박창언 저

INTRODUCTION OF CURRICULUM STUDIES

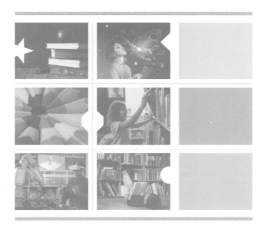

학지사

머리말

2022년 국가교육위원회가 만들어지면서 한국 교육과정 결정 주체의 변화가 일어났다. 국가교육위원회는 교육과정의 기준과 내용에 관한 기본적인 사항을 정하고, 교육부는 교육과정 개발 후속지원을 행하는 구조적 변화가 나타난 것이다. 광복 이후에는 국가에서 교육과정을 결정하였고, 제6차 교육과정 이후에는 교육과정 결정이 분권화된 뒤 생긴 구조의 또 다른 변화라고 볼 수 있다.

교육과정은 한 사회의 구성원들에게 공동으로 소유하고 있는 경험이 있다고 가정하고 사회적 합의를 구하는 방식으로 만들어진다. 국가교육위원회의 설치와 운영은 교육과정의 사회적 합의 방식을 제도화하였다는 점에서 중요한 의미를 지닌다. 제6차 교육과정 이후 외형상 교육과정 결정의 분권화를 가져왔다고는 하나, 학교의 교육과정은 국가에서 주어지는 제한된 자율 아래 만들어졌다.

교육과정의 자율이 과거에 비해 상대적으로 확대되고 있다 하더라도, 국가로부터 부여되는 자율은 한계가 있다. 이런 자율의 제한은 국가의 통제와 학교의 자율 간의 조화를 이루기도 하지만 긴장을 초래하기도 한다. 국가와 학교의 긴장 관계는 학생이 성장하는 질을 좌우한다. 따라서 새로운 교육과정 결정과 운영 체제의 변화에 따라 학생에게 적합한 교육과정이 만들어질 수 있도록 보다 많은 관심을 기울이고 주시하여야 할 것이다.

앞서 출간된 『현대 교육과정학』이 출간된 이후 선학과 동료 및 학생분들의 지적해 주시는 내용을 이 책에서 보완하였다. 개정판에서는 책의 제목, 전체적인 구조와 내용을 손봤다. 첫째, 국가교육위원회의 설치와 그에 따른 교육과정 수립 및 변경의 방식이 변함으로써 그에 따른 제도적 구조와 과정을 고려해 책의 제목을 변경하였다. 앞으로 연구의 진전 상황에 따라 제기되는 사항에 대해서 지속적으로 보완·개정하고자 한다.

둘째, 책의 전체적인 구조에서 제도적인 측면을 교육과정의 개발과 운영 과정의 한 부분으로 넣지 않고 교육과정의 개발과 운영의 전반적 사항에 관련되는 방식으로 순환론의 외부에 위치시켰다. 최근 교육과정을 수립·변경하는 과정이 법의 개정과 동시에 이루어지고, 개발과 운영의 제반 측면에서 법과 제도가 직간접적으로 관련되어 있기 때문이다.

셋째, 교육과정의 설계를 교육과정 개발의 바로 뒤에 제시하였다. 교육과정 설계는 국가 교육과정뿐만 아니라, 지역 및 학교 교육과정에 이르기까지 관계되므로 학교 교육과정 개발 이후에 위치시키는 것이 적절하다고 생각하였다. 그러나 교육과정 설계는 교육과정 개발 이전에 이루어지므로 국가 교육과정의 범주에서 기본 틀이 형성된다는 점 그리고 학교에서 자율의 부여가 국가 교육과정의 범주 내에서 이루어진다는 점을 감안하면 국가 교육과정에 기본적으로 초점을 두는 것이 맞다고 생각한다. 절차상 교육과정 설계가 우선이지만 교육과정 개발 이후에 배치한 것은, 개발의 외형적 틀을 이해한 이후에 그에 대한 사항을 제시하는 것이 독자의 이해에 용이하리라는 판단에서였다.

넷째, 서론과 결론을 추가하였다. 이제까지 교육과정을 만들 때, 사회적 합의나 제도적 지원에 대한 사항의 고려가 제대로 이루어지지 않았던 것으로 생각되었다. 그래서 이에 대한 문제의식을 서론에 제시하고, 결론에서는 이에 대한 반성적 고찰과 문제 및 과제를 제시함으로써 교육과정에 대한 이해를 보다 강화하고자 하였다.

다섯째, 국가교육위원회에 대한 내용은 제한적으로 제시하였다. 교육과정 개정 체제가 새로이 재편된 직후이고, 이 책을 출간하기까지 국가교육위원회가 교육과정을 공식적으로 수립·변경한 경험이 없는 관계로, 구조상의 변화에만 최소한의 수정과 보완을 하는 방향을 선택하였다.

여섯째, 교육과정 개발 후속지원으로 교과서 제도와 교원 연수 부분을 보완하였다. 2023년 6월 8일 「AI 디지털 교과서 추진방안」의 내용을 제시하고자 하였다. 그리고 교육과정에 대한 교원연수는 교육과정 보급 단계와 적용 단계로 구분하여 체계화하였다.

일곱째, 교육과정 운영은 실제 수업의 과정을 내용으로 개관함으로써 교육과정 실천의 의미를 살리고자 하였다. 교육과정 평가는 평가의 성격과 관점을 정리하고, 교육과정 개발과 운영 단계 및 협의의 질 관리 단계별로 제시하였다. 그리고 교육과정 평가의 모형도 이해 위주로 수정·보완하였다. 그러면서 교육과정 질 관리를 새로이 추가하여 의의, 질 관리 대상 및 방법을 설명하였다.

여덟째, 교육과정의 법과 행정이 다소 어렵게 느껴진다는 의견에 따라 개관하는 방향으로 기술하였다. 법적인 부분은 교육과정과 법의 관계, 교육과정 개발과 운영 및 평가의 단계별로 법 규정에 대한 내용을 개관하였다. 행정 부분은 교육과정 중심의 행정이 되어야 함을 주장하기 위한 내용으로 제시하였다.

이번에 개편된 교육과정의 체제와 기능을 평가하는 일은 몇 년의 시간이 소요될 것이다. 이번 책 또한 시간의 경과에 따라 수정과 보완을 하여야 할 것으로 생각된다. 새로이 개정을 하며 국가교육위원회의 이현석 연구관 님과 이윤하 연구관 님, 교육부의 이수나 연구사 님과 박민선 연구사 님께서 필요한 자료를 제공하고 조언해 주셨다. 그리고 저술 내용의 각 장별로 매주 세미나를 거치면서 수정과 보완을 하여야 할 사항에 대해서는 대학원생의 큰 도움을 받았다. 박사과정의 지미영 선생님과 서희 유학생, 석사과정의 이창현, 김수진 그리고 유학생인 저우웨퉁, 사령에게 감사드린다.

2023년 8월
지은이 박 창 언

차례

제**12**장

교육과정의 제도적 지원: 법과 행정 · 273

제**13**장

결론: 한국 교육과정의 과제 · 299

제1장 ▶▶

서론: 교육과정 이해의 관점

1. 교육의 의미와 교육과정

교육은 인간의 성장이나 변화에 관한 활동이다. 인간의 성장은 신체적 성장뿐만 아니라 지적인 성장, 기능적인 성장, 정서적인 성장 등 다양한 방면에 적용된다. 이러한 성장은 보다 나은 방향으로의 변화를 의미하는 것으로, 가치를 지향하고 있다. 가치를 지향하고 있다는 것은 그것과 배치되는 것을 제외하는 것을 의미한다. 교육을 통해 '자기주도적 학습 능력'을 기르고자 한다면 자기주도성과 양립할 수 없는 '타인 의존적 학습의 성향'을 배척하게 된다. 교육의 종교적·정치적 중립과 같은 특수한 예외가 있지만, 일반적으로 교육은 가치를 지향한다.

가치지향적인 교육은 가치중립적인 학습과도 구분이 된다. 학습이라는 개념은 심리학 분야에서 행동의 변화를 초래하는 과정으로 이해되고 있다. 여기서 행동의 변화는 성숙과 같은 신체적 변화나 일시적 행동의 변화가 아닌 경험과 연습에 의해 비교적 영속적인 행동의 변화를 초래하는 것을 의미한다. 그러나 학습은 이러한 행동의 변화에서 가치있는 것뿐만 아니라 가치없는 것도 포함하고 있다. 열쇠를 만드는 기술을 배우는 것이나 태권도를 배우는 것과 같은 것은 당연히 학습에 해당된다고 할 것이다. 그리고 열쇠 기술을 도둑질에 활용하거나 태권도 기술을 사람에게 위해를 가하기 위해 활용하는 것과 같이 바람직하지 못한 것도 학습에 해당된다. 그러나 열쇠 기술이나 태권도 기술을 바람직하지 않은 상황에 활용하게 되면 교육적이라고 하지는 않는다. 교육은 가치를 지향하고, 학습은 가치중립적이라는 점에서 차이가 있다.

교육이 가치를 지향한다는 것은 제도권이나 비제도권에서 이루어지는 교육을 모두 포괄하는 것이 아니다. 교육은 제도적 과정으로 이루어질 때 의미를 지닌다. 교육의 제도적 과정이라고 함은 사회적으로 승인된 법과 규칙에 의해 교육이 통제나 관리 및 지원되는 체제를 갖춘 사회적인 과정을 말한다. 그것은 초·중등학교나 사회교육기관 등에서 진행이 되고 있는 제도적인 과정이다. 그렇기 때문에 교육이 제도적인 맥락을 떠난 것이라고 하면 다른 학문 분야의 설명은 될 수 있어도 교육적인 논의는 의미가 제한 된다. 제도적인 맥락을 떠나서 일반적으로 행해지고 있는 사교육과 같은 경우를 예로 들어 보자. 우리나라에서 교육열이 왜 높은지에 대한 사회적 현상의 설명은 사회학 분야에서는 유용하지만 교육학적 설명은 한계가 있다. 사교육의 발생과 전개 과정의 연구는 교육학적 설명보다는 역사학적인 설명이 더욱 의미를 가질 수 있다.

교육이 가치를 지향하는 활동이라면 학교에서 가르치고 배우는 것은 바람직한 내용으로 만들어져야 한다. 학습자에게 가르치기 바람직한 내용은 상당히 많다. 인류의 역사를 거치면서 만들어진 문화유산도 있을 수 있고, 현대 사회를 살아가기 위해 필요한 내용도 있을 것이다. 이러한 내용 모두를 교육 현장에서 가르치거나 배우는 것은 불가능할 것이다. 여기서 학교에서 배울 만한 가치가 있는 내용이 무엇인지를 선별해야 한다. 그 일이 바로 교육과정을 만드는 일이다. 교육과정은 학습자에게 요구되는 목적을 설정하고, 목적 달성을 위해 필요한 내용을 선정하고 조직하는 학문 분야이기 때문이다.

교육과정은 학습자가 학습할 내용에 대한 연구이기 때문에 교육활동을 전개하는 동태적 과정과 결부시켜 의미를 살펴보아야 한다. 교육과정이 아무리 잘 만들어졌다고 하더라도, 교육활동을 전개하는 데 학습자에게 이해하기 어렵거나 도달하기 어려운 내용이면 의미가 없다. 교육과정이 학습자에게 맞지 않게 구성된다면 교육적 가치는 제대로 전달되기 어렵기 때문이다. 그래서 교육과정은 교육을 받을 대상인 학습자를 고려해 그에 부합되는 방향으로 구성이 되어야 하고, 교육과정의 내용에 합치되는 교육방법과 평가 방법을 동원하여 학습자에게 적합도를 높여야 하는 것이다. 그래야 교육적 가치가 제대로 구현될 수 있다.

［표 1-1］ 교육과 교육과정의 의미

- 교육
  - 인간의 성장에 관한 활동으로 가치를 지향하는 것
- 교육과정
  - 교육적 가치가 있는 내용을 담은 틀을 의미하는 것
  - 일정한 목적에 따라 교육내용을 선정하고 조직해 놓은 것
  - 교육과정은 교육을 받는 대상 학생을 고려하여 구성 · 운영되어야 하는 것

2. 사회적 합의의 산물로서 교육과정

교육과정이 사회적 합의로 이루어져야 하는 이유는, 문화 공동체를 이루는 구성원들이 공유하고 있는 경험적 내용이 있다는 가정하에 공통 요인을 설정하는 과정을 거치기 때문이다.[1] 교육과정은 선험적으로 결정되어 있거나 특정한 개인이나 집단이 만든 그들의 소유물이 아니다. 교육과정의 사회적 합의라고 하는 것은 서로 이해관계가 다른 교육 주체들이 교육과정 정책을 결정하는 과정에 참여하여 공통 요소의 내용을 창출해 내는 교육 주체 간 공동 결정의 방식을 취한다는 것을 의미한다.

여기서 교육과정과 관련해 이해 관계가 다른 교육 주체라고 하는 것은 교육과정의 결정에서 교육 주체가 수행하는 일이나 관심의 초점에 따라 요구하는 내용을 달리하는 집단을 말한다. 교육과정 관련 주체는 국가, 교사 집단, 학생과 학부모 및 특수이익집단과 교육과정 담당 이외의 국가 기구 등이 있다.

교육과정 주체로서 국가는 교육과정의 방향이나 내용 체계 구성 등의 계획 수립과 운영을 위한 정책을 마련하는 것과 같이 계획 중심적이다. 교사 집단은 교육과정을 실천하는 주체이기 때문에, 교육과정 내용의 양과 수준의 적정성이나 교수 · 학습 방법과 같은 다소 미시적이면서도 실천하는 과정과 관련된 사항에 중점을 둔다. 학생과 학부모는 입시의 변화에 민감하고, 특수이

익집단과 교육과정 담당 이외의 국가 기관은 그들이 추구하는 이익이나 정책 등의 가시적 성과나 사회적 효용성에 관심을 가지고 접근한다.[2]

　　교육과정의 결정에서 관련 주체가 지니고 있는 관점의 차이는 갈등을 일으키기도 하고, 타협을 통해 조화롭게 해결되기도 한다. 그렇다고 하더라도 어떤 집단의 힘이 우세할 경우에는 그 집단의 관점이 반영될 수 있어 교육과정에서의 편향성을 극복하기 위한 노력이 요청이 되는 것이다. 이러한 노력이 교육과정 결정에서의 참여 방식과 관련된다. 교육과정에서 모든 사람이 모든 교육과정 정책 결정에 참여하는 것은 어렵다. 그렇기 때문에 관련 주체들의 참여를 보장하는 구조와 절차가 합리적으로 이루어질 필요가 있다. 국가 교육과정모니터링단이 학생, 학부모, 전문가 등을 구성원으로 하고, 이들이 교육과정의 개발과 운영 등에 관여함으로써 의견을 반영하고자 하는 것이 그 예가 된다. 이러한 과정을 거쳐 마련된 교육과정의 공통 요소적 내용은 보통교육의 단계에 해당되는 교육과정이라고 할 수 있다.

　　이러한 이유로 교육과정은 각 나라별로 내용적 특성이 다른 교과명이나 학습 시간 및 교과 내용의 양과 수준 등이 다르게 나타난다. 그러나 우리나라의 교육과정과 같이 교육과정 연구에서 특수성만 강조하다 보면 교육과정의 제대로 된 이해에 방해가 된다. 한국의 교육과정은 한국 사회를 구성하는 집단이 공유하는 경험적 내용이고, 여기에는 다른 사회를 구성하는 집단의 경험적 내용도 있기 때문이다. 여러 사회와 이를 구성하는 집단의 내용과 제도를 비교해 공통점과 차이점을 생각해 보는 것이 필요하다. 한국의 교육과정도 전체 인류 사회의 한 내용이고, 따라서 거기에는 여타 사회 구성원과 공통점이 있는가 하면 차이점도 있는 것이기 때문이다. 그리고 공통점과 차이점을 명확히 인식하는 것이 한국의 교육과정을 명확히 이해하는 길 중 하나가 되기 때문이다. 이러한 공통점과 차이점을 다른 말로 한다면 보편성과 특수성의 인식이 되겠다.

　　보편성은 모든 국가의 교육과정에 적용된다. 여기서 벗어나면 특수성의 문제가 된다. 보편적 법칙은 다원적으로 이해하게 될 때 다원적이지만 어느 사회에나 적용될 수 있는 보편적인 법칙이 된다. 다만 많은 법칙들이 어떤 사회에서 구체적으로 나타날 때 그 결합하는 양상이 다른 사회와 같을 수 없고, 그것이 곧 그 사회의 특수성으로 나타나는 것이다. 한국의 교육과정 보편성과 특수성도 이러한 원칙에 입각해 이해되어야 한다.

표 1-2 사회적 합의로서의 교육과정과 그 특징

- 사회적 합의로서의 교육과정: 이해관계가 다른 교육 주체들이 교육과정 정책을 결정하는 과정에 참여하여 공통요소의 내용을 창출해 내는 교육 주체 간 공동 결정의 방식을 취하는 것
- 교육과정 결정의 주체: 국가(계획중심적), 교사(실천중심적), 학생과 학부모 및 지역사회인사와 교육과정 담당 이외의 국가기관(결과중심적)
- 교육과정의 보편성과 특수성: 보편적 법칙의 다원성과 결합되는 양상의 특수성으로 이해하는 자세

3. 제도적 맥락을 고려한 교육과정

교육이 제도적 과정으로 이루어질 때 의미를 지닌다는 것은 교육적 가치를 조직화해 놓은 교육과정에도 마찬가지로 적용된다. 제도적 맥락을 고려한 교육과정이라고 함은 법률이나 규칙 등의 규정된 형식적인 사회 규칙에 의해 교육과정과 관련된 사항이 정해지고, 이들 법규에 의해 통제되고 관리되는 교육과정을 의미한다.

법으로 학교에서의 교과를 국어, 영어, 수학만으로 제한하여 규정하면, 교육과정 문서에 담을 교과는 여기서 제시한 교과로 제한된다. 그러나 '국어, 영어, 수학과 국가교육위원회가 정하는 교과'라고 규정되어 있다면 다르다. 국어, 영어, 수학 이외에 국가교육위원회가 사회, 과학, 미술, 음악, 체육을

정하였다면, 이들도 교육과정 문서에 담기는 것이다.[1] 이처럼 제도적 맥락이라고 하는 것은 교육과정을 만들기 위해 논의되는 내용적 사항에 대한 틀을 정해주는 것을 말한다.

교육과정은 어떠한 지식이 가장 가치 있는가, 공통적인 내용은 어떻게 구성할 것인가, 선택적 내용은 어느 정도의 시간이 적절한 것인가 등과 같이 교육내용의 조직화에 관심을 두고 있다. 이러한 것은 탈제도적 맥락에서 교육내용을 체계화하는 행위에 해당된다. 이와 달리 개인적으로 적합한 교육과정을 학습할 권리는 어떻게 보장되어야 하는가, 교육과정은 어떠한 방법으로 사회적 합의를 도출하는가, 교육과정 장학은 어떻게 해야 하는가 등과 같은 사항도 관심의 대상으로 삼아왔다. 이것은 제도적 맥락에서의 교육과정 활동이 된다. 교육과정 분야에서 이들 모두가 연구의 대상으로 삼고 있지만, 탈제도적 맥락의 교육내용 조직을 위한 행위에 보다 많은 비중을 두고 있는 것 같다.

우리나라 교육학은 주로 미국의 영향을 받아 세분화된 전문 영역을 중심으로 발전했다. 교육학의 하위 영역으로 교육과정 분야는 주로 교육내용이 무엇인지를 밝히는 것에 초점을 두고 연구하고 있다. 교육과정의 운영이나 실천을 행하는 분야는 수업이라는 별도의 전공 분야에서 연구하고 있다. 교육

---

1) 현재 「초·중등교육법 시행령」 제43조에서는 학교의 교과에 대해 다음과 같이 규정하고 있다.
제43조(교과) ①법 제23조제4항에 따른 학교의 교과는 다음 각 호와 같다.
1. 초등학교 및 공민학교: 국어, 도덕, 사회, 수학, 과학, 실과, 체육, 음악, 미술 및 외국어(영어)와 국가교육위원회가 필요하다고 인정하는 교과
2. 중학교 및 고등공민학교: 국어, 도덕, 사회, 수학, 과학, 기술·가정, 체육, 음악, 미술 및 외국어와 국가교육위원회가 필요하다고 인정하는 교과
3. 고등학교: 국어, 도덕, 사회, 수학, 과학, 기술·가정, 체육, 음악, 미술 및 외국어와 국가교육위원회가 필요하다고 인정하는 교과
4. 특수학교 및 고등기술학교: 국가교육위원회가 정하는 교과

과정과 수업은 대학원에서 하나의 전공 영역으로 묶여 있으면서도 세부 연구에서는 별개로 운영되고 있는 것이다. 행정이나 법과 관련된 제도적 측면의 연구는 주로 교육행정 영역에서 연구가 진행된다. 그래서 교육과정 분야에서 법과 행정 등 제도적 측면과 관련된 연구는 상대적으로 소외되고, 교육과정 중심의 행정작용에 대한 현실적 설명력도 제한을 보이고 있다.

교육과정의 운영과 관련된 사항은 법과 행정이라는 통로를 통해 통제·지원·관리되고 있다. 학교의 학년도를 3월 1일부터 시작해 다음 해 2월 말까지로 하는 것, 1학기와 2학기의 시작과 끝, 연간 190일 이상 수업 일수, 같은 학년으로 학급을 편성하는 것, 학습자가 배우는 교과와 교과서에 대한 것, 학습부진아 등에 대한 대책과 같은 것은 법령에 규정이 되어 있다. 학교의 교육과정 운영은 법과 행정의 규율 범위 내에서 이루어지는 것이고, 정해진 범위 내에서 자율적 논의를 통해 교육활동에 적용되는 것이다. 이는 교육과정이라는 것은 제도적 맥락을 떠나 탈맥락화되는 형태로 운영이 될 수 없다는 것을 말한다.

교육과정 운영에 따른 교육적 효과와 질적 수준은 교육내용에 한정되는 것이 아니라, 교육환경이 어떻게 주어지느냐에 따라 결정된다. 교육환경은 교사가 어떠한 교육적 관점과 자질을 갖추고 있는지, 교과교육에서 실험·실습실이 적절하게 구비되어 있는지, 예·체능을 위한 시설이나 장비가 제대로 구비되어 있는지 등 교육과정에 제시된 내용을 실천하기 위해 필요한 조건이 정비되어 있느냐에 관한 것이다. 과학에서 힘의 원리를 학습하기 위해 이에 대한 실험을 하고자 할 경우, 실험실이 구비되어 있지 않거나, 음악에서 노래를 부르기 위해 음악실과 악기가 구비되어 있지 않다면 그에 대한 교육을 제대로 할 수 없다. 교육에 대한 여건의 정비가 교육의 질을 결정하는 요인이 된다. 학습할 교육과정 내용이 존재하더라도, 이를 실천하기 위한 교육여건이 정비되지 않으면 의미가 없게 되는 것이다.

교육과정이 발전하기 위해서는 학교에서 가르칠 내용이 무엇인가에 대한 제한적인 연구에서 벗어날 필요가 있다. 교육과정의 내용을 실천하기 위해 요구되는 교원이나 시설 등의 외적인 조건을 정비하는 제도적 과정을 동시에 고려하는 종합적 접근이 필요하다. 교육과정에 대한 내용적 연구는 제도적인 맥락과 함께 이루어져야 교육과정 중심의 학교 교육이 제대로 이루어질 수 있다. 학교에서 학습자의 선택을 강화하고자 하면, 선택과목에 해당되는 교사와 과목의 성격에 따른 학교의 시설이 정비되어야 한다. 교사와 학교의 시설을 토대로 선택과목을 만들게 되면, 과목의 선택은 학생의 선택이 아니라 학교의 선택이 되고 행정 중심의 교육이 될 여지가 커진다. 그러므로 교육과정에 대한 올바른 이해는 내용을 구성하기 위한 사항뿐만 아니라, 이를 지원하기 위한 제도적 사항을 통합한 시각에서 이루어져야 한다.

표 1-3 제도적 맥락을 고려한 교육과정

- 제도적 맥락을 고려한 교육과정
  - 제도적 맥락은 교육내용을 조직하기 위한 자율적 논의를 가능케 하는 공식적인 사회규칙에 의해 교육과정이 통제되고 관리됨을 의미
  - 교육과성의 구성과 내용 등에 대한 논의는 제도적 맥락을 고려하여 이루어져야 의미를 지니며, 그것은 교육과정 중심의 학교 운영을 말함

제**2**장

교육과정의 체계적 이해

1. 교육과정의 개념적 수준

교육과정은 교육 현장에서 가르치거나 학습하여야 할 '무엇'(what)으로 이 해되고 있다. 그러나 그 '무엇'이 어떠한 것인가에 대해서는 일관된 답이 있지는 않다. 초·중등학교 교사에게 본인이 가르치는 내용이 무엇인지 묻는다면 자신이 처한 상황에 따라 여러 가지 형태로 답을 할 것이다.

실제 수업을 하고 있는 교사를 대상으로 수업의 내용에 대해 묻는다면, 과학을 가르치는 교사는 효율적인 에너지의 전환이 일어나는 다양한 현상을 예시로 들어 설명할 수 있도록 가르치고 있다고 말할 것이다. 이 경우 과학 교사는 수업 내용에 대해 에너지의 구체적 개념을 다양한 현상의 통합적 설명을 통해 과학적 표현과 의사소통 능력을 기르고자 하는 매우 구체적인 것이라고 말하고 있다. 그러한 내용이 어디에 있느냐고 다시 묻는다면, 여기 교과서에 이 내용이 있다고 할 것이다. 그리고 담당하는 과목이 무엇이냐고 하면 과학을 담당한다고 답할 것이다. 이러한 질문은 다른 수업을 하는 교사에게 물어도 마찬가지로 다양하게 답을 할 것이다.

이처럼 학교에서 배우는 교육내용은 상세화된 지식이나 기능 및 태도 등 매우 구체적인 것을 지칭하기도 하고, 교과서나 교과 등 이들 내용을 담고 있는 교육이나 학습활동 영역에 이르는 것을 지칭하기도 하는 등 다양하게 언급이 되고 있다. 그러나 이들이 교육과정과 동일한 개념은 아니며 서로 구별된다. 여기서는 이들 용어가 어떻게 구분이 되고 있는지 이론적으로, 그리고 이들 사항을 규정하고 있는 「초·중등교육법」과 그 하위법의 내용을 활용해 살펴보고자 한다.

첫째, 교육내용이다. 교육내용은 말 그대로 가르칠 내용이다. 가르칠 내용은 인류가 이제까지 쌓아 온 인류문화 유산이나 현재 생활에 필요한 내용 등

실로 방대한 양이다. 우리가 인터넷을 검색할 때, 웹 상에 올라와 있는 모든 자료를 떠올려 보자. 우리는 이들 자료를 모두 필요로 하지 않으며, 자신이 필요한 경우 키워드 검색을 해서 필요에 따라 사용하고 있다. 이와 같이 교육내용은 학교에서 배울 내용으로 선정되거나 조직되지 않은 상태로 존재하는 것이다. 따라서 교육내용은 학교에서 모두 가르치거나 배울 수 없을 뿐만 아니라, 그러할 필요도 없다. 교육내용은 그것이 선정·조직되어 문서화된 국가교육과정의 내용과도 구별된다.

둘째, 교과이다. 교과는 고정된 실체가 아니라, 각급학교 교육과정에서 수업과 학습을 위한 활동 영역의 단위를 가리키는 말이다.[1] 교과는 학문 분류에 의해 성립되기도 하지만, 사회·문화적 생활이 요청하는 가치 기준에 의해 성립되기도 한다. 수학이나 과학과 같은 경우는 학문 분류에 의해 만들어졌고, 예·체능이나 도덕 교과는 사회·문화적 생활이 요청하는 가치 기준에 의해 성립되었다. 교과는 그 자체의 내적인 논리적 체계만으로 존재하는 것이 아니라 교육의 대상과 방법 및 필요에 따라 다양하게 성립하는 것이다.

「초·중등교육법」 제23조 제4항에서는 '교과는 대통령령으로 정한다'고 되어 있고, 이에 근거해 「초·중등교육법시행령」 제43조에서는 초·중등학교 및 특수학교의 교과를 제시하고 있다. 이러한 교과는 교육과정의 근간이 되는 것으로, 교과를 어떻게 구성할 것인가는 국가교육위원회에서 고시하는[1]

---

1) 「국가교육위원회 설치 및 운영에 관한 법률」이 2022년 7월 21일자로 제정·시행되면서 같은 법 제12조 제1항에서 위원회가 국가교육과정의 기준과 내용에 관한 기본적 사항을 정하여 고시하도록 규정하고 있다. 「초·중등교육법」 제23조 제2항에서도 국가교육위원회에서 교육과정의 기준과 내용에 관한 기본적 사항을 정하도록 하고 있으며, 같은 조 제3항은 교육부장관은 교육과정이 안정적으로 운영될 수 있도록 후속지원 계획을 수립·시행하도록 역할의 변화를 가져왔다. 다만 2022 개정 교육과정은 「국가교육위원회 설치 및 운영에 관한 법률」 부칙 제4조에서 "제12조 제1항에도 불구하고 이 법 시행 당시 「초·중등교육법」 제23조제2항에 따라 교육부장관이 개정 중인 국가교육과정에 한하여는 위원회의 심의·의결을 거쳐 교육부장관이 2022년 12월 31일까지 고시한다."는 특례를 두어 교육부장관이 고시하였다.

교육과정 문서에 상세하게 규정되어 있다. 교과는 교육과정을 구성하는 핵심 요인이지만, 교육과정과 동일한 것은 아니다.

셋째, 교과서다. 교과서는 교육과정을 구현하기 위한 교육용 자료에 해당된다. 교육과정에 규정된 교과와 그 교과의 내용에 부합되게 학생이 학습할 내용으로 구체적으로 열거한 것이 교과서다. 교과서는 「초·중등교육법」 제29조에서 '교과용도서'라는 용어로 표현되고 있으며, 「교과용도서에 관한 규정」에서 구체적으로 정의하고 있다. 그러나 법적인 규정에서는 교육과정과 교과서의 관계를 확인하기 어렵다. 그렇지만 국가에서 편찬한 교육과정해설서에서는 '교과서는 기본적으로 교육과정을 구현하기 위한 다양한 자료 중의 하나'[2]라고 하여 그 관계를 명시하고 있다. 우리나라 교육 현장에서는 교육과정보다는 교과서를 중심으로 수업이 이루어지고 있어, 교육과정보다는 교과서가 더 친숙한 실정이다.

이처럼 교육내용, 교육과정, 교과, 교과서는 구별되는 개념이다. 교육과정은 교과목의 체계적 구성이며, 교과서는 교육과정을 구현하기 위한 교육용 자료로서 교과의 학습을 통해 학습자가 경험해야 하는 바를 체계적으로 조직해 놓은 것이다. 교과에 담길 내용을 구체적으로 표현한 것이 교과서이며, 교과와 교과서는 교육과정 문서의 범주 내에서 의미를 지닌다. 그러나 교육과정과 교육내용은 이러한 차원과 구별된다. 인터넷에 많은 자료가 있지만, 필요한 자료를 선택해 재구조화하여 개인적으로 의미 있는 성과를 만들어 내는 것을 정보라고 하듯이, 교육내용과 교육과정은 이러한 관계와 유사하다.

교육과정은 교육활동에서 구현하고자 하는 목적에 부합되게 교육내용을 선정하고, 이를 교육하는 방법적인 원리에 따라 조직해 놓은 것을 말한다. 여기서 교육목적에 따라 선정되지 않았거나, 교육하는 방법적인 원리에 따라 조직되지 않은 채로 있는 것은 교육내용에 해당된다. 이러한 교육과정의 정의는 교육에 대해 어떠한 관점을 지니는지에 따라 교육목적과 선정되는 내용이 달라지며, 이에 따라 교육과정 이론의 체계도 상이하게 전개되고 있다. 교과를 중심으로 하면 이성계발에 교육목적을 두고 인류문화유산을 선정하여 논리적으로 조직하게 되며, 경험을 중시하면 교육목적을 생활인의 육성에 두고 생활경험으로 내용을 선정하여 심리적 방식으로 조직하게 된다. 교육과정 분야에서 교육목적의 설정과 내용의 선정 및 조직에 대한 사항이 주요 구성 요소로 다루어지는 것은 이러한 이유에 있다.

표 2-1 **교육과정 관련 용어의 구별**

- 교육과정: 학습자가 도달할 목적을 위해 교육내용을 선정하고 조직해 놓은 것
- 교육내용: 학습자에게 가르칠 만한 가치가 있는 것
- 교과: 교육과정의 근간을 이루는 것으로 교수 · 학습을 위한 활동 영역의 단위
- 교과서: 교육과정을 구현하기 위한 교육용 자료로 교과의 학습 내용을 체계적으로 조직해 놓은 것

---

2. 교육과정의 범주적 수준

교육과정의 범주적 수준은 교육과정을 매개로 이루어지는 교육활동과 관련해 구분된다. 교육현장에서 학습할 내용으로 만들어진 것이 정규 교육과정이라고 한다면 이를 실천하는 과정에서 의도하지 않은 내용이 포함될 수도 있고, 일상 생활에서 필요한 내용임에도 불구하고 정규 교육과정에 포함되지 않을 수 있다. 이것이 정규 교육과정을 중심으로 파생되는 범주적인 수준의 교육과정 개념이다. 이들을 범주화하면 공식적 교육과정(formal curriculum), 잠재적 교육과정(latent curriculum) 그리고 영 교육과정(null curriculum)의 셋으로 구분할 수 있다.

첫째, '공식적 교육과정'이란 학생들에게 가르치기 위한 의도성을 가지고 만든 교육과정을 말한다. 학교에서 가르치고자 하는 국어, 영어, 수학, 과학,

사회, 음악, 미술, 체육 등과 같은 교과목이 이에 해당 된다. 공식적 교육과정에서 말하는 의도성은 학습자가 도달할 목적을 설정하고, 그 목적 달성을 위해 필요한 내용을 선정·조직하는 하는 일과 관련된 것을 말한다. 이러한 일은 교육과정을 개발하는 과정에서 이루어진다. 그리고 개발된 교육과정은 교육현장에서의 실천을 통해 운영되고, 운영의 결과는 평가와 피드백을 거치게 된다. 이러한 일련의 과정은 주로 내용적 측면과 관련된 영역이 된다. 내용적 측면이라고 하는 것은 학생들이 학습해야 할 내용을 선정하고 조직하기 위해 자율성이 보장되는 영역을 말하는 것이다.

　내용적 측면과 달리 제도적 측면도 있다. 제도적 측면이라 함은 교육과정을 만들기 위한 논의가 자율적으로 이루어질 수 있는 외형적인 틀을 규정하는 것으로 법과 행정의 영역을 말한다. 교육과정은 법적인 근거를 두고 만들어지고, 법적인 통로를 통해 교육 현장에 적용된다. 그리고 교육과정의 계획을 수립하고 이를 집행하는 과정에서 행·재정적 지원 등에 대한 행정작용이 요청된다. 따라서 교육내용의 결정과 그 운영의 원활성을 기할 수 있는 것에 대한 내용도 포함하는 것으로 이해되어야 한다.

　둘째, '잠재적 교육과정'이란, 학생들에게 의도적으로 가르치려고 하지는 않았지만 학교 생활을 하는 동안 은연중에 배우게 되는것이다. 학생이 학교 생활을 하는 도중에 학생과 경쟁을 하는 것, 힘 있는 자에게 복종하는 것, 창의적 체험활동 시간에 여타 교과에 대한 보충학습이나 자습하도록 함으로써 창의적 체험활동이 중요하지 않은 것이고, 교육활동에서 주변적인 것으로 인식하는 것 등이 잠재적 교육과정에 해당된다.

　이러한 예에서 보듯이 잠재적 교육과정은 공식적 교육과정의 활동 이외에 학생들에게 영향을 미치는 요인들을 통칭한 것을 말한다. 잠재적 교육과정의 장(場)은 학교의 물리적 조건, 제도 및 행정적 조직, 사회적 및 심리적 상황과 서로 관련되고 중첩되어 있다.[3] 물리적인 조건은 학교의 규모나 교실이라는 공간, 실험실습을 위한 설비 등과 같은 조건이 학생의 경험에 영향을 주는 것을 말한다. 제도 및 행정적 조직은 학년제, 교직원의 업무분장, 교내 장학 등을 위한 행정적인 절차다. 사회적·심리적 상황은 교사와 학생이 상호작용하는 상황으로서의 학교를 이른다.

물리적 조건과 제도 및 행정적 조직은 사회적·심리적 상황을 통해 학생에게 의미를 가진다. 잠재적 교육과정을 통해 계획되지 않았으나 학교생활을 하는 도중에 학생들이 은연중에 가지게 되는 경험을 뜻한다. 잠재적 교육과정의 연구는 교육적 가치와 배치되는 부정적인 측면의 문제를 설정하고, 이를 해결하기 위한 대안을 모색한다는 점에서 교육과정 연구의 한 영역을 차지한다.

잠재적 교육과정은 공식적인 교육과정 이외의 바람직하지 않은 것을 가치 있는 방향으로 전개하려는 내용을 포함한다. 그렇기 때문에 잠재적 교육과정은 교육내용의 의미에 보다 가까워 진다.

셋째, '영 교육과정'이란 학교에서 의도적으로 가르치지 않음으로써 학생들이 배우지 못하는 정보나 기능 등을 일컫는 교육과정이다. 학교에서는 수학이나 과학 등 논리적 사고에 해당되는 좌뇌를 발달시키는 것에 중심을 두고 있는 경향이 있다. 예·체능 교과(목)과 같이 감상이나 질적인 판단의 우뇌를 발달시키는 내용은 상대적으로 소외된다. 이것은 교육과정에서 전통적으로 교과를 중심으로 두고 발전해 온 경향에 기인한다고 볼 수 있다.

일상생활에서 겪는 관혼상제와 관련된 전통 예절과 같은 것은 학교에서 제대로 가르치지 않는다. 경제학이나 법학 같은 것은 사회과에 포함되어 있지만, 국어나 영어 및 수학에 비해 그 시간이 적어 학교 교육과정에서는 중요한 지위를 가지지 못하기도 한다. 학생이 학교 외의 장면에서 필요한 것을 제대로 배우지 못하게 되는 것이다. 영 교육과정은 정규 교육과정에서 배제되거나 소외됨으로써 이러한 가치가 있는 것을 학교에서 배우지 못하는 것을 말한다. 그것은 실제 삶에서 중요한 내용이 무엇인지를 밝히고, 그에 따라 학교에서 교육하여야 할 내용이 무엇인지를 연구할 필요를 제기한다. 그러므로

영 교육과정은 교육내용의 영역으로 연구의 범위를 확장시킨다.

표 2-2 교육과정의 범주적 개념

- 공식적 교육과정: 교육현장에서 배울 내용을 체계화한 것
  - 내용적 측면의 연구: 교육과정 개발, 운영, 평가와 질 관리 등
  - 제도적 측면의 연구: 교육과정 법, 교육과정행정 등
- 잠재적 교육과정: 학교생활을 하는 도중 은연중에 배우게 되는 것
  - 학교생활에서 부정적 영향을 받는 것의 문제 연구
- 영 교육과정: 가르칠 만한 가치가 있는 것이 배제된 것
  - 학교 밖 생활에서 필요한 사항에 대한 연구

---

3. 교육과정의 개발과 운영의 체계화

1) 기본 관점

　교육과정 전문가나 교육과정에 종사하는 사람은 각자가 연구하는 대상을 어떠한 시각에서 보고, 어떠한 방법으로 접근해 나갈 것인지에 대해 다양한 방식으로 생각한다. 이러한 다양성으로 인해 교육과정 전문가는 직·간접적으로 교육과정 연구에 대한 접근법을 제시하여 많은 후학이나 학습자에게 공감을 얻기도 하고, 시대적 상황의 변화에 따라 사라져 가기도 한다.

　교육과정을 어떠한 것으로 보고 연구를 할 것인가에 관한 견해는 많지만, 여기서는 체제접근으로 우리의 교육과정 개발과 운영을 중심으로 하여 현실성을 높이고자 한다. 그래서 이 글에 대한 시각이나 관점을 정리하여 이에 대한 모형을 제시하고, 그 장점과 단점을 살펴보면서 이 책의 전체적 내용을 개관하고자 한다.

　우리의 연구 대상인 교육과정의 편성·운영은 교육부와 교육청 및 학교 조

직을 토대로 이루어지지만, 환경과의 끊임없는 상호작용을 하면서 수정과 보완을 거치는 과정을 거치면서 교육활동이 전개된다. 이러한 사항을 도식화하면 [그림 2-1]과 같다.

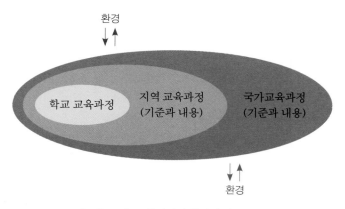

[그림 2-1] 교육과정과 환경의 상호작용

[그림 2-1]에 제시된 기본적 관점이 가지는 특징은 첫째, 기존의 교육과정 편성·운영 체제는 투입 → 과정 → 산출로 이어지고, 피드백을 주는 직선적 모형을 상정하지만, 여기서는 교육과정을 편성하고 운영하는 모든 과정에서 환경과의 상호작용을 하는 것으로 보고 있다. 우리나라의 국가교육과정이 2005년 이후 수시 개정 체제로 변경되면서 2007 개정 교육과정 이후 부분 개정이 수시로 이루어지는 것을 고려한다면, 교육과정이 환경과 상호작용을 하는 것으로 보는 것이 현실에 대한 설명력을 가질 수 있기 때문이다.

둘째, 기존의 대부분의 연구는 학교에서 가르칠 교육과정 내용에 초점을 두거나 이를 개발하는 것에만 중점을 두었다. 그러나 여기서 설정한 기본 모형은 교육과정 운영에 대한 성과 평가, 질 관리, 교원에 대한 교육과정 연수의 지원 체제 정비에 대한 연구까지 포괄함으로써 직접적으로 교육과정을 개발하는 것과 이를 지원하기 위한 행정 체제까지 고려하고 있다. 그래서 교육과정의 효과성을 보다 강화할 수 있다.

셋째, 기존의 교육과정 연구에서는 외국의 이론을 바탕으로 교육과정 개발에 대한 주요 내용을 제시하고 있어 탈맥락적이며 한국의 현실을 제대로 반영하지 못하고 있다. 이 모형은 교육과정 개발과 이를 실천하고 그 성과를 평가 및 시정 조치를 하고자 하는 내용을 포괄하여 한국적 특징을 제시할 수 있다.

이와 같은 기본 관점은 교육과정의 개발과 운영에서 환경을 고려해 교육과정의 개발과 운영의 개방성을 지향하는 교육과정의 정치적 과정[2]을 설명하는 것이 가능하다. 평가와 질 관리는 이제까지 교육과정 개발과 설계에서 고려하여야 하는 사항일 뿐만 아니라, 이의 적용에 대한 성과를 체계적으로 점검할 수 있어 교육의 책무성과 관련해 중점을 두어야 할 질 관리를 통해 학습자의 학습권 보호를 위한 법과 제도의 정비까지 가능하다. 그래서 교육과정의 법제적 틀 내에서 교육과정의 내용이 제대로 운영될 수 있고, 이러한 현상을 제대로 설명하는 것이 가능하다는 장점이 있다. 그리고 한국적 교육과정에 대한 개발과 운영 체제를 확립함으로써 우리나라 교육과정의 이론 정립과 교육현장의 실제의 개선에 기여하는 것이 가능해진다.

2) 모형(과정론)의 개관

교육과정의 일반적 흐름은 개발, 운영 및 평가의 3대 과정으로 이어진다. 필자는 교육과정 개발의 단계를 3가지 하위 단계로 세분화하여 총 5대 과정으로 나누었다.

첫째, 교육과정 개발 단계는 교육과정 수립 · 변경 계획의 수립, 교육과정

---

2) 교육과정은 외부에서 만들어진 내용을 단순히 집행하는 관리(경영)적 성격만 있는 것이 아니라, 여러 이해 관계 당사자들의 의견을 조율해 합의를 이끌어가면서 교육과정 정책을 형성하는 정치적 성격도 지니고 있는 것이다.

의 개발, 그리고 개발 후속지원 작업의 3가지 하위 과정으로 나누었다. 그 이유는 우선 국가교육위원회의 교육과정 변경 · 수립은 국가와 지역 및 사회 각 층의 수립 · 변경에 대한 요구의 수용 여부를 판단하는 성격을 지니고 있으며, 수립 · 변경 요구가 받아들여졌을 경우 교육과정의 수정 · 변경 등의 내용과 적용 대상 등에 대한 계획이 중요하기 때문에 분리하였다.

다음으로 교육과정의 개발은 교육과정에 대한 수립 · 변경의 요구를 실천에 옮기는 것으로 교육과정 관련 주체의 합의를 도출하는 동태적 성격을 지니고 있으며, 교육과정에 담길 가치있는 내용이 결정되는 단계로 교육과정을 개발을 들고 있기 때문이다. 마지막으로 개발 후속지원은 수립 · 변경된 교육과정이 학교에서 안정적으로 운영될 수 있도록 후속지원 계획을 수립 · 시행하는 성격을 지니고 있으며, 그 주체도 국가교육위원회가 아니라 교육부가 담당하기 때문에 구분하였다.

둘째, 교육과정 운영 단계는 교육과정의 실천 활동으로 수업의 전개, 그리고 지원을 위한 장학과 컨설팅 등으로 구분되지만, 이들은 통합적으로 작용

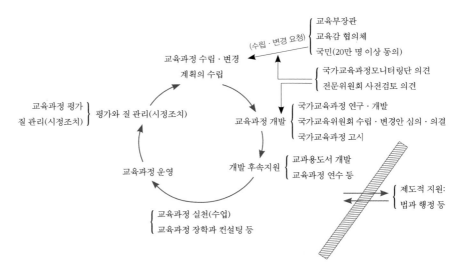

[그림 2-2] 교육과정 개발 · 운영 과정과 그 내용

된다는 점에서 세분화하지는 않았다.

셋째, 평가의 단계는 평가와 질 관리(시정 조치)로 개념적으로 구분이 되지만, 평가는 질 관리의 강력한 수단이고, 평가에 따라 시정조치가 함께 이루어져야 교육과정 개혁이 이루어질 수 있다는 점에서 이들을 함께 묶었다. 그리고 제도적 지원으로 법과 행정 등은 교육과정의 개발이나 운영 및 평가의 제반 단계에서 필요에 따라 상시적으로 이루어진다. 따라서 이들은 순환 과정의 외곽에 별도로 구분하여 상호작용하는 것으로 제시하였다. 교육과정 개발·운영의 과정과 그 내용을 도식화하면 [그림 2-2]와 같다.

□ 교육과정 수립·변경 계획의 수립

교육과정 수립·변경 계획의 수립은 교육과정 개정의 필요성과 개정의 범위와 관련된 것을 말한다. 국가교육위원회는 국가교육발전계획 수립과 교육환경의 변화 및 교육현장의 요구 등을 고려해 국가교육과정의 기준과 내용을 수립·변경할 필요가 있다고 인정하는 경우 심의·의결을 거쳐 국가교육과정의 기준과 내용을 정하게 된다.

국가교육과정의 수립·변경은 교육부장관, 교육감협의체, 국민(20만 명 이상)의 요청에 의해 국가교육위원회가 수립·변경의 진행 여부를 심의·의결해야 한다. 국가교육과정의 기준과 내용을 수립·변경하고자 하면 미리 추진 일정, 내용 및 적용 대상 등이 포함된 계획을 수립하여 국가교육위원회의 심의·의결을 거쳐 확정하게 된다. 국가교육과정의 수립·변경의 진행 여부와 그 계획에 대한 심의·의결에서는 국가교육과정모니터링단의 의견과 전문위원회의 사전검토 의견을 듣도록 규정하고 있다.

□ 교육과정 개발

교육과정 개발은 학생이 사용할 자료를 포함한 교육과정 자료를 창출하는 것을 의미한다. 우리나라는 개발된 교육과정의 고시는 국가교육위원회에서

하고, 개발 후속지원으로 교과용도서나 교수·학습 자료를 만드는 작업은 교육부에서 수행한다. 따라서 여기서 사용하는 교육과정 개발은 국가교육위원회가 국가교육과정의 기준과 내용을 심의·의결하여 고시하는 단계까지를 의미하는 것으로 사용하고자 한다.

국가교육과정의 개발의 과정은 국가교육위원회가 국가교육과정의 연구·개발을 하고, 국가교육과정 수립·변경안을 심의·의결하여 고시를 하게 된다. 이러한 과정에서도 국가교육과정모니터링단의 의견과 전문위원회의 사전검토 의견을 듣는 과정을 거친다. 교육과정 개발 과정에는 교육과정과 관련된 여러 주체가 참여하여, 각 주체의 의견을 조율함으로써 사회적 합의를 거치게 된다.

□ 개발 후속지원

교육과정 개발의 후속지원은 개정 교육과정이 고시된 이후, 그리고 교육현장에 적용되기 이전의 일정 기간에 이루어지는 조치를 말한다. 교육과정 개발의 후속지원은 개정 교육과정의 홍보, 개정 교육과정에 따른 교과용도서의 개발 및 교수·학습 자료의 개발, 개정 교육과정에 대한 연수 등을 중심으로 이루어진다. 후속지원에서 교과용도서의 개발과 교육과정에 대한 연수가 중요한 요소로 작용한다.

개정 교육과정에 대한 교과용도서의 개발은 교육과정에 따른 교육부장관의 국·검·인정도서를 구분 고시하면서 이루어지게 된다. 교육부장관이 해당 교과를 어떻게 지정하느냐에 따라 개정 교육과정 시기별로 국정·검정·인정 교과서가 달라진다. 교육과정 연수는 전국적이면서도 대규모로 이루어지기 때문에, 핵심교원, 선도교원, 현장교원 및 관리자와 전문직 등으로 구분해 체계적으로 진행되었다. 교사가 개정 교육과정에 대한 이해를 제대로 하여야 전문성을 보다 강화할 수 있고, 학습자의 학습의 권리 충족에 기여할 수 있는 것이다.

□ 교육과정 운영

교육과정 운영은 개발된 교육과정 문서를 교실 속으로 옮기는 실천의 과정이다. 교실에서 교육과정을 실천하는 주체는 교사이므로, 교사가 수업하는 행위로 한정해 이해할 수 있다. 그러나 넓은 의미로는 수업하는 행위를 지원하는 행·재정적 측면과 다른 교사의 교육활동까지 포함하여 학교 교육활동 그 자체를 의미하게 된다. 여기서는 교육과정 운영을 협의의 개념으로 사용하여 교실에서 어떻게 실천하는가와 관련된 사항에 초점을 두었다. 개정 교육과정이 학교에서 제대로 적용되지 않는다면, 의미가 없게 되고 교육혁신도 가져올 수 없게 된다.

그리고 교육과정 운영을 통해 학생이 성취하고자 하는 바를 효과적으로 돕기 위해 교원의 전문성 신장이 요청된다. 이와 관련된 것은 교육과정 장학에 해당되고, 최근에는 교육현장의 자율성이 강조되면서 컨설팅과 같이 새로운 방식의 교원의 전문성 개발을 위한 장학의 대안이 마련되고 있다.

□ 평가와 질 관리

교육과정 평가는 교육과정의 개발과 운영에서 교육과정과 관련된 자료를 수집하고 이를 처리하는 과정에 해당한다. 수집된 자료는 교육과정의 개발과 운영의 제반 단계에서 처리되어 교육과정의 질이나 효과를 평가하게 된다. 국가교육과정에서는 기관평가, 교육과정 평가, 학업성취도 평가로 구분하여 질 관리를 위한 수단으로 평가를 설명하고 있다.

교육과정의 질 관리는 교육과정에서 의도한 목적과 내용이 충실하게 실천되는지를 보는 국가중심의 질 관리와 교육을 받는 대상인 학생에게 부합되는지의 여부를 보는 사용자 평가를 통한 질 관리로 살펴볼 수 있다. 교육이 인간의 성장에 유의미한 장을 마련하고자 하는 것이라면, 국가중심적인 질 관리뿐만 아니라 사용자로서의 학생에게 적합한 정도에 대한 평가로 고려할 수 있는 것이다.

□ 제도적 지원

교육과정에서 제도적 지원으로 대표적인 것이 법과 행정에 대한 것이다. 이제까지 교육과정 연구에서는 목표를 어떻게 설정하고, 내용을 어떻게 선정 및 조직하는지에 대한 내용적 사항에 집중하고 있다. 그러나 이러한 내용적 사항은 법적 규정과 행정의 지원에 따라 구체적 내용이 결정이 되기에 이에 대한 검토가 요청이 되는 것이다.

교육과정과 관련된 법은 국민의 교육을 받을 권리를 구현하기 위해 조건을 정비하고, 교육과정과 관련된 외형적인 틀을 형성하고 있다. 교육과정행정은 교육여건을 정비함으로써 학교에서 요구되는 교육활동을 지원하게 된다. 법과 행정과 같은 사항은 교육과정은 제도적 맥락을 고려하는 것을 말하는 것이다.

교육과정에서의 법과 행정은 교육과정의 개발과 운영 및 평가의 전 단계에 걸쳐 관계된다. 국가교육과정의 수립·변경에 대한 법적인 규정과 행정적 사항, 교육과정 운영에서 학기, 수업일수, 학급편성 등은 법과 행정적 사항에 의해 움직이는 것이다. 학생의 학습권을 보장하고, 교육의 질적 수준을 높이기 위해서는 법과 행정과 같은 제도적 지원이 반드시 요청되는 것이다.

3) 모형의 장단점

교육과정 편성·운영 절차에 대한 체제적 접근에서 과정론은 다음과 같은 장점을 지닌다.

첫째, 교육과정 개발에서 환경과의 상호작용하는 개방 체제로 보게 됨으로써 특정 교육과정 관점이나 폐쇄적 관점의 구조를 취하는 것과 상이한 구조를 가지게 되고, 현실적인 교육과정 개발 형태에 부합하게 된다.

둘째, 교육과정 개발과 운영에 대한 구성 요소와 이들 구성 요소의 하위 요소들의 기능을 분리된 것으로 보는 것이 아니라, 동태적으로 보게 되어 정태적으로 보는 것과 대조를 이루게 된다. 교육과정을 동태적으로 보게 되면 장기적이고도 종합적으로 보게 되어 교육과정 개발과 운영의 총체적인 국면을 제대로 파악할 수 있는 장점이 있다. 단기적이면서도 현상유지적 관점에서 분석을 하는 정태적인 것의 단점을 보완할 수 있는 것이다.

셋째, 이 모형은 교육과정 개발과 운영을 동태적으로 파악하고 있을 뿐만 아니라 각 요소가 상호 연결된 것으로 본다. 교육과정의 편성과 운영에서 이를 구성하는 여러 하위 요소가 상호 관련되어 전체성을 띠고 있다는 점에서 체제성을 가진다. 체제론적 접근은 전체를 부분으로 환원시키는 물리주의적 접근을 넘어서는 것이다. 체제론은 전체성과 생성적 진화를 설명할 수 있는 관점의 변화다.

넷째, 교육과정에 대한 전체적인 흐름이나 과정이 순환하면서 평가를 하게 되고 그에 따라 시정 조치가 지속적으로 이루어짐으로써, 학생과 교육현장에 적합한 교육과정의 개발과 운영을 할 수 있는 여지를 높인다. 학생에게 적합한 교육과정이 될수록 법과 행정의 제도적 지원 역시 발전적으로 정비될 수 있다.

이러한 장점에도 불구하고, 단점 역시 내포하고 있다. 우선 과정 중심의 사고는 최종적인 결과물에 대한 문제를 경시하기 쉽다는 점이다. 그러나 이러한 단점은 교육의 특수성 고려와 모형의 순환적 전개에 의해 보완이 된다. 교육에서의 성과라는 것은 단기간에 확인하기 어렵다. 지적인 측면뿐만 아니라, 정의적·심동적 영역의 성과를 통해 인간의 행동은 총체적으로 나타나기 때문에 어느 한 측면으로 그 성과를 제대로 확인하는 것은 어렵다. 투입 대비 산출을 효과를 보려는 능률성이 최고의 가치가 아닌 것이다. 그리고 모형을 일회적이고도 단선형적인 것으로 보는 것이 아니라, 순환적으로 보고 성과와 시정조치를 행함으로써 약점을 보완할 수 있는 것이다.

다음으로 새로운 목표를 수립하는 데 필요한 성과 분석과 상황분석을 위해 상당히 많은 시간이 소요되고, 자료 수집을 위한 다양한 방법이 동원되어야 하는 문제가 있다. 국가교육위원회는 국가교육과정에 대한 조사·분석 및 점검을 위해 매년 실시 계획을 수립하도록 하고 있다. 그리고 국가교육위원회에 국가교육과정의 기준과 내용에 대한 국민의견 수렴과 그에 대한 조사·분석 및 점검 업무를 지원하게 하기 위해 국가교육과정모니터링단을 두도록 하였다. 국민의견과 조사·분석 및 점검 업무는 국가교육과정에 대한 성과나 현재 상황의 분석에 대해 시간과 비용이 소요되는 문제를 보완하고 있는 것이다.

제**3**장 ➠➤

교육과정의 발전

1. 연구 분야로서 발전

교육과정이 하나의 학문 분야로 성립되어 발전된 역사는 길지 않으며, 학자에 따라 전문적 연구 분야의 출발점을 보는 시기도 다르다. 교육과정 (curriculum)의 어원은 라틴어 쿠레레(currere)에서 출발한 것으로 이해되고 있다. 쿠레레는 '뛴다'라는 의미의 라틴어 동사이며, '말이 달리는 코스'라는 명사가 교육과정의 어원이 된다. 경주마는 일정한 목표 지점으로 인도되는 경주로를 달려가게 된다. 이러한 의미가 교육계에 도입되어 일정한 목표를 향해 학습이나 경험하는 내용을 의미하여 교육과정이라는 말로 사용되게 되었다. 교육과정이 명확하게 무엇을 의미하는 것인지는 학자들 간에 견해의 차이가 있다. 코스의 조직, 교과나 교재의 내용 조직, 생활경험의 조직, 지식 탐구과정의 조직 등 다양하게 나타난다. 이러한 의미는 교육과정 이론의 발달에서 기본 견해와 더불어 구체적인 내용을 설명하였으므로, 제3장을 참고하면 된다.

교육과정이 전문적 연구 분야로 탄생한 것에 대해서는 의견 일치가 보이지 않는다. 미국의 경우는 1828년의 예일보고서(Yale Report)의 출간 시점, 중등학교 교육연구를 위한 10인 위원회(1893)와 15인 위원회(1895)의 문서 출간 시점, 1923년의 덴버(Denver) 교육과정 개정안 등을 교육과정 분야의 탄생 시기로 보기도 하고, 영국에서는 1582년의 네덜란드의 레이덴(Leiden) 대학교, 1633년의 스코트랜드 글래스고(Glasgow) 대학교의 기록에서 교육과정에 대한 빠른 근거가 있어 이 두 시기를 교육과정 분야의 출발점으로 보고 있다.[1] 다양한 의견이 존재하지만, 교육과정이 학문 분야로 성립된 것은 1918년 보비트(Franklin Bobbitt)가 『교육과정』(The Curriculum, 1918)을 출간한 해로 보는 것이 다수 학자의 견해이다.

보비트의 책에서 다루는 주요 내용은 학교는 아동이 성인 세계에서 접할 과제를 수행할 수 있도록 준비시키기 위해서 명확하고 구체적으로 구성되어야 한다는 것이다. 학교는 학생의 삶을 위한 것이라기 보다는, 사회생활을 제대로 할 수 있도록 준비시키는 것으로 본다. 이러한 생활적응(life adjustment)이라는 것이 교육과정의 근본 개념이었으며, 교육과정을 만드는 데 중요한 것은 효율성[1]이라고 주장하였다. 이러한 중심 생각은 교육과정이 학생이 성인 세계를 준비하여야 한다는 것이고, 교육과정을 만드는 사람의 업무는 성인 세계를 연구하여 주요 과제를 결정하거나 성인 세계를 구성하고 있는 활동을 결정하는 것이 되었다. 이것은 과제분석이라고 불렸고, 사용한 방법은 과학적 연구를 기초로 한 것이었다.

보비트에 의하면, 교육과정은 학교가 학생에게 가르칠 내용을 결정하기 위해 성인의 세계를 분석하고, 이를 토대로 학생에게 가르칠 내용을 목표로 제시하는 것이다. 교육목표는 막연한 추측에 의할 것이 아니라, 과학적으로 결정되어야 하고, 이를 구체적으로 진술하는 방법을 제시하는 것을 주장한다. 보비트가 1924년에 저술한 『교육과정의 구성법』(How to make a curriculum)에서는 그러한 교육목표에 대한 구체적인 논의가 이어지고 있다. 이들 내용의 구체적 사항은 제4장 '교육과정 이론의 발전'을 참고하면 된다. 『교육과정의 구성법』의 출간에 따라 이를 지지하는 입장과 비판적 논의에 중심을 두는 학계의 반응이 나타났다. 비판적 논의에도 불구하고 보비트의 아이디어는 이후의 교육과정의 발전에 영향을 미쳤다.

---

[1] 효과성이 교육과정이 내건 목표의 달성 정도를 나타내는 것이라면, 능률성은 일을 교육과정을 운영하는 과정에서 경제성이나 비용의 절약이나 절감을 의미하는 것으로 보는 것이다. 효율성은 이들 양자를 동시에 의미하는 것으로 이해하는 것이 맞을 것으로 생각된다. 성인 생활을 학교의 교육과정으로 구성하게 되면, 학생들이 이를 배우고 난 후 사회에 진출하였을 때, 사회생활을 잘 할 수 있는 것을 기대하는 것이다. 이러한 사고를 사회적 효율성이라고 한다.

교육과정이 전문 분야로 성립한 시기에 우리나라는 일제강점기에 접어들어 교육과정에 대한 독자적 이론체계나 학문적 연구를 활성화할 기회는 상당히 제한적이었다. 1945년 광복 이후에도 교수요목, 교과과정 등의 명칭으로 존재하였다. 국가교육과정에서 교육과정이라는 용어가 사용된 것은 제1차 교육과정부터이며, 법률에서 교육과정이라는 용어가 직접적으로 등장한 것은 1981년 2월 13일 법률 제3370호에 의해서 교육법 제155조 제1항에 '… 교육과정은 문교부 장관이 정한다.'라고 규정한데서 비롯되며, 그 이전까지는 '… 각 교과의 교수요지, 요목급 시간 수는 문교부 령으로 정한다.'라고 하여 교육과정이라는 용어와 다른 형태의 용어를 사용하였다.[2] 단행본으로는 1956년에 정범모가 『교육과정』이라는 이름으로 처음 출판한 것으로 보인다.

이러한 내용적 구조를 볼 때, 우리나라에서 교육과정이라는 용어가 과거에 등장하였을 수도 있겠지만, 그 가능성은 희박하다. 그리고 교육과정이라는 학문 분야가 전문적으로 연구될 수 있는 기반이 마련된 시기는 광복 이후의 시기에 이루어졌다고 보는 것이 타당한 것으로 볼 수 있다. 그리고 그것은 우리나라의 독자적 이론체계보다는 외국의 이론에 기초해 발전되기 시작하였다고 생각된다.

표 3-1 교육과정의 어원과 연구 분야로서의 발전

- 교육과정의 어원-라틴어 쿠레레(currere)에 근원을 둔 것으로 '말이 달리는 코스'를 의미하는 것을 교육에 도입해 사용
- 교육과정 출발 시점-보비트(F. Bobbitt)가 1918년 『교육과정(The curriculum)』을 출간한 해로 보는 것이 다수설
- 우리나라의 교육과정 연구-광복 이후 전문적으로 연구할 수 있는 기반이 마련

---

2. 한국의 교육과정 발전

현재 주요 관심사인 대한민국 교육과정을 검토하기 이전에 과거를 소급해 간단히 언급하는 것은, 현재 우리 교육과정이 안고 있는 문제와 특색을 이해 하는데 중요하기 때문이다. 이 서적은 역사 연구에 대한 것이 아니기 때문에 우리의 교육과정에 영향을 주었다고 생각하는 조선시대부터 살펴보아도 큰 무리는 없다고 본다. 그래서 우리나라의 교육과정은 조선시대, 일제강점기, 광복 이후 시대로 구분해 정치 · 경제 체제를 살펴보고 난 후, 교육체제와 교 육과정에 대해 살펴보고자 한다.

조선시대	일제강점기	과도기 · 교수요목기	제1차~제5차 교육과정	제6차~2022개정 교육과정	국가교육위원회 설치 이후
• 유교적 사회 질서	• 한국인의 일본인화	• 미군정 주도 의 교육과정	• 국가 방위 적 요인의 강조	• 경제적 요인 의 강조 • 교육과정 결 정의 분권화	• 사회적 합의 를 통한 교육 과정 수립 · 변경

[그림 3-1] 교육과정 시기 구분과 주된 특징

[그림 3-1]에 의하면 교육과정의 시기는 조선시대와 일제강점기를 거쳐 광복 이후 현대적 의미의 교육과정의 출발의 주요 시기로 구분하고 있다. 조 선시대는 유교적 사회질서 유지를 위한 교육과정이었고, 일제강점기는 한국 인의 일본인화를 의도하고 있는 내용으로 교육과정으로서의 의미는 없다고 하겠다. 광복 이후에는 미군정에 의해 주도되는 과도기와 교수요목기를 거 쳐 1954년에 제1차 교육과정을 우리의 손에 의해 만들었다.

제1차 교육과정에서 제5차 교육과정까지는 교육과정에서 이론적으로는 교과, 경험, 학문중심 교육과정으로의 변화를 설명하고 있다. 그렇지만 내용면에서는 반공과 교련 및 역사 교과 등에서 국가 방위적 요인이 강조되었다. 제6차 교육과정에서 2022 개정 교육과정까지는 문민정부의 등장과 더불어 교육과정의 결정 구조를 분권화시켰다. 그리고 국가방위적 요인보다는 민주화나 자율화, 정보화, 국제화에 대응할 수 있는 인재의 육성을 강조하는 경제적인 요인이 우세한 경향을 지니게 되었다.

2021년 7월에 「국가교육위원회 설치 및 운영에 관한 법률」이 제정되고, 2022년 7월부터 시행에 들어갔다. 2022 개정 교육과정까지는 교육부장관이 교육과정을 고시하였지만, 그 이후는 국가교육위원회가 국가교육과정을 고시하도록 한 것이다. 교육부는 교육과정의 운영을 지원하는 방향으로 역할 분담을 하면서 새로운 교육과정 개발 체제를 맞이하고 있다.

1) 조선시대

조선시대에는 유교가 사회질서를 유지하는 주요 이념으로 자리를 잡았다. 고려시대 호족에서 양반으로 신분이 변경되고, 그 수가 많아지면서 지배층이 확장되었지만, 통치 형태는 중앙집권적 성격을 지니고 있었다. 현대 시대와 비교하면 교통·통신이 제대로 발달하지 못해 중앙집권력은 상대적으로 약했다고 하더라도, 중앙이 지방을 지배하는 체제가 지속되었다.

이 시기의 교육기관은 국가가 직접 관리·운영하는 성균관과 사학, 지방관청이 경영책임을 맡았던 향교가 있었으며, 개인에 의해 운영되는 서원과 서당이 있었다. 이들 교육기관은 교육내용이나 정도를 감안하면 서당은 오늘날의 초등교육, 사학과 향교 및 서원은 중등교육, 그리고 성균관은 고등교육 단계에 해당된다.

이들 교육기관의 교육내용을 보면, 초등단계의 교육을 담당한 서당에서는 천자문으로 시작하여 동몽선습, 통감, 소학, 사서, 삼경, 사기, 당송문, 당률 등으로 이어지는 과정을 가졌다. 서당에서는 한문의 독해능력과 유교에 대한 기초 지식을 보급하는 데 큰 역할을 하였으며, 학습자 개인별로 교육내용과 진도는 상이하게 전개되었다.

중등단계 교육에서 사학(四學)은 서울에 네 개 설치되어 최종적으로 생원과 진사복시에 응시할 자격까지 부여되었다. 중앙의 사학에 대해 지방에는 향교가 있었다. 향교의 교육내용은 소학, 사학, 삼경 등이었고, 성리학을 지방의 백성에게 생활의 원리로 삼게 함으로써 통치기반을 마련하고자 하는 의도가 있었다.

고등교육 단계에 해당되는 성균관은 조선시대 최고의 교육기관으로 고구려의 태학, 신라의 국학, 고려의 국자감을 계승한 교육기관이다. 교육내용은 대학, 중용, 논어, 맹자, 시전, 서전, 춘추, 주역, 예기가 중심을 이루었고, 이들에 대한 강학과 제술(작문)을 중요한 학과목으로 삼았다.

표 3-2 | 조선시대의 교육과정

조선시대
• 유교적 사회질서를 위한 교육과정
• 유학의 이념과 원칙의 올바른 이해를 위한 교육내용

2) 일제강점기

일제강점기는 조선시대와 큰 차이를 보이며, 자율적이기 보다는 타율적 형태로 정치・경제 질서가 운용되었다. 일제는 우리나라의 고유한 이념을 없애고, 일본인들의 신도(神道)를 이념으로 받들도록 노력하였지만, 성공하지는 못했다. 정치는 중앙집권적 형태가 조선시대에 비해 더욱 강화되었다. 경제적 측면에서는 일본인들은 자본주의를 지향했지만, 한국인에게는 농업경제로 조선의 것을 그대로 계승했다. 대인 관계 역시 근대적 교육을 받은 사람 이외에는 조선시대의 것 그대로 대인 관계가 지속되었다.

교육체제는 식민지에 대한 교육방침과 제도를 규정하는 조선교육령에 의
해 교육제도가 마련되었다. 식민지 시기 조선교육령은 4차에 걸쳐 이루어졌
다. 제1차 조선교육령(1911~1921), 제2차 조선교육령(1922~1937), 제3차 조
선교육령(1938~1942), 제4차 교육령(1943~1945)이 그것이다. 조선교육령에
따라 학제의 변화와 교육내용이 초·중등학교에서 변화가 이루어졌다. 그러
나 황국신민의 육성을 위한 일어교육에 중점을 두어 한국인의 일본인화를 위
한 인간육성의 술책이었기에 우리나라의 교육과정에 주는 의미는 없다고 하
겠다. 그러한 의미에서 일제강점기의 교육과정은 간략화하는 방향에서 기술
하였다.

표 3-3 일제강점기의 교육과정

일제강점기
- 한국인의 일본인화를 위한 교육과정
- 일본어, 일본 역사 및 지리 교과의 강조를 통한 일본 정신의 주입

3) 광복 이후 시대

우리 국민의 끊임없는 독립 투쟁과 더불어 세계 국제 정세의 변화에 따라 일
본은 1945년 패망하였고, 우리나라는 광복을 맞이하였다. 광복 이후 1948년
헌법이 제정되기까지 미군정은 일본의 잔재를 없애고, 미국식 변화를 수반하
는 교육에 대한 전반적 구조의 변화를 도모하였다. 그러나 이러한 것은 단기적
인 것이며, 대한민국 정부의 수립과 더불어 이러한 경향은 퇴보하게 되고, 자
주적인 교육과정 결정 구조를 갖추고 교육과정 개혁을 위한 발전을 거듭하여
현재에 이르렀다.

광복 이후 좌익과 우익의 이념 투쟁에서 남한은 자유민주주의 이념을 채택
하면서, 이제까지 뿌리 박고 있었던 유교적 이념을 대체하였다. 신분제 사회

에서의 소수 특권층에 의한 지배가 이루어지던 정치 체제는 국민에 의해 선출된 사람에 의해 통치가 이루어지는 사회로 변화하였다. 선거에 의한 정치 권력의 교체, 3권 분립과 중앙과 지방의 분권을 강조하는 방식으로 정치·행정 구조의 변화를 표방하게 되었다. 그러나 중앙과 지방의 분권이나 교육의 정치적 중립은 형식적인 면과 실제적인 면의 괴리가 있어 완전히 극복되었다고 보기 어렵다.

교육체제는 미군정 하에서의 교육심의회가 채택한 홍익인간의 교육이념과 6-3-3-4제의 기간 학제는 1949년「교육법」제정에서도 그대로 계승되었고, 현재까지 지속되고 있다. 1949년에 제정·공포된「교육법」은 1998년에 「교육기본법」「초·중등교육법」「고등교육법」으로 분화·발전되었지만, 교육의 기본체제는 그대로 유지되고 있다. 자유민주주의 이념에 따라 초등학교에 입학하는 자격은 모든 사람에게 개방되었고, 중등학교 역시 마찬가지였다. 학교에서 배우는 교육과정은 보통교육 단계에 해당되는 초·중등학교의 모든 이를 위한 교육의 일환으로 국가 차원에서 규정하는 형태로 이루어졌으며, 대학은 학교 자체적으로 교육과정을 편성·운영하는 형태로 이루어졌다.

광복 이후의 교육과정은 과도기와 교수요목기를 거쳐 우리의 손에 의해 직접적으로 만들어진 제1차 교육과정부터 시작해 여러 차례 개정이 있었으며, 개정의 배경과 맥락은 상이하게 전개되었다. 그러나 현재까지 개정된 교육과정의 주요 동인을 보면, 과도기와 교수요목기, 제1차 교육과정에서 제5차 교육과정, 제6차 교육과정의 이후 시기로 구분이 가능하다. 과도기와 교수요목기는 광복 이후 미군정 시기에 해당되고, 우리의 손에 의해 최초로 교육과정이 만들어진 제1차 교육과정 이전, 주체적인 교육과정을 제대로 마련하지 못한 시기를 말한다. 제1차 교육과정은 우리의 손에 의해 만들어졌기 때문에 붙여진 이름이지만, 제5차 교육과정 개정까지는 그 내용이 국가방위와 주로 관련이 되어 있다. 제6차 교육과정부터는 경제적 요인이 더욱 크게 작용하여 현재에 이르고 있다. 이들 시기별 간략한 특징을 보면 다음과 같다.

(1) 과도기와 교수요목기(1945~1954)

우선 과도기(1945~1946)는 광복 이후 미군정청 학무국에 의해 1945년 9월 17일 교육문제에 대한 자문기구인 한국교육위원회(Korean Committee on Education)의 건의로「신조선인의 조선인을 위한 교육(일반명령 제4호)」을 발표하고, 9월 29일 동 명령을 개정하여 법령 제6호로 공표한 시기이다. 이 시기의 교육과정은 산수 및 이과(理科)와 같은 교과목 이외에는 일본 교과서 사용의 금지, 일제 성격이 강한 수신과(修身科) 폐지, 민주시민 양성을 위한 공민과의 신설, 일본어를 우리말로 대체, 그리고 일본 역사폐지와 한국사 교육의 시행 등의 주요 특징을 보이고 있다.

다음으로 교수요목기(1946~1954)는 1946년 9월 20일 제정된 초등학교, 초급 중학교, 고급 중학교의 교과편제 및 시간배당의 시기를 말한다. 1946년 2월 21일 미군정청 학무국은 '교수요목제정위원회'를 조직해 9월에 초·중등학교 교과과정을 공포하였다. '교수요목' '교과과정표'라는 명칭에도 불구하고, 미군정청 주도하에 초급 중학교의 경우 교과통합, 선택과목, 특수학교 개설 등의 변화가 있었다.

표 3-4 과도기와 교수요목기의 교육과정
과도기와 교수요목기 • 미군정 주도의 교육과정 개편 • 일제 잔재의 불식을 위한 교육과정

---

(2) 제1차 교육과정-제5차 교육과정(1954~1992)

제1차 교육과정은 1954년 4월 20일 문교부령 제35호로 제정·공포된「국민학교, 중학교, 고등학교, 사범학교 교육과정 시간배당 기준령」과 1955년 8월 1일 문교부령 제44호, 제45호, 제46호로 공포된 교육과정을 말한다. 광복 이후 1949년 「교육법」의 제정·공포에 따라 우리의 손에 의해 처음으로 만들어

졌기 때문에 제1차 교육과정이라고 부른다. 제1차 교육과정은 법령상의 명칭
이 '교과과정'이었기 때문에 '교과 교육과정 시기' 또는 '교과 중심 교육과정 시
기'라고 부른다.

주요 특징은 현실생활을 개선하고 향상시키려고 하였으며, 「교육법」에 명
시된 교육목적 달성을 위한 방안으로서의 교육과정임을 명확히 하였다는 점
이다. 교육과정에 최소한의 필수적인 교육내용만을 표시하였으며, 반공교
육, 도의교육, 실업교육을 강조하고 특별활동 시간을 배당하여 전인교육을
지향하였다.

제2차 교육과정은 1963년 2월 15일 문교부령 제119호, 120호, 제121호, 제
122호로 제정ㆍ공포된 초등학교, 중학교, 고등학교, 실업 고등학교 교육과정
을 말한다. 이 시기는 제1차 교육과정 시기에 별도의 것으로 공표했던 '교육
과정 시간배당 기준령'과 '교과과정'을 통합해 하나의 체계를 갖춘 '교육과정'
으로 공포해 교육과정 '령'으로서의 체계를 갖추었다. 이 당시 교육과정은 '학
교의 지도하에 학생들이 가지는 경험의 총체'라고 규정하여 경험중심 교육과
정을 표방하였다. 구체적인 내용에서는 자주성, 생산성, 유용성을 강조하였
고, 조직 면에서의 합리성, 운영면에서의 지역성을 강조하였다. 이 교육과정
은 교과활동 뿐만 아니라, 학교 교육의 전 활동과 관련되는 전체 구조에 대한
계획임을 명시하기도 하였다. 1968년 국민교육헌장의 선포, 중학교 무시험
진학 및 대입 예비고사 실시 등으로 인한 교육과정 개정으로 1969년 9월 4일
부분 개정이 있었다.

제3차 교육과정은 1973년과 1974년에 걸쳐 문교부령 제310호, 제325호,
제350호로 제정ㆍ공포된 초등학교, 중학교, 고등학교 교육과정을 말한다.
이 시기에는 교육과정 개정에서 최초로 문교부 장관의 자문기구로 교육과정
심의회를 구성하여 이 심의회에서 시안을 확정한 뒤 실험 평가를 거쳐 공포
하였다. 제3차 교육과정은 표면적으로 학문중심 교육과정의 기본 철학을 배
경으로 하였다. 기본 방침으로는 국민적 자질의 함양, 인간 교육의 강화, 지

식・기술의 쇄신을 들었다. 주요 특징은 국민교육헌장의 이념을 반영시키고, 기본 개념을 중심으로 지도하도록 하며, 도덕이 독립된 교과로 다루어지며, 초등학교 주간 수업 시간 수가 늘어났다는 데 있다.

제4차 교육과정은 1981년 12월 31일 문교부 고시[2] 제442호로 제정・고시된 유치원, 국민학교, 중학교, 고등학교 교육과정을 말한다. 제4차 교육과정은 기존의 교과 교육과정, 경험 교육과정, 학문 교육과정에 미래지향적 교육과정 정신이나 인간 교육과정을 반영해 통합적 접근을 하였다. 제4차 교육과정은 연구・개발형 교육과정으로서의 성격을 지니고 있다. 문교부는 '7・30 교육개혁 조치'가 시행됨에 따라 1980년 9월 12일 한국교육개발원에 각급학교 교육과정 개정안에 대한 연구를 위탁해 개발하였다. 개정의 주요 목적은 현행 교육과정의 문제를 보완해 기초교육・일반교육의 강화, 전인교육・인간교육의 강화를 지향한다. 교육내용의 양과 수준을 적정화하고, 과열 과외의 잠재 요인을 제거해 교육 정상화를 위한 개혁을 추진하며, 국민정신교육을 강화하려는 데에 있다. 초등학교 1, 2학년에 바른생활, 슬기로운 생활, 즐거운 생활 등 통합교과용 교과서를 만들었다.

제5차 교육과정은 1987년에서 1988년에 걸쳐 개정・고시된 문교부 고시 제87-7호, 제87-9호, 제88-7호의 초등학교, 중학교, 고등학교 교육과정을 말한다. 제5차 교육과정은 학교에서 사용 중인 교과서의 사용 기간이 5~7년을 넘을 수 없다는 행정적인 이유가 개정의 배경이 되었다. 교육과정 개정은 기초교육의 강화, 통합 교육과정의 구성, 미래사회 대비 교육의 강조, 교육과정 운영의 효율성 제고에 초점을 두고 제4차 교육과정 및 교과용 도서 중 개선이 필요한 부분에 한정해 개정함을 기본 원칙으로 하였다. 개정의 방침은 교육과

---

2) 1997년 12월 31일 개정된 「교육법」에 따라 기존의 교육부 '령'에서 교육부장관 '고시'로 변경되었다.

정의 적정화, 내실화, 지역화이며, 지역화와 효율성을 강조하였다.

표 3-5 제1차-제5차 교육과정

- 제1차 교육과정: 교과 교육과정
- 제2차 교육과정: 경험 교육과정
- 제3차 교육과정: 학문 교육과정, 교육과정심의회 구성 · 운영
- 제4차 교육과정: 인간 교육과정을 포함한 통합적 접근, 교육부 '령'에서 '고시'로 변화, 연구개발형 교육과정, 초등 1, 2학년 통합교과용 교과서 도입
- 제5차 교육과정: 초등 1, 2학년 통합 교과 신설

---

(3) 제6차 교육과정-2022 개정 교육과정(1992~현재)

제6차 교육과정은 교육부 고시 제1992-16호, 제1992-11호, 제1992-19호로 개정 · 고시된 초등학교, 중학교, 고등학교 교육과정을 말한다. 제6차 교육과정의 가장 큰 특징은 중앙집권형 교육과정을 지방 분권형 교육과정으로 전환하여 시 · 도 교육청과 학교의 자율이나 재량권을 확대한 점에 있다. 개정 교육과정은 기초 · 보통 교육의 내용면에서의 근본적 변화와 교육개혁을 시도하였으며, 개정의 중점은 교육과정 결정의 분권화, 교육과정 구조의 다양화, 교육과정 내용의 적정화, 교육과정 운영의 효율화의 네 가지를 들 수 있다.

제7차 교육과정은 1997년 12월 30일 교육부 고시 제1997-15호로 개정 · 고시된 초등학교, 중학교, 고등학교 교육과정을 말한다. 개정 교육과정은 1995년 5월 31일 대통령자문기구인 '교육개혁위원회'에서 발표한 신교육 체제에 기초하고 있다. 당시 신교육체제는 '열린 교육사회, 평생학습사회'의 건설을 비전으로 삼았으며, 교육과정특별위원회에서 필수과목 및 선택과목의 확대, 정보화 · 세계화 교육의 강화, 수준별 교육과정 편성 · 운영의 기본 골격을 제시하였다. 이러한 골격을 구체화하여 제7차 교육과정에서는 개정의 기본 방향을 '21세기 세계화 · 정보화 시대를 주도할 자율적이고 창의적인 한

국인 육성'으로 들고, 국민공통 기본 교육과정의 구성, 수준별 교육과정 도입, 재량활동의 신설·확대, 고등학교 2~3학년의 선택중심 교육과정 도입, 질 관리 중심의 교육과정 평가체제 도입 등의 특징적 내용으로 개정하였다.

2007 개정 교육과정은 2007년 2월 28일 교육인적자원부 고시 제2007-79호로 고시된 초등학교, 중학교, 고등학교 교육과정을 말한다. 개정 교육과정의 배경은 제7차 교육과정 시행 후, 오랜 시간의 경과와 사회 환경의 변화를 반영하고, 국가·사회적 요구를 반영하며, 제7차 교육과정 적용상의 문제를 개선할 필요에 두었다. 2003년 10월 교육과정 수시개정 체제 도입 계획의 발표와 2005년 2월부터 활성화 방안을 마련해 추진한 교육과정 수시개정 체제에 따라 기존 교육과정 개정의 범위를 최소화하였다. 주요 특징은 수준별 수업을 강조하고, 교과집중이수제를 도입하며, 주5일 수업제의 월 2회 실시에 따른 수업시수를 조정한 것을 들 수 있다.

2009 개정 교육과정은 2009년 12월 23일 교육과학기술부 고시 제2009-41호로 고시된 교육과정을 말한다. 2009 개정 교육과정은 세계 환경과 국가 위상의 변화, 인재 육성 전략의 재조정, 기존 교육과정에서 반복적으로 제기되는 문제의 해결을 통해 유연하고 창의적 학교교육을 실현하기 위해 개정을 하였다. 2009 개정 교육과정은 기존의 교육과정과 달리 2009년에 총론만의 개정을 고시한 것이며, 교과별 교육과정은 2011년 8월에 완료되어 별도 고시되었다. 개정 교육과정은 교육과정 선진화를 표방하면서 학습 효율성 제고, 폭넓은 인성교육, 고등학생 핵심역량 강화, 학교교육의 다양성 유도라는 네 가지 기본 방침을 제시하였다. 주요 개정 사항은 국민공통 기본 교육과정을 중학교 3학년까지 9년으로 하향 조정하고, 명칭을 '공통 교육과정'으로 변경하였고, 학기당 이수 과목 수를 8개(초등학교는 7개) 이하로 운영하며, 창의적 체험활동을 도입하였으며, 교육과정 자율화를 통한 학교 다양화를 유도하였다.

2015 개정 교육과정은 2015년 9월 23일 교육부 고시 제2015-74호로 고시

된 교육과정을 말한다. 2015 개정 교육과정은 2013년 10월 25일 문·이과 구분에 따른 지식 편식 현상을 개선하고 융합형 인재 양성에 대한 사회적 요구에 부응하고자, 초·중등학교 교육과정과 대학수학능력시험 제도를 연계해 개편할 계획을 발표하면서 시작되었다. 개정의 방향은 2009 개정 교육과정이 추구한 '창의적인 인재양성'의 기본 정신을 유지하되, 창조 경제 사회가 요구하는 '창의융합형 인재'를 양성할 수 있도록 하는 데 있다. 2015 개정 교육과정의 특징적인 면은 교과별 내용의 중복 해소와 교과 간의 이해 관계 조정을 위해 각계 인사와 교육과정 전문가, 현장교원이 참여하는 '국가교육과정 각론조정위원회'를 구성·운영한 점이다. 개정의 주요 방향은 인문·사회·과학기술에 관한 기초 소양 교육을 강화하고, 학생들의 '꿈과 끼'를 키울 수 있는 교육과정을 마련하며, 미래사회가 요구하는 핵심역량의 함양이 가능한 교육과정을 마련한 데 있다.

2022 개정 교육과정은 2022년 12월 22일 교육부 고시 제2022-33호로 고시된 교육과정을 말한다. 2022 개정 교육과정의 추진 배경은 예측할 수 없는 변화에 대응할 수 있는 교육 혁신의 필요, 학령 인구 감소 및 학습자 성향 변화

표 3-6 │ 제6차 교육과정-현재의 교육과정

- 제6차 교육과정: 교육과정 결정의 분권화
- 제7차 교육과정: 수준별 교육과정의 도입, 재량활동 신설·확대, 고교 2~3학년 선택중심 교육과정 도입
- 2007 개정 교육과정: 교육과정의 수시 개정 체제 도입, 교과집중이수제 도입, 주5일 수업에 따른 수업 일수 조정
- 2009 개정 교육과정: 교과군과 학년군의 도입, 창의적 체험활동 신설
- 2015 개정 교육과정: 핵심역량의 반영, 국가교육과정각론조정위원회 구성·운영, 소프트웨어 교육 강화, 안전교육 강화, NCS 직업교육과정 연계
- 2022 개정 교육과정: 초등학교 입학초기 적응활동 개선, 진로연계학기의 도입, 고교학점제의 도입 등

에 따른 맞춤형 교육 기반 필요, 새로운 교육환경 변화에 적합한 역량 함양 교육 필요, 현장 수용성 높은 교육과정에 대한 요구 증대에 두고 있다. 교육과정 비전을 '포용성과 창의성을 갖춘 도덕적인 사람'에 두고, 주요 내용은 미래변화를 능동적으로 준비할 수 있도록 역량 및 기초소양 함양 교육 강화, 학생의 자기주도성, 창의력과 인성을 키워 주는 개별 맞춤형 교육 강화, 학교 현장의 자율적인 혁신 지원 및 유연한 교육과정으로의 개선, 학생의 삶과 연계한 깊이있는 학습을 위한 교과 교육과정 개발이 주요 내용으로 담겨있다.

광복 이후 전개된 교육과정은 1950년대의 정태적이면서도 질서를 유지하기 위한 교육과정이 만들어졌다면, 1960년대에는 국가 사회의 통합과 발전을 위한 교육과정이 추가적으로 강조되었고, 1990년대에 접어들면서 세계화·정보화의 국제사회 환경의 변화에 따라 경제적인 측면이 강조되면서 질적인 발전을 거듭하여 왔다.

그리고 1992년의 제6차 교육과정부터 교육과정 결정의 분권화가 강조되면서, 1998년에는 이를 법적으로 뒷받침할 수 있는 체제가 정립되면서 외형상 교육과정 결정의 분권화가 이루어졌다. 넓은 의미에서 교육과정의 기준과 내용의 기본적 사항은 국가와 지역에서 결정하고, 이들 범주 내에서 학교는 학교 및 학생의 특성을 감안해 단위학교에 적합한 교육과정을 계획하고 운영할 수 있는 것이다.

2022년부터는 국가교육위원회에서 국가교육과정을 고시하는 것으로, 교육과정 결정 주체에 변화가 생겼다. 국가교육위원회는 사회적 합의에 의해 교육정책이 안정적으로 추진되도록 하여 교육의 자주성·전문성 및 정치적 중립성을 확보하기 위해 만들었다. 2022 개정 교육과정 이후는 국가교육과정위원회에서 담당하게 될 것이다.

4) 특징

이상과 같이 우리나라의 교육과정에 대한 사항을 크게 세 시대로 구분해 환경적인 측면, 교육체제의 측면, 교육과정의 내용 및 성과로 구분해 살펴보았다. 이들에 나타난 특징을 정리하여 살펴보면 다음과 같다.

첫째, 시대별로 그 시대를 둘러싼 환경, 교육체제, 교육과정 내용은 급변하고 있어 시대의 변화에 따른 연결 고리나 동인을 찾기가 쉽지 않다. 사회의 지배 이념과 이에 따른 교육의 방향이 조선시대에는 유교적이었던 것이, 일제강점기에는 일본인화하려는 식민성으로 되었다가, 광복 이후의 시기에는 자유민주주의 이념으로 변모함으로써 각 시기별로 단절된 형태를 띠기 때문이다.

둘째, 교육과정의 목적, 구조의 변천은 단절적이기 때문에 계속성을 찾아보기 힘들다. 조선시대의 교육이념과 교육과정에서 어떻게 광복 이후의 교육과정이 지속되고 연결되었는지 그 원인을 제대로 밝히기 어렵다.

셋째, 한국의 교육과정 개정은 위로부터 타율적 요인으로 이루어지고 있다. 개정의 시기별로 특징적인 면이 있고, 단위학교의 자율성을 존중하는 방향으로 외형상 전개되고 있지만, 교육현장의 요구가 전달되어 이것이 교육과정 개정에 대한 주요 동인으로 작용하고 있다고 보기는 어렵다.

넷째, 국가교육위원회가 2022년에 운영에 들어감으로써 국가교육과정에서의 의사결정 구조의 변화를 가져왔다. 2022 개정 교육과정 이후의 국가교육과정의 고시는 국가교육위원회가 수행하고, 교육부는 고시된 국가교육과정을 지원하는 방식으로 역할 분담을 하고 있다. 국가교육위원회는 사회적 합의에 기반해 교육과정을 만드는 작업을 수행함으로써 기존의 교육과정 개정 방식과 다른 구조와 절차를 통해 교육과정의 개정 작업을 수행하게 될 것이다.

다섯째, 앞의 특징을 종합해 보면 조선시대, 일제강점기, 광복 이후의 교육과정의 연속성을 찾기 어려운 만큼 광복 이후의 교육과정에서도 교육과정의 결정 구조와 기본 방향 등의 불일치로 인해 차기 교육과정 개정 방향이나 주요 개정 내용의 예측이 어렵다. 그리고 교육과정 개정이 국가 통제적이며, 단위학교의 자율성이 제대로 확보되지 않는다는 비판이 지속되고 있다. 이를 극복하기 위해서는 교육과정 개정 작업의 결정에서 교육현장의 자율성에 기초한 우리의 현실을 반영한 교육과정 체제와 내용을 정립할 필요가 있다.

제**4**장 ▷▶

교육과정 이론의 발전

개념과 이론의 관계를 보는 것은 단순히 이들 둘만의 관계를 규명하고자 하는 것은 아니다. 개념에서 이론에 이르기까지 정의를 살펴보고 우리가 교육과정에서 사용하는 주요 용어에 대해 학문적으로 보다 엄격하게 사용하여야 구체적인 문제 상황에 대한 논리를 제대로 정립할 수 있기 때문에, 이들에 대해 개관하고자 한다. 그리고 이들 용어 각각에 대해 의미를 밝히기 보다는 용어의 특징을 보다 명확하게 밝히는 것임을 아울러 밝혀둔다.

형식적인 측면에서 본다면, 이론은 법칙들을 체계화하여 놓은 것이고, 법칙은 개념들을 연결시킨 것이며, 개념은 어떠한 사실들을 일반화시켜 놓은 것을 말한다. 이들 각각을 제시하면 다음과 같다.[1]

첫째, 개념이다. 개념은 어떠한 사실에 대한 생각이다. 인간은 사회나 자연현상에 대해 어떠한 생각이나 관념을 가지게 되는데, 그것이 바로 개념이다. 개념은 대상에 대해 속성을 제시해 줌으로써 특정 문제를 이해할 수 있게 한다. 그리고 개념을 언어로 표현한 것을 용어라고 한다. 그리고 이러한 용어의 의미를 구체적으로 밝히는 행위가 정의에 해당된다. 과학적 활동은 개인의 주관적 활동이 아니라, 그 집단 속에서 자신의 생각과 타인의 생각에 대한 의사소통을 하는 것이기 때문에, 각자 가지고 있는 생각을 어떠한 형식으로 표현하여야 하는 것이다. 그렇게 보면 과학자가 가지고 있는 개념과 그가 사용하는 용어는 구별이 되는 것이다. 그러나 개념과 용어가 차이를 가지고 있다기 보다는 동일한 뜻으로 사용되는 경우가 많을 것이다.

둘째, 법칙이다. 법칙은 개념과 개념 간의 규칙적인 연결 관계를 나타내는 것이다. 사람이 사물 간의 관계에 대해 지각하는 사고를 표현하는 형식이 법칙인 것이다. 법칙은 사실 관계에 대한 설명이다. 법칙은 어떠한 현상이나 사건에 관하여 궁금증을 풀어 주는 방식으로 설명하거나 예측하는 기능을 한다. 설명이란 단순한 사실의 제시나 이론만을 제시하는 것이 아니다. 특정한 사건에 대해 경험적 일반론으로 받아들일 수 있도록 논리적으로 타당한 근거를 제시하는 것이다.

셋째, 이론이다. 이론은 법칙들이 체계적으로 연결된 것으로, 현상에 숨겨져 있는 실체와 과정에 대한 구체적인 표현이다. 이론은 현상의 다양한 부분을 체계적으로 제공하고, 법칙이 적용되는 범위와 어느 정도 정확성을 가지는지 알 수 있도록 해 주며, 현상에 대한 예측과 설명의 기능을 수행한다. 어떠한 현상을 연구하는 데 원용하는 이론적 구조를 모형이라고 한다. 동일한 구조를 가지고 있는 두 개의 이론 가운데 직접적인 연구 대상인 어떤 현상에 관한 것을 이론이라고 하고, 다른 것을 모형이라고 한다. 양자는 서로 모형이 될 수 있지만, 그중 어느 한쪽이 연구의 관심이 되는 분야라고 한다면, 연구자의 입장에서는 그것이 이론이다. 다른 한쪽은 이러한 이론에 대한 모형이라고 할 수 있다.

1. 의의

교육과정은 학교에서 가르칠 내용을 조직하는 실천적 활동이기 때문에, 이론과 다소 거리가 있는 것으로 생각할 수 있다. 그러나 교육과정 이론은 교육과정 현상이나 사실을 일반화한 것으로, 교육과정 실제를 분석하고 개선 방향을 제시하는 데 많은 도움을 준다. 교육과정 이론을 제시한 문헌을 보면 교과 교육과정, 생활적응 교육과정, 학문 교육과정 등의 이론을 나열하고 있다. 이러한 것들은 개별 이론이 어떠한 것인가에 대한 특성을 이해하는 데 도움을 준다.

그러나 교육과정이 학문적 분야로 성립한 이후 어떠한 원인에 의해 어떠한 이론이 등장하고 소멸하며 어떻게 변해왔는지에 대한 이해가 어렵고, 설명 또한 분명치 않은 것이 일반적이다. 이러한 문제를 해결하는 방법은 지난 100년 이상 교육과정 학도들이 지속적으로 관심을 가지고 연구해 온 내용을 성질에 따라 분류하여 시대의 흐름을 따라가 보는 것이다. 여기서 문제가 되는 것이 수많은 논의 중 어떠한 변인을 추출해 내느냐에 있다. 변인이 어떠한 시기나 상황에서 가변적 요인이라면, 특정 시점이 아니라 교육과정 이론이 시대에 따라 어떻게 변해왔는가를 고찰하는 것이어야 한다.

이러한 요인은 교육과정이 하나의 전문 분야로 발전하기 시작한 이후 많은 연구를 통해 축적되었다. 예컨대, 교육과정의 지향점으로 사회적 효율이나 탐구력의 배양 등에 대해, 교육과정이 과학적이거나 기술(技術, art)적인 것인지에 대해, 교육과정의 변화를 야기하는 요인으로 인간과 환경 등에 대해 등 학자 나름의 기준에 의해 연구가 되었다.

이들 모두를 고려하게 되면 변인별로 시대적 특징에 따른 교육과정의 성격과 내용을 살펴보는 방대한 작업이 된다. 그러나 이 글에서는 교육과정 이론에 대한 연구를 직접적으로 하는 것이 아니고, 교육과정 이론이 교육내용을 어떻게 볼 것인지에 대한 역사적 변화를 살펴보는 점을 고려할 때 교과(학문) 와 경험(생활적응)으로 교육과정 이론을 구분해 보고자 한다. 교육과정을 교 과에 비중을 두게 되면 교육내용의 논리적 체계를 중심으로 조직하게 된다. 전통적으로 교과를 성립시키는 기준이 학문이기에 교과의 체계는 학문의 체 계와 유사하다고 보는 것이다. 이에 비해 경험에 비중을 두게 되면 학생의 흥 미, 실생활의 필요 및 사회문제 등을 중심으로 교육과정의 내용을 조직하게 된다. 전통적인 교과라는 의미보다는 학습단원과 같은 용어가 사용되는 경 향을 나타낸다. [그림 4-1]은 이에 대한 내용을 도식화한 것이다.

[그림 4-1] 교육과정 이론을 보는 관점

[그림 4-1]은 교육과정의 역사가 질적인 발전을 거듭하고 있는 것에서도 확인이 된다. 교육과정 연구는 1918년 보비트의 과학적 교육과정 연구가 시 작된 이후 비과학적이고 비판적·해석적 연구에 이르기까지 다양하게 나 타나고 있다. 교육과정 역사에서 과학화와 사회문제 등과 직접적으로 관련 된 연구가 시작되기 이전에는 고전을 위주로 한 교육과정이 지배적이었다. 1950년대 말에는 다시 학문적 수월성을 추구하는 교육의 방향이 전개되고, 1960년대 접어들어 교육과정의 개발보다는 이해를 위한 패러다임으로 전환 하면서 비판적·해석적 연구가 진행되었다.

1970년대 중후반에는 기초 기능을 강조하면서 교육에서의 수월성을 추구 하는 형태로 회귀하는 경향이 나타나고, 최근에는 이들이 통합되는 경향으로 발전하고 있다. 그러나 이러한 교육과정 이론 발전의 역사에서는 교과와 경험이 분리되고 대립적인 것으로 볼 필요는 없다. 각각의 이론은 어느 한쪽의 관점에서 시작해 반대편의 관점으로 마무리되는 것으로 보아야 할 것이다. 교과의 관점을 중시한다면 교과에 대한 내용을 토대로 실생활의 문제를 해결하는 방향으로 전개될 것이고, 경험의 관점을 강조하는 입장은 지식의 틀이나 태도의 형성을 토대로 개념과 원리를 찾아가는 방향이 될 것이다.

　여기서 대상으로 삼는 교육과정 이론은 미국의 것을 중심으로 논의된다. 우리나라는 광복 이후에 교육과정에 대한 연구가 뒤늦게 시작되었고, 교육과정이 하나의 학문으로 발전하면서 이론을 구축하기 시작한 것은 미국이 거의 독점적이라고 할 수 있기 때문이다. 그러나 한국의 교육과정에 대한 내용도 관련되는 부분에서 언급하고자 한다. 교과 교육과정은 우리나라 제1차 교육과정기에서 표방된 것이기 때문에, 교과 교육과정의 시기를 논의하는 곳에서 함께 언급하고자 하는 것이다. 교육과정 이론에 대한 것을 보는 것이기에, 교육과정이 전문적인 연구 분야로 출발한 시기를 전후하여 현재까지 살펴보고자 한다.

2. 교육과정 이론의 발달

1) 교과중심 교육과정

　교과중심 교육과정은 고전적 인문을 중심으로 하는 교육과정으로도 불린다. 교과중심의 교육과정은 19세기 말 기존의 신분제 사회가 붕괴되고, 산업화에 따른 도시의 발달과 대중매체의 등장과 더불어 새로운 교육과정 이론이 발달하기까지 지배적인 교육과정으로 자리잡아 왔다. 전통적인 인문중심의 교육과정은 정신도야 이론에 토대를 두고 있다. 정신도야의 뿌리는 고대까지 확장되지만, 오늘날 교육실제 속에서 보다 명확하게 나타난다. 실제로 정신도야가 가장 우세했던 시기는 1860년대에서 1890년대로 19세기 말에 속한다. 1828년의 예일대학 교수단의 보고는 정신도야를 교육의 최고 목적을 설정하기도 하였다.[2]

정신도야(mental discipline) 이론에서 교육은 정신을 도야하거나 훈련하는 과정으로 본다. 이러한 과정에서 정신능력은 훈련을 통해서 더욱 강화된다고 보는 것이다. 정신도야에서는 인간의 정신을 설명하는 능력심리학에 기초를 두고 있다. 능력심리학(faculty psychology)은 인간의 정신(mind)이 서로 구분되는 '능력'들로 구성되어 있다고 본다. 그 능력은 지각, 기억, 상상, 추리, 감정, 의지의 여섯 가지이다. 이러한 능력은 신체의 근육에 비유되기에 정신의 근육이라고 부를 수 있는 것이다. 교육의 목적은 운동을 통해 신체의 근육을 단련하듯이, 정신의 근육을 단련하는 것에 있다. 정신의 근육을 단련시키는 것이 정신도야인 것이다.

이러한 교육목적을 위해서 요구되는 교육의 내용은 각각의 능력을 도야하는데 적합한 교과로 구성된다. 기억이나 추리력을 기르는 데 적합한 것은 수학이나 고전어, 감정을 기르는데는 음악, 의지를 기르는 데는 종교와 도덕 및 정치라는 교과가 관계된다. 교육방법은 특정의 교과가 드러내는 능력을 반복적으로 연습하는 것이다. 이것은 신체의 근육을 발달시키기 위해서 꾸준히 연습을 하는 것과 마찬가지이다.

정신을 도야하기 위해서는 교과의 내용 그 자체가 중요한 것이 아니라, 그러한 내용을 담고 있는 교과의 형식 때문에 그 교과의 중요성이 인정되는 것이다. 일반적으로 형식도야와 정신도야는 구분하지 않고 혼용이 되고 있지만, 이러한 이유로 형식도야(formal discipline)와 정신도야를 구분하여야 한다는 견해도 있다.[3] 형식도야는 정신도야의 한 가지 특수한 방법이라는 것이다.

이러한 정신도야는 교육의 목적과 내용 및 방법에 이르기까지 일관된 견해를 나타내고 있다. 교육의 주요 목적은 인간의 정신을 단련시키는 것이며, 이는 교육내용에서 그러한 정신을 단련시키는 데 효과적인 교과로 나타났다.

그리고 정신을 단련시키는 교과는 반복적인 연습이나 훈련을 통해 습득이 되는 것으로 보았다. 전통적인 교과를 중심으로 하는 경우 기본이 되는 것은 실제 생활과의 관련보다는 정형화되어 있는 교과이며, 주로 인문학과 관련이 많이 되어 있다. 전문가에 따라서는 인문학이라기 보다는 고전이라는 용어를 사용하기도 한다. 우리나라 조선시대에는 천자문에서 시작해 대학, 중용, 논어, 맹자의 사서와 시경, 서경, 역경의 삼경과 같이 유교 경전을 익혀 과거에 급제함으로써 지배층으로서 유교적 사회질서를 유지하였다. 반면 실학이나 예술 분야 등 유학을 제외한 분야는 지배층이 도외시함으로써 이들이 사회를 이끄는 중심적 역할을 담당하지는 못하였다.

서구의 경우 역시 마찬가지였다. 서구는 중세기 대표적 교과였던 문법, 수사학, 논리학의 3학과 천문, 음악, 산술, 기하의 4과에 해당되는 7개 자유교과 중심으로 발전하였다. 이러한 교과는 인간의 정신을 도야하는 데 기본적 가치를 두고 있으며, 실제 생활과의 관계는 그다지 중요성을 띠지 않았다. 어떻게 보면 이들 교과를 학습한 이후에 실제 사회생활을 전개하는 데 이러한 원리가 적용되는 형태로 이해하고 있다고 생각할 수 있는 것이다. 생활적응 교육과정이 등장하기 이전에 전통적 의미의 인문중심 교육과정은 1890년대 엘리어트(Eliot)에 의해서도 지속되었다. 이에 대한 설명은 시기의 구분과 맞물려 있어 생활적응 교육과정에서 다루도록 한다.

우리나라에서는 제1차 교육과정을 교과교육과정의 시기로 부른다. 교육과정이라는 용어가 1954년 4월 문교부령 제35호에서 처음으로 '교육과정 시간배당 기준령'이라는 법적 용어가 사용되었다. 그러나 1955년 8월 공포된 각급학교의 교과내용이 '교과과정'으로 되어 있고, 이때까지 교육과정의 연구활동에서 교과과정의 뜻을 중점적으로 생각하였기에 교과과정기라고 하는 것이다.[4]

2) 생활적응 교육과정

19세기 말이 되면서 미국 사회는 사회적 변화가 급격하게 일어나면서 학교 교육의 역할도 변화를 겪게 된다. 남북전쟁의 종결과 서부개척이 지속됨에 따라 기존의 대면 사회의 쇠퇴가 가속화되고, 산업화에 따른 도시의 발달과 철도의 발달은 미국 전역을 하나의 문화권으로 통일시키는 계기도 마련하였다. 이러한 시기에 기존에 전통적인 인문학에 대한 반성과 새로운 사회적 질서에 대응하는 지식을 가르치도록 학교의 역할도 변화하게 되었다. 교육과정 분야에서는 전통적인 정신도야에 대한 시각적 균열을 가져오면서 새로운 교육과정 이론 체제가 구축되는 시기에 해당된다.

이 시기의 교육과정의 이론의 경향을 통일적으로 규정하기는 어렵다. 기존의 인문주의 전통을 지지하는 입장이 지속되면서, 교육내용이 사회적 맥락이나 그 관계를 강조하는 상이한 이론이 출현하기 때문이다. 클리바드(Kliebard)는 이 시기의 교육과정 이론에 대해 인문주의자, 사회적 효율성자, 아동중심주의자, 사회개선론자의 네 가지로 구분하고 있다.[5] 여기서는 클리바드의 분류 방식에 따라 설명을 하고, 이들을 하나로 엮어내는 용어로 사회와의 관계를 중시한다는 측면에서 생활적응 교육과정으로 제시해 논의하고자 한다.

1890년부터 1950년대 후반까지의 교육과정은 [그림 4-2]와 같이 여러 세력이 공존하면서 특정 시기의 사회·경제적 배경에 따라 지배적 지위를 달리하

[그림 4-2] 생활적응시기의 교육과정 세력의 변화

였다. 여기서 제시하는 특정 시기별 교육과정 세력은 다른 세력에 비해 우세하다는 것이지, 다른 세력이 존재하지 않았다는 것을 의미하는 것은 아니다.

첫째, 전통적인 인문주의에 대해 알아본다. 인문주의는 능력심리학을 지지하면서 이들은 사회적 변화에 따라 학문화와 과학화를 추구하였다. 인문주의를 지지하는 대표적인 학자는 엘리어트이다. 인문주의 중심의 전통적인 교과에 대한 불만이 시작되는 시점에서 엘리어트는 초·중등학교 전체에 대한 조언을 하였으며, 미국교육협회(National Educational Association)의 세 개의 위원회를 조직해 학교에서 가르쳐야 할 교과를 연구하는 것으로 나타났다. 세 개의 위원회는 15인 위원회, 10인 위원회, 대학입학요건 위원회이다. 15인 위원회는 초등학교를 10학년에서 8학년으로 낮추고, 초등 7, 8학년에서는 대수를 가르치며, 중등학교에서 기하를 가르치는 안을 제안하였다. 10인 위원회는 9개 교과(라틴어, 그리스어, 영어, 기타 현대 언어, 수학, 자연과학, 자연사 혹은 생명과학, 사회과학, 지리·지질·기상학)를 중등학교 교육과정으로 추천하였으며, 예·체능 과목과 실과는 도야적 가치가 없어 고려의 대상이 되지 못했다. 이 교육과정은 네 개의 계열(고전, 라틴·과학, 현대 언어, 영어)로 운영이 되었다. 이 위원회의 기본 생각은 대학 진학을 위한 최선의 준비가 실제적 삶을 위한 준비라는 것에 있다. 대학입학 요건 위원회는 중등학교 교육과정을 대학 준비에 맞추어 구성할 것을 제안한 것이다.

둘째, 사회 효율성에 대한 것이다. 이 입장의 교육과정은 미래사회에 필요로 하는 성인의 역할을 준비시키는데 있다고 보았다. 대표적인 학자는 보비트(Bobbitt)와 차터스(Charters)가 해당된다. 보비트는 테일러(Taylor)의 과학적 경영 원리를 교육과정에 적용시켰다. 테일러는 시간과 동작의 연구를 통해 개별 노동자의 성과에 기초한 임금을 책정하는 공장 효율성의 원리를 제시하였다. 교육은 원재료에 속하는 학습자가 학교라는 공장에서 교육과정이라는 생산 라인을 따라 학습을 하게 되며, 완제품으로서 이상적인 성인이 되는 것을 말한다. 보비트가 1918년에 저술한『교육과정』은 사회적 필요에 의

해 교육목표를 설정하고, 교육과정의 구성방법에 대한 연구는 과학적 방법과
절차에 기초를 둔 전문 영역임을 주장하였다. 이러한 결과를 담아 출간한 것
이 1924년에 출간한『교육과정 구성법』이다.

　교육과정 구성법에서는 미국 성인의 세계를 조사하여 그들의 생활을 10가
지로 분석하였다. 그것은 언어활동, 건강활동, 시민활동, 사교활동, 여가활
동, 지적활동, 종교활동, 양친활동(결혼과 자녀양육), 직업 이외의 실제적 활
동, 직업활동이다.[6] 학교에서는 이러한 열 가지 활동의 범주를 학교에서 학습
자가 성취할 수 있는 구체적인 활동으로 분석하고, 이를 성취하기 위한 구체
적 활동을 교육목표로 설정하는 것이다. 이러한 목표를 성취하였는지의 여
부는 학습자의 활동의 관점에서 기술하는 것으로, 타일러가 제시하는 교육목
표의 진술방식으로 이어지는 기초가 되고 있다. 차터스 역시 실생활 속의 과
제를 분석하고, 분석한 결과에 따라 교과의 내용을 결정하도록 하고 있다.

　성인생활의 분석을 통해 그 결과를 학교 교육과정의 주요 내용으로 삼게
되면, 학교에서 배운 내용이 사회적으로 유용하게 활용될 수 있다. 실제 생활
에서 불필요한 내용을 학교에서 배우지 않게 됨으로써 교육의 효율성을 기할
수 있게 된다.

　셋째, 아동중심주의 입장이다. 이 입장은 교육의 소극적 역할과 관계된다.
아동이 학교에 적응하는 존재로 보기보다는 학교가 아동에게 부합하도록 제
반 여건을 맞출 것을 주장하고 있다. 이 견해는 홀(Hall)로 대표된다. 홀의 이
론에 대한 기원은 루소(Rousseau)와 페스탈로치(pestalozzi) 등으로 올라간다.
이들의 입장에서 교육은 아동이 주어진 잠재력이 정해진 목표를 향해 자연적
으로 이룩할 수 있도록 제반 여건을 조성해 주는 것을 강조한다. 가급적 외적
작용이 없는 소극적인 교육을 강조하는 것이다. 홀은 이러한 입장에서 교육
과정은 아동의 필요와 욕구에 의해 결정되어야 한다고 보는 것이다.

　이러한 측면은 듀이(Dewey)로 대표되는 진보주의 계열에서 인간의 성장
을 토대로 삼고 있는 것과도 차이가 있다. 듀이 등 진보주의자들은 아동의 성

장은 자발적이면서 자연적으로 이루어지는 것이 아니라, 환경과의 상호작용에 의해 이루어진다고 보고 있다. 교육은 아동이 지니고 있는 잠재력을 현실화시켜 그 가능성을 사회적으로 바람직한 방향으로 이끄는 조력의 과정으로 보는 것이다. 민주주의 사회 환경에서는 협동적 문제해결과 반성적 사고의 훈련을 통한 지적 습관의 형성을 중시한다. 진보주의자들의 교육이 실천되기 시작한 것은 1890년대부터이고, 1919년에는 진보주의 교육협회가 결성되어 활약하기 시작하였다. 1920년경에는 진보주의 학교가 설립 · 운영되기도 하였는데, 파커허스트(Parkhurst)와 재크만(Jackman)의 달톤 플랜(Dalton Plan)과 워쉬번(Washburne)의 위네트카 플랜(Winnetka Plan)이 잘 알려져 있다. 이후 고등학교 진보주의 교육에 대한 가능성을 연구한 8년 연구(1933~1941)도 수행해 그 효과를 입증하기도 하였다.

넷째, 사회개선론의 입장이다. 1930년대를 전후해 미국은 경제 대공황을 맞게 되면서 빈곤과 실업 문제가 대두되고, 인종차별이나 계층 간의 갈등 문제도 내재해 있었다. 이러한 사회 · 경제적 혼란기에 교육이 제 역할을 하지 못한 것에 대해서도 반성론이 대두되었다. 교육과정에서는 급속한 사회 · 문화 변화에 대응하지 못하는 진보주의 계열에 대한 비판론도 등장하게 되었다. 교육과정이 당면한 사회문제를 해결할 때는 사회과학적 지식을 활용해야 한다는 것이다. 비판론은 교육과정이 사회와의 관계에서 수동적 위치에 머물러서는 아니 되고, 적극적이면서도 능동적으로 사회를 개선할 수 있는 방향으로 되어야 한다는 이론이다.

이러한 입장의 대표자는 러그(Rugg)와 카운츠(Counts)이다. 러그는 보비트나 차터스와 같은 사회적 효율성주의자는 사회의 현상유지적 입장을 취하기 때문에 이에 반대하고, 변화하는 세계의 문제, 쟁점, 특징을 중심으로 새로운 교육과정을 만드는 것으로 보았다.[7] 러그는 미국사회가 당면한 사회문제를 확인하고, 학습자의 능력을 확인한 후, 핵심적인 일반화 목록을 개발하여 학년별 난이도를 고려한 사회과 교과서를 개발하기도 하였다. 카운츠는 학교는 사회가 민주적 가치를 실현하도록 인도하여야 하고, 사회변화와 개혁의 대리인이자 주도 기관이 되어야 한다고 하였다.

생활적응을 중시하는 시기에는 특정 세력이 지속적으로 우세하지는 못하였고, 구체적인 시대 · 사회적 상황에 따라 우세한 세력이 변화하는 양상을 지녔다. 사회 · 경제적 변화는 전통적인 인문주의자들의 입장도 변화를 맞게 하였다. 전통적인 인문주의 입장을 지지한 미국교육연합회에서는 1918년 중등교육의 핵심 원리로 건강, 기초과정의 구사능력, 가치있는 가족 구성원 의식, 직업준비, 시민의식, 여가시간의 활용, 윤리적 성격 계발 등을 제시하여, 전통적 인문학을 강조하는 것 이외에 실생활에 필요한 내용도 가르쳐야 한다는 방향으로 변화되기도 하였다. 이러한 점은 이 시기의 교육과정은 전통적인 인문학 중심의 교과에서 실용적이면서도 생활적응을 중시하는 방향으로 전개되었다는 것을 말해주는 것이다.

우리나라는 제2차 교육과정기에 생활적응 교육과정을 강조하였다. 제1차 교육과정은 우리의 손으로 만들었지만, 교육과정 개발에 대한 경험이 부족한 상태로 만들어 실생활과 거리가 있어서, 생활에 대한 적응을 강조하는 교육과정으로 개편하였다. 당시 교육과정 총론에서는 '교육과정은 곧 학생들이 학교의 지도하에 경험하는 모든 학습활동의 총체를 의미하는 것'[8]이라고 정의하고 있다. 이것은 생활적응 교육과정의 정의에 해당하는 것이다. 교육과정 개정의 취지에서 자주성의 강조, 생산성의 강조, 유용성의 강조, 합리성의 강조, 지역성의 강조를 함으로써 생활적응 교육과정의 취지가 나타나고 있다.[9] 이것은 생활적응 교육과정의 필요와 강조점을 제시한 것이다. 생활적응 교육과정은 경험중심 교육과정으로 표현하기도 한다.

3) 학문중심 교육과정

학문중심 교육과정이 등장한 시기는 1957년 소련이 발사한 인공 위성 스

푸트니크(Sputnik) 발사와 밀접한 관련이 있다. 제2차 세계 대전 이후 미·소
간 냉전 체제에서 소련에 뒤진 이유에 대해 많은 질문이 제기되었고, 교육 분
야에서도 이에 대한 답을 얻기 위한 노력이 이루어졌다. 당시의 교육은 생활
적응을 강조하는 교육과정으로 인해 학력저하 현상을 가져왔다는 것이다.
이 사건은 1958년에 국가방위교육법(The National Defense Education Act)을
만들어 영재 발굴에 힘쓰자는 내용이 담길 정도로 중요한 문제가 되었다.

그리고 미국 교육개혁의 방향을 모색하기 위해 1959년 매사추세츠 주의
우즈호울에서 34명의 학자가 모여 회의를 하였다. 우즈호울 회의의 결과는
브루너(Bruner)에 의해 1960년에 『교육의 과정』(The Process of Education)으로
출간되었다. 이 책에는 지식의 구조를 위주로 한 학문중심 교육과정의 핵심
적 아이디어가 담겨 있다. 학문중심 교육과정은 과학과 수학을 강조하였고,
연방 차원에서 이들 교육을 지원하였다. 브루너가 출간한 서적에는 각 학문
의 성격에서 지식의 구조가 무엇인지를 밝혀내는 일과 그것을 학생에게 어떻
게 조직하여야 할 것인지에 대한 내용이 있다. 학문중심 교육과정은 지식의
탐구과정의 조직을 말한다. 이 교육과정은 기존의 생활적응 교육과정과 차이
가 나는 부분이 많이 존재한다. 이들을 비유적으로 보면 [그림 4-3]과 같다.

안경 ⎡ 구조: 안경 알+안경 테 ➡ 전체성(내부 관계)
　　　　　　 (요소)　 (요소)
　　 ⎣ 기능: 시력 교정(외부와의 관계)

[그림 4-3] 안경의 구조와 기능

[그림 4-3]에서는 안경에 대해 구조적인 측면과 기능적인 측면을 구별하
여 제시하였다. 안경의 구조는 테와 알이 결합되어 전체성을 이루면 된다. 안
경 테가 플라스틱으로 되어 있든, 금속으로 되어 있든 그것은 본질적인 것이
아니다. 안경 알의 경우에도 마찬가지이다. 그러나 이들 요소가 결합되어 하

나의 전체성을 띨 때 안경이라고 부를 수 있는 것이다. 이는 안경 그 자체에 대해 말하는 것이며, 외적인 것과의 관련성은 거의 없다. 이에 비해 안경을 기능적 측면에서 보면, 시력을 보정하는 것으로 안경의 구성요소와의 관계에 초점을 두지는 않는다. 외부의 사물과의 관계에서 성립되는 것이고, 그 외부의 존재가 목적이 되고, 안경은 수단적 성격을 지니고 있는 것이다.

여기서 안경을 '지식'이라는 용어로 바꿔 보자. 그러면 안경의 구조는 '지식의 구조'가 되고, 안경의 기능은 '지식의 기능'이 된다. 지식의 구조는 학문중심 교육과정에서 강조되는 것이다. 지식의 구조에서 '지식'을 '물리학'이라고 하면 물리학의 구조는 그에 관한 일반적 원리가 결합이 된 상태를 말하는 것이 된다. 그리고 그러한 결합을 통해 전체성을 띠게 되면, 그 전체성이 물리학이 된다. 학문에 내재하고 있는 일반적 원리(기본 개념)의 관계에 대한 것이기에 그것은 물리학이 어떻게 활용되는지와 다소 거리가 있다. 이에 비해 지식을 기능적으로 보는 입장은 생활적응 교육과정에서 의미를 지니고 있다. 생활적응 교육과정은 학교에서 배우는 지식이 사회에서 얼마나 유용하게 활용되느냐에 관심이 있기 때문이다. 이러한 점이 생활적응 교육과정과 학문중심 교육과정의 차이를 말해 주고 있는 것이다.

브루너는 『교육의 과정』에서 학생에게 가르치는 교육내용은 지식의 구조라고 답하고 있다. 그러나 지식의 동의어로 쓰일 수 있는 말은 제시하지만 명확한 정의를 내리지 않고 있다. 브루너는 지식의 구조는 학문의 기저를 이루고 있는 '일반적 아이디어' '기본개념' '일반적 원리' 등과 동의어로 쓰이고 있다고 말한다.[10] 지식의 구조는 수학에서 교환, 분배, 결합 법칙과 같은 법칙, 언어에서의 능동태 문장을 수동태 문장으로 바꾸는 문장변형규칙, 생물학에서 지향성의 원리 등이 그 예가 된다. 교육내용으로서 지식의 구조는 네 가지 이점, 즉 이해할 수 있고, 기억하기 쉽고, 학습 이외의 사태에 적용할 수 있고, 구조를 학습함으로써 학생은 해당 학문 분야의 첨단에서 학문을 발전시키는 학자들이 하는 일이나 성과를 알 수 있게 되는 것이 있다고 한다.

여기서 네 번째 이점은 학문중심 교육과정을 특징짓는 주요 원리가 된다. 지식의 구조를 가르친다는 것은 그 지식을 이해, 기억, 적용할 수 있도록 가르치는 것을 의미한다. 그것은 단편적인 지식의 습득이 아니라 일반적 개념과 원리라는 것에 수반되어 나타나는 이점인 것이다. 이러한 일반적 개념과 원리는 이제까지 교육 현장에서 가르쳐왔기에 특별한 것이 없다고 할 수 있다. 그러나 지식의 구조가 가지는 마지막 이점은 학문중심 교육과정을 특징짓는 의미를 지닌다. 브루너가 제시한 네 번째 이점을 그대로 번역하면 '어떤 교과라도 지적 성격을 그대로 두고, 어떤 발달 단계에 있는 어떤 아동에게도 효과적으로 가르칠 수 있다.'[11]이다.

여기에서 제시된 내용에는 연속성과 차이가 포함되어 있다. 예를 들어, $F=ma$라는 공식은 중학교 이상에서 등장하는 것이지만, 초등학교에서도 나무상자에 고무줄을 연결해 거리에 따라 당겼다 놓는 실험을 하는 장면이 등장한다. 이러한 것은 힘이라는 것이 질량과 가속도에 의해 결정된다는 동일한 내용을 수준을 달리해 계속적으로 제시하는 것이다. 이것은 본질적으로 그 수준은 다르다고 하더라도, 학생들이 학자들이 하는 일과 동일한 일을 하도록 하는 것을 말한다. 이것은 교육과정을 조직하는 나선형 교육과정의 아이디어를 설명한다.

나선형 교육과정(spiral curriculum)은 학년 수준이 높아짐에 따라 계속적으로 다루어지는 내용이 보다 심화되고, 광범위하게 다루어져야 한다는 것을 말한다. 이것은 교과중심 교육과정과 차이를 드러내는 개념이기도 하다. 교과중심 교육과정에서는 연속성의 개념이 없고, 상이한 내용이 수준의 차이를 나타내는 방식으로 제시한다. 예컨대 초등학교 중학년에서 우리 고장의 지리를 배우고, 고학년에서 우리나라 지리를 배운 다음, 중학교 이상에서 세계 지리를 배우는 방식이다. 교과중심 교육과정에서는 학년 수준이 올라갈수록 내용의 차이가 있음을 말하는 것이고, 수준의 차이를 설명하는 것은 아니다. 학문중심 교육과정은 어떠한 주제를 어느 학년 수준에 배정하는 문제가 아니

| 표 4-1 | 교과중심 교육과정과 학문중심 교육과정의 비교 | |

구분	교과중심 교육과정	학문중심 교육과정
연속성	없음	있음
차이	내용의 차이	수준의 차이

다. 그것은 학년 수준과 관계없이 핵심적인 아이디어가 무엇인지에 있다고 하겠다. 이 내용을 정리하면 〈표 4-1〉과 같다.

브루너는 1966년에 출판한 『교수이론 서설』(Toward a Theory of Instruction)에서 지식의 구조를 표현하는 방식으로 작동적 표현, 영상적 표현, 상징적 표현의 세 가지를 들고 있다.[12]

그는 작동적 표현은 결과에 도달하는데 거쳐야 할 일련의 동작으로 본다. 시소를 탈 때 상대방을 고려해 자리를 잡을 줄 아는 것이 예가 된다. 영상적 표현은 영상이나 도해로 개념을 이해하는 것으로 천칭의 모형을 다루거나 그림을 통해 천칭의 원리를 이해하는 것과 같은 것을 말한다. 상징적 표현은 명제를 형성, 변형하는 논리적 규칙에 지배되는 상징체계로서의 논리적 명제를 말한다. 천칭의 원리를 나타내는 언어나 수학 공식을 사용하는 것과 같은 것을 말하는 것이다.

학문중심 교육과정은 지식의 구조를 선정하는 주체가 해당 분야의 전문가라는 점에서, 그 전문가가 어떠한 배경을 가지고 있느냐에 따라 교육현장에서 배우는 내용이 달라지기 때문에 비판을 받고 있다. 또한 지식의 구조는 모든 학문 분야에서 어떻게 합의하고 이끌어 낼 것인지도 명확하지 않다. 학문적 체계에 의해 성립된 교과의 경우에는 그래도 낫지만, 사회적 · 생활의 요구나 필요에 의해 성립된 교과의 경우에는 이러한 경향을 더욱 어렵게 한다.

우리나라는 제3차 교육과정에서 학문중심 교육과정을 강조하였다. 학문중심 교육과정의 방향은 제3차 개정 교육과정의 기본 방침에서 '지식 · 기술 교육의 쇄신'이라는 항목 속에서 제시하고 있다. 그것은 '기본개념의 파악:

지식의 구조를 이루는 기본개념과 그 관계를 이해하고, 지적인 탐구방법을 익힐 수 있도록 지도 내용을 정선하여야 한다.'[13]라는 내용이다. 이것은 학문 중심 교육과정의 특징을 표현한 것이라고 하겠다.

브루너의 교육과정 이론은 2015나 2022 개정 교육과정에서 학습자의 부담을 줄이기 위해 핵심 개념 중심으로 학습내용을 구성하려는 취지와도 연결이 되어 있다. 2015 개정 교육과정에서는 빅아이디어, 개념, 일반화와 같은 용어, 2022 개정 교육과정에서는 핵심 아이디어과 같은 용어를 사용하는 것은 위긴스와 맥타이(Wiggins & McTighe)가 제안한 '이해를 위한 교육과정'과 맥락이 닿아 있다. 이들이 해당 교과의 특유의 탐구기능을 이해하는 것으로 교과의 내용을 보고 있다는 것은 브루너가 지식의 구조를 교과의 주요 내용으로 삼아야 된다는 것과 같은 논리적 관계에 있는 것이다.

4) 재개념화 교육과정

1960년대 중반에 접어들면서 미국 사회는 흑인 인권운동과 베트남 전쟁 참전에 대한 반전 시위 등이 일어나면서 인간화에 대한 요구가 커져갔다. 학문중심 교육과정에 대해서도 실제 생활이나 사회문제와 관련성이 부족하다는 비판과 과학 분야에서 선택하는 학습자 수가 감소하는 등 실제적 효과에 의문을 가지는 현상이 나타났다. 이러한 현상은 학문중심 교육과정이 지적으로 우수한 학습자에게 초점을 맞추고 있어 불우한 처지에 있는 사람에 대한 배려가 없었고, 교육에서 정의적 측면이 제대로 고려되지 못해 이에 대한 보완을 요구하는 구체적인 형태로 발전하게 되었다.

사회적 운동과 더불어 교육과정에서도 성격의 변화가 일어났다. 교육과정은 교육과정 '개발'의 기본적이고 실제적 관점에서 '이해'라는 이론적인 방면으로 관심사가 옮겨 갔다. 미국의 교육과정 사상에서 학문중심 교육과정의 구조주의는 교육과정 개혁의 주도권을 교육과정 전문가로부터 수학이나 물리와 같은 교과를 전공한 학자들에게 넘어가게 했다. 학문중심 교육과정 작업에서 34명이 모인 우즈호울 회의에서는 심리학자, 수학자, 물리학자 등이 모였고, 교육과정학자나 교육과정 전문가들은 초대되지 않았고, 브루너도 심리학자였기 때문이다. 그리고 학문중심 교육과정은 행동주의 심리학에 의해 영향을 받은 교육과정과 수업에 대한 아이디어를 확장하는 데 기여하기도 하였다.

그러나 1970년대의 교육과정 분야는 1950년대와 1960년대 지배적이었던 행동주의적 접근에 대한 비판과 더불어 '이해'를 위한 교육과정 탐구의 기반을 다지는 일이 시작되었다. 1970년대 교육과정은 근본적인 변화를 경험했다. 1970년대의 학문 주제는 진보주의의 관심과 연결되었고, 인문주의적 접근은 아동중심의 진보주의와 연결될 수 있었다. 막스주의자와 반막스주의는 재건주의자들이 가졌던 초기의 관심을 상기시켰다.[14] 이러한 일들은 교육과정의 패러다임의 전환으로 교육과정 재개념화 운동으로 불린다.[1] 교육과정 재개념화는 학문중심 교육과정처럼 통일적인 내용으로 나타나지 않는다. 현상학적·정치적·신학적 담론, 초월성과 정치 등 매우 다양하게 나타나고 있는 것이다. 여기에서는 이들을 다 설명할 수는 없다. 교육과정 개론서 격인 서적에 나타난 사항을 중심으로 이에 대한 설명을 하고자 한다. 그것은 학문중심 교육과정이 지적인 측면에 치우쳐 정의적 측면에 대한 보완적 입장이 강조되는 입장과 학교 교육에서의 내면적 결과에 초점을 두는 입장으로 구분해 다루고자 하는 것이다.

첫째, 정의적 측면을 보완하고자 하는 입장이다. 이 입장은 인본주의나 인간주의 교육과정이라고 부르는 계열과 관련이 된다. 이 입장은 매슬로우

---

1) 교육과정 분야의 재개념화 운동이 때때로 '재개념주의'라는 용어로 부정확하게 사용되었다. 재개념주의는 참여자 사이에 보다 큰 주제의 결합을 가리키는 것이다. 운동에 참여한 사람들은 '재개념주의자'라는 용어를 사용하게 되었다(William F. Pinar, William M. Reynolds, Patric Slattery, Peter M Taubman(1995). *Understanding curriculum*. Peter Lang. 211-212.).

(Maslow)와 로저스(Rogers)의 연구에 기초를 두고 있다. 교육과정의 목적은 자아실현에 두고 있다. 이 목적을 위해 교사는 학습자와의 정서적 관계 상황을 설정하고, 상호 신뢰하며, 학습자가 할 수 있다는 신념을 가지고 도와주는 역할을 한다. 인본주의 교육과정은 분과적 형태보다는 통합적 형태를 강조하고, 평가 역시 과정을 중시하게 된다.

인본주의 교육과정은 열린 교육이나 실존주의 교육 등으로 불리는 내용이 이 범주에 속한다. 실버만(Silberman)과 같은 경우는 학교 교육의 인간화를 위해 열린 교실(open classroom)과 같은 개혁을 제안하였다.[15] 열린 교실은 영국의 초등학교에서 개발되어 적용되었지만, 성공적으로 정착하였다고 보기는 어렵다. 이러한 개혁은 1970년대 들어 급진적으로 발전하기도 한다. 일리치(Illich)와 같은 경우는 학교는 억압적이고 강제적이며 차별적이어서 폐지하여야 하고, 그 대신에 소규모로 이루어지는 네트워크를 제안하기도 하였다.

우리나라에서 대안학교와 열린 교실 등은 잘 알려져 있고, 제도적으로 인정을 받고 있거나 시행이 되기도 하였다. 대안학교를 보면「초·중등교육법」제60조의 3에 대안학교에 대한 규정[2]이 있고, 이를 근거로「대안학교의 설립·운영에 관한 규정」을 마련해 제도적 뒷받침을 하고 있다. 대안학교 교육과정은 일반학교와 다르게 적용하고 있다. 규정 제9조에서는 교육과정에 대해 규정하고 있는데, 대안학교의 교육과정은 대안학교의 장이 학칙으로 정하

---

2)「초·중등교육법」제60조의3(대안학교) ① 학업을 중단하거나 개인적 특성에 맞는 교육을 받으려는 학생을 대상으로 현장 실습 등 체험 위주의 교육, 인성 위주의 교육 또는 개인의 소질·적성 개발 위주의 교육 등 다양한 교육을 하는 학교로서 각종학교에 해당하는 학교(이하 "대안학교"라 한다)에 대하여는 제21조 제1항, 제23조 제2항·제3항, 제24조부터 제26조까지, 제29조 및 제30조의 4부터 제30조의 7까지를 적용하지 아니한다.
② 대안학교는 초등학교·중학교·고등학교의 과정을 통합하여 운영할 수 있다.
③ 대안학교의 설립기준, 교육과정, 수업연한, 학력인정, 그 밖에 설립·운영에 필요한 사항은 대통령령으로 정한다.

도록 하고 있다. 다만 국어와 사회는 교육부장관이 정한 교육과정상 수업시간 수의 100분의 50이상을 운영하여야 한다고 되어 있다.

둘째, 학교 교육에서의 내면적 결과에 초점을 두는 입장에 대해 살펴본다. 학습자의 내면적 결과와 관련해서는 잠재적 교육과정이 익숙할 것이다. 우리가 일반적으로 논의하는 잠재적 교육과정은 학교라는 제한되고 미시적 차원에서 의도하지 않은 학습 결과에 초점을 둔 것이다. 그리고 이보다 거시적 측면에서 교육과정 원천이나 지배이념을 밝히는 방식도 있다. 우선 미시적 측면에서 잠재적 교육과정과 관련된 연구는 잭슨(Jackson, 1968)이나 스나이더(Snyder, 1970) 등을 들 수 있다. 잭슨은『교실이라는 생활』(Life in Classrooms)의 책에서 학교의 사회화 과정에서 초등학생이 큰 영향을 받고 있음을 지적하였다.[16] 학습자는 학교생활을 하면서 또래와의 생활, 빈번한 평가, 힘의 역학 관계 등을 삶의 과정에서 경험한다는 것이다.

학교생활을 하면서 학습자는 의도된 교육과정보다는 잠재적 교육과정을 통해 더 많은 것을 알고 성취한다. 잠재적 교육과정은 바람직한 경우도 있지만, 그렇지 않은 경우도 존재하게 된다. 바람직하지 않은 경우는 의도된 교육과정으로 전환하여 바람직한 삶을 살아가도록 유도해야 한다. 잠재적 교육과정은 의도된 교육과정과 조화롭게 결합함으로써 교육받은 인간의 모습이 제대로 나타난다는 것이다.

다음으로 학교와 사회 구조를 연결시켜 논의하는 거시적 측면에서 연구되는 사항은 애플(Apple), 보울즈와 긴티스(Bowles & Gintis), 지루(Giroux) 등을 들 수 있다. 이들의 주된 주장은 학교는 사회적 구조와 밀접하게 연결되어 있고, 지배 집단의 헤게모니가 학교교육에 반영되어 기존 질서를 지속하는 수단이 된다고 비판한다. 보울즈와 긴티스는「자본주의 미국사회의 학교교육」(Schooling in capitalist america, 1976)에서 학교에서는 자본주의 체제에 적합한 가치와 태도 및 규범 등을 제공하여 현 사회의 불평등 구조를 정당화하고 있다고 한다.[17] 이러한 것은 지적인 것이 아니라 비지적 요소에 해당되는 것으로 자본가 계급이 선호하는 가치를 내면화시켜 현 사회의 불평등이 수용되도록 하고 있다는 것이다.

보울즈와 긴티스는 초등학교에서는 하위직에 적합한 복종·순응·시간 엄수 등을, 중등학교에서는 중간직에 적합한 지식·가치·규범 등을, 고등교육에서는 최고 경영자에 적합한 인성체계인 독립심·창조력·리더십 등을 은밀히 전수한다는 것이다.[18] 이러한 것은 자본주의의 사회적 위계관계를 학교 교육의 수준별 위계 구조에 대응시켜 설명하는 것으로 대응원리(corresponding)로 불리고 있다.

애플 같은 경우는 보울즈와 긴티스의 이론은 기계적인 경제적 재생산 이론에 입각하고 있어 이에 비판적이다. 애플은 학교는 경제적 자본 외에도 상징적 자본으로서 문화 자분을 보존하고 분배하는 역할을 한다고 주장한다. 지배집단은 자본주의 경제 질서를 유지하기 위해서 문화를 보존하고 배분하는 학교 기관을 통해 사람들의 의식구조에 적용하여 사회통제를 지속시키고 있다고 본다. 이러한 교육은 학교에서 공식적인 교육과정을 가르친 결과 부수적으로 나타나는 것이 아니라, 의도적이지만 드러내어 가르치지 않고 있어 숨겨져 있다고 보는 것이다. 지루는 학습자가 스스로 사회구조를 배우는 것이 아니라 저항과 협상 등을 통해 주체적 행위자로서 그 의미를 배운다고 보고 있다.

이 시기의 교육과정에 대해서 재개념화로 규정하는 것은 타일러 논리를 극복하지 못한 것과 관련이 있다. 타일러에 의하면 교육과정은 개발 절차만 잘 따르면 교과별 교육과정을 잘 만들 수 있는 것이다. 그래서 반드시 교육과정을 전공하는 학자나 전문가가 필요하지 않은 것으로 생각할 수 있는 것이다. 교육과정의 주도권이 교과 전문가에게 넘어가고, 교육과정 전문가는 그러한 절차에 대한 수정이나 보완적 수준을 넘어서지 못한 것이다. 이러한 위기를 극복하기 위해 교육과정에 대한 기술공학적인 접근에 대한 비판과 더불어 교육과정에 대한 새로운 토대를 구축하는 재개념화 작업이 시작된 것이다. 다

른 한편 교육사회학 분야에서 지식사회학적 관점이나 정치·경제학적 입장
에서 이들에 대한 논의가 교육과정사회학으로 논의가 되고 있기도 하다.

우리나라는 제4차 교육과정에서 인간을 중심으로 한 성격이 반영됨으로써
교육과정 재개념화 시기의 다양한 논의에 대한 내용과 관련이 되기도 한다.
그러나 제4차 교육과정은 이념이나 교육과정의 이론상 특정 교육과정이라기
보다는 종합적이고 복합적 성격을 지니고 있다. 기존의 교과중심 교육과정,
생활중심 교육과정, 학문중심 교육과정에 미래지향적 교육과정의 정신이 반
영되었고, 지금까지 소홀히 되었던 인간중심 교육과정의 성격을 심도있게 반
영해 개인적, 사회적, 학문적 적합성을 고루 갖춘 교육과정이 되게 하였다.[19]
이러한 의미로 본다면 제4차 교육과정은 특정 교육과정 이론보다는 이들의
종합적 성격을 띠고 있다고 하겠다.

5) 기초교육 강화 교육과정

1970년대 후반 미국은 실업률과 물가상승률이 동시에 상승하는 스태그플
레이션을 경험하게 된다. 이러한 시기에 미래 경제에 적합한 인재를 길러내
기 위해서 일본의 교육체제에 대한 관심이 일어나게 된다. 제2차 세계 대전
에서 패망한 일본의 경제가 미국을 위협할 정도로 급성장하였기 때문이다.
1983년에 교육의 수월성 추구위원회(The National Commission on Excellence
in Education)가 출간된 『위기에 처한 국가』(A Nation at Risk)에 제시된 교육의
실태는 교육개혁을 진행하게 하는 계기가 된다. 이 보고서에는 미국의 중등
교육에 대한 개혁의 필요성이 제시되어 있다. 미국의 모든 주에서 졸업요건
을 강화하고, 외국어 능력의 성취 등에 대한 것이 그 내용이다.

이러한 경향은 학력저하에 대한 대안의 마련과 학교급 간의 연계를 위한
노력 등으로 나타났지만, 기초교육의 강화를 위해 내용을 축소하여야 하는
것인지의 여부에 대해서는 의견의 일치를 보지 못하였다. 그리고 전통적인

교과에 시대·사회적 변화에 따라 등장하는 새로운 교과는 지속적으로 늘어 갔다. 이러한 흐름에 대한 대해 또 다른 사고는 아들러(Adler)가 제안한『파이 데이아 제안』(Paideia proposal)이다. 이 책은 1982년에 출간된 것으로 초·중 등학교를 구분하지 않고 12년간의 국민공통기본교육과정을 주장하였다. 파 이데이아 제안에서는 전문적이거나 직업적인 것 보다는 일반적이고, 자유 인 문적인 특성의 내용으로 되어 있다.

　『파이데이아 제안』은 총 4부로 구성되어 있다.[20] 제1부는 '국민의 학교교육' 으로 단선형 학제로 운영되어야 함을 강조하고, 학교교육은 교육받은 사람이 되도록 도와주는 준비 단계임을 지적하였다. 제2부는 '국민공통기본 학교교 육'으로 직업적인 것이 아니라 교양적 교과를 가르치는 목표가 되어야 하고, 유치원부터 고3까지 복선제와 선택과목제를 배제한 모든 학생의 동일한 교 육과정을 주장하였다. 초기 장애 극복을 위해 국가적 차원에서 최소 1년 이 상의 취학 전 교육이 제공되어야 하고, 개인차를 극복할 수 있는 프로그램의 탄력적 운영과 보충적 수업의 형태를 제시하였다. 제3부는 '수업과 학습'에서 는 학교 교육과정이 잘 만들어져 있어도 교사가 수업을 어떻게 하느냐에 따 라 달라지므로, 제대로 배운 교사가 필요하고, 교장은 강력한 지도력을 가져 야 함을 말하고 있다. 제4부는 '국민공통기본 학교교육을 넘어서'로 고등교 육, 생계유지와 잘 사는 것, 그리고 자유로운 제도들의 미래에 대해 설명하고 있다.

6) 기술공학적 구성주의와 기초학력 강화 교육과정

　여기서는 1990년대 이후 인간성 회복이나 전통적 지식에 대한 회의가 있었 던 시기와 2000년대 이후 기초학력을 강화하면서 다시 읽기와 수학 등에 초점 을 기울이는 보수적 경향으로 회귀하는 경향을 함께 다룬다. 우선 1990년대 이후 기술공학적 구성주의에 대해 다룬다. 기술공학적 구성주의는 1990년대 이후의 일로서 인터넷의 확산과 더불어 디지털화된 환경에서의 교육과정이 인간성의 회복이나 전통적 지식에 대한 회의적 시각이 나타나게 된 시기를 말한다. 이 시기는 1980년대를 전후해 미국이 겪었던 경제적 어려움에서 벗어나 경제적 호황을 누리면서 전 세계를 주도해 나가는 시기에 해당된다. 그러면서 세계화 · 정보화가 가속화되는 시기이기도 하다.

이와 더불어 이러한 시기를 특징짓는 초근대 사회(포스트모더니즘)의 등장으로 세분화와 해체가 진행되고 있다. 그러면서도 다른 한편으로는 중앙집권적 조직이 상존하면서 국가의 통치 및 경제체제는 대중매체를 통제할 수 있는 제도적 장치도 중대하는 양상을 띠게 된다. 초근대 사회에서는 절대적 지식이 있다기 보다는 인간의 관심과 삶의 방식에 의해 진리는 만들어지기 때문에 상대주의적 경향을 띤다. 교육학에서 지식기반사회라고 불리는 것도 마찬가지이다. 지식기반사회는 삶의 과정에서 획득되고 재구성되기 때문에 삶과 유리된 지식이 별개로 존재하는 것으로 보지는 않는다. 지식을 보는 경향의 변화는 학교 교육과정에 대해서도 필수적이거나 고정된 교과보다는 선택적이고도 유연한 교과의 조직과 운영이 요구되는 것이다.

1990년대 초반에서 2000년에 이르기까지는 이러한 시대 · 사회적 배경과 무관하지 않다. 그래서 학교 선택에 대한 운동이 확산되면서도 표준화된 교육과정을 위한 성취기준에 대한 운동이 일어나는 것이다. 1991년 미네소타주에서 차터스쿨 법안을 통과시키고 1992년 캘리포니아주, 그리고 1995년까지 19개 주에서 이러한 법안이 통과되었다.[21] 차터스쿨(Charter School)은 전통적인 공립학교 운영에서 탈피하려는 학교운영 방식으로 대안학교의 성격을 지니고 있다. 그리고 정보기술의 발달은 전 세계를 인터넷으로 연결하여 개인과 개인이 의사소통을 하는 중요한 역할을 하면서, 인간의 노동과 삶의 방식도 변화시켰다.

역설적으로 1989년 이후부터는 기준 운동이 일어나 현재도 지속되고 있다. 1989년에 부시(Bush) 대통령과 50개 주지사는 샤롯빌에서 2000년까지 미국의 학교가 도달해야 될 교육목표를 설정하였고, 이 목표 달성을 위해 각 교과의 기준을 만드는 작업을 수행하게 된다. 이러한 성취기준은 교육에서의 책무성과 더불어 현재도 진행의 형식을 띠고 있다.

　다음으로 2000년대 이후 기초학력을 강화하는 현대적 보수주의 경향을 다룬다. 이렇게 규정한다고 하더라도 이 시기에도 미국의 교육은 문제해결과 혁신 및 창의성 등을 지속적으로 강조하고 있다. 미국은 2002년 당시 부시 대통령이 서명한 초·중등교육법의 개정판인「낙오방지법」(No Child Left Behind, NCLB)이 유명하다.「낙오방지법」은 1,100페이지에 달하는 방대한 내용으로 되어 있으며, 3학년과 8학년 및 고등학교에서 읽기와 수학에 대해 주에서 개발한 평가를 실시할 것을 요구하고, 뒤에 과학에 대한 것도 추가되었다.

　「낙오방지법」에는 학교가 2년 연속으로 연간 학업성취도 향상에 실패하면 개선이 필요한 것으로 간주되고, 3년 연속 실패하면 교육청은 공립학교 선택권을 계속 제공하고 성취기준이 낮은 학습자에게는 보충학습을 받을 수 있도록 자금을 지원하도록 하고 있다. 4년 연속 실패하게 되면 학교 교직원을 교체하거나 학교수준의 운영 권한을 줄이는 것과 같은 보다 강한 교정 조치를 받도록 하는 내용을 담고 있다.[22] 이러한「낙오방지법」은 미국의 각 주 정부가 거부를 하는 등 쉽지 않은 길을 걸었다. 책무성을 강조하는 기준 운동과 다르게 세계화 교육이나 스쿨바우처, 홈스쿨링, P-16 교육이 이 시대의 특징으로 제시된다.[23]

　교육과정 이론이나 교육과정에 대한 역사를 보면, 교육과정이 그 자체로 변화를 한 것이 아니라, 시대·사회적 배경과 밀접한 관련을 맺으면서 전개되었다는 점이다. 그리고 교육과정 이론의 변화는 전통적인 교과(학문) 중심이나 경험(생활적응)을 중시하는 양 극단에서 통합적으로 접근하는 경향을 보이고 있다. 전통적인 관점에서 어느 하나의 이론으로 그 시대의 교육과정에 대한 특질을 규정하기 어려워지고 있는 것이다. 우리나라의 2022 개정 교육과정에 제시된 개정의 방향을 보아도 이러한 경향을 엿볼 수 있다. 총론의 기본 방향에서는 '포용성과 창의성을 갖춘 주도적인 사람'으로 비전을 설정하고, 교과 교육과정에서는 학습의 양을 줄이기 위해 핵심 아이디어를 중심으로 하는 학문의 구조적 성격도 나타나고 있다. 그러면서 다른 한편에서는 학생의 삶과 연계한 문제를 스스로 해결하는 자발적 참여와 체험중심의 수업과 자치활동 등을 강화하는 내용도 동시에 나타나고 있다. 미국뿐만 아니라 세계적으로 교육과정은 교과(학문)와 경험(생활적응)의 어느 한 경향이 우세한 특질을 나타낸다기 보다는 이들이 상호 융합하면서 조화를 이루는 경향으로 접근하고 있는 것이다.

제**5**장

교육과정 개발

교육과정을 개발하는 주체는 교육과정의 설계를 어떻게 할 것인가를 함께 생각하게 된다. 교육과정 개발이 교육과정을 만들고 그와 관련된 자료를 창출하는 것이라면, 교육과정 설계는 교육과정의 기본 요소를 체계적으로 배열하는 것을 말한다. 교육과정의 기본 요소는 교육 내용, 교육 목적, 교육 방법 등이 된다. 그것은 교육과정이 어떠한 내용을, 어떠한 목적을 위해, 어떠한 방법으로 가르칠 것인가를 다루는 학문 분야이기 때문이다. 이러한 요소를 관련짓는 것이 교육과정 설계에서 과제가 된다.

　　교육과정 기본 요소의 관련을 짓는 양상은 결과적으로 내용의 조직으로 초점이 귀결된다. 교육과정 내용 조직의 양상은 교육 목적에 영향을 받고, 학습활동에 영향을 미치게 된다. 국어나 영어 및 수학 등의 분과적 교과의 조직으로 할 것인지, 이들을 융합한 영역의 조직으로 할 것인지에 따라 교육과정의 목적과 교육활동의 양상은 달라진다.

　　교육과정 설계는 교육과정 개발과 함께할 때, 의미를 지니게 되고, 별개로 있을 때 의미는 축소된다. 교육과정 설계는 교육과정 개발과 함께하는 것이다. 그러나 교육과정을 어떻게 설계하느냐는 교육과정을 개발하기 이전에 생각하는 것만은 아니다. 교육과정을 개발하는 과정에서도 그에 대한 사고를 가지기도 한다. 따라서 여기서는 교육과정 개발을 먼저 제시하고, 교육과정 설계를 설명하고자 한다.

　　교육과정 개발은 한국적 특성을 고려하지만, 교육과정 설계는 일반론적 사항에 대한 논의를 하는 것을 이어진다. 교육과정 설계의 한국적 특성만을 고려하게 되면, 한국의 교육과정 역사 전반을 다루게 된다. 이 글에서는 한국의 교육과정 역사를 다루는 것이 아니기 때문에, 그렇게 할 필요가 없다는 것이다. 그리고 교육과정 설계의 일반적 원리는 교과 교육과정에서 다룰 수 있는 내용으로 특수화시킬 수 있는 여지를 남기기 때문이기도 하다.

1. 의의

국내의 교육과정 서적은 주로 교육과정 개발의 논리적 과정에 대한 설명과 외국의 교육과정 개발에 대해 소개 하고 있다. 이러한 내용은 교육과정 개발에 대한 이해에 도움을 준다. 그러나 실제 우리나라의 교육과정 개발의 과정은 보다 복잡한 양상을 나타내고 있다. 개발이라는 것이 없던 것에서 새로운 것을 만들어 내는 용어라면, 교육과정 개발은 교육과정을 새로이 창출하는 작업으로 그 대상이 무엇이고, 어떠한 방식으로 이루어지는 것인가를 파악하는 것으로 교육과정 연구에서 중요한 일이라 하겠다.

교육과정 개발에 대한 동일한 절차를 거친다고 하더라도, 교육과정에 대한 접근 방식이나 관점에 따라 상이한 목표와 내용이 만들어진다. 그리고 교육과정 개발에 대한 절차가 어떻게 되느냐에 따라 개발의 범주와 결정 과정의 합리화 정도가 달라지게 된다. 이러한 내용에 대해 보다 정확한 이해를 하는 것은 현재의 교육과정 개발에서 어떠한 문제가 있으며, 그 문제 해결을 위한 대안을 모색하는 데 유용하다.

교육과정 결정에서는 관련 주체가 가급적 많이 참여함으로써 대표성을 살리면서도 권위주의를 극복할 수 있어야 한다. 결정의 과정에서는 현행 교육과정의 문제를 제대로 인지하고, 그에 따른 자료의 수집과 분석을 제대로 행함으로써 즉흥적으로 결정하는 것의 왜곡을 시정한다. 그리고 특정 세력의 입장이 우세하지 않게 함으로써 교육과정 결정 주체 간의 균형을 통한 조화를 이루어야 한다. 교육과정 개발은 이러한 사항을 충족시킬 수 있도록 이루어져야 하며, 이를 위해서는 한국의 교육과정 개발에 대한 현실적 사항을 고려해 그 내용이 전개될 필요가 있는 것이다.

교육과정 개발이라는 용어와 혼용 되지만 구별해야 할 용어가 여러 가지가 존재하고 있다. 교육과정 구성, 교육과정 개정, 교육과정 계획 등이 그것이다.[1] 교육과정 구성(curriculum construction)은 전통적으로 교수요목을 작성하고 수정하는 일과 관련해 사용하고 있다. 교육과정 개정(curriculum revision)은 교육과정을 만들어 낸다는 점에서는 교육과정 개발과 동일하지만, 기존의 교육과정이 있음을 전제로 하고 있는 것이다. 교육과정 계획(curriculum planning)은 자료 개발의 의미를 제외한 교육과정안을 만들어 내는 작업에 해당한다. 여기에서는 교육과정 개발이라는 용어를 중심으로 다른 용어 또한 적절하게 사용할 것이다.

교육과정 개발을 문서를 만들어 내는 것뿐만 아니라, 이를 구현하기 위한 자료를 만들어 내는 과정까지 포괄한다면, 교육과정 개발 후속 지원으로 이루어지는 교과서 개발과 실제 수업 자료까지 포함하는 개념이 된다. 우리나라는 교육과정 개발에서 교육과정 문서의 확정·고시를 국가교육위원회에서 담당하고, 교과서와 교수·학습 자료 등에 대한 일은 교육부가 담당하는 역할 분담 구조를 가지고 있다. 따라서 여기에서는 교육과정 개발과 교육과정 개발 후속지원을 분리해 다루고자 한다.

2. 교육과정 개발의 개념적 수준

우리나라에서 교육과정 개발과 운영에 대한 근거는 「초·중등교육법」 제23조와 동법 제20조, 「국가교육위원회 설치 및 운영에 관한 법률」 제12조에 있다. 「국가교육위원회 설치 및 운영에 관한 법률」 제12조에서는 국가교육과정의 기준과 내용의 기본적 사항에 대한 규정을 하고 있으며, 「초·중등교육법」 제23조에서는 교육과정 개발을 국가 수준, 지역 수준, 학교 수준의 세 가지 수준으로 구별하고 있다.

여기서 「초·중등교육법」 제20조를 추가한 것은 교육과정 개발이나 운영에 대한 교사 수준에 대한 근거가 제시되어 있기 때문이다. 교사도 국가와 지역 및 학교 수준에서 개발된 교육과정을 토대로 교육과정이나 교과서를 재구성하여 학생을 교육할 수 있다. 개발된 교육과정의 운영과 관련해 실천하는 주체로서의 교사의 위상도 고려되어야 하는 것이다. 이에 대한 내용은 [그림 5-1]과 같다.

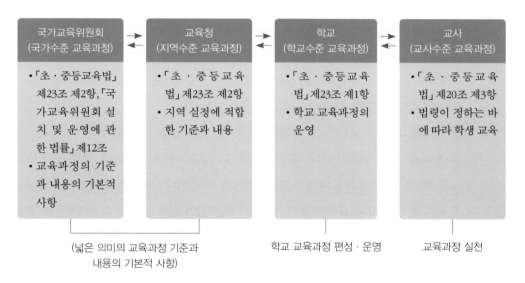

[그림 5-1] 교육과정의 개념적 수준과 그 근거

[그림 5-1]에서 국가교육과정은 교육과정의 기준과 내용의 기본적 사항을 정하는 기능이 있으며, 지역 교육과정은 이들 범주 내에서 지역의 실정을 감안한 교육과정의 내용을 정할 수 있도록 하고 있다. 국가와 지역 수준의 교육과정은 넓은 의미에서 교육과정 기준과 내용의 기본적 사항을 정하는 권한이 있는 것이다. 학교 교육과정은 광의의 교육과정 기준과 내용의 기본적 사항에 기초해 교육 현장의 현실을 고려한 교육과정을 편성 · 운영할 수 있는 것이다.

「국가교육위원회 설치 및 운영에 관한 법률 시행령」 제9조 제2항에서는 국가교육과정의 기준과 내용에는 국가교육과정의 구성 원칙 및 체계에 관한 사

항, 「유아교육법」에 따른 유치원의 교육과정 영역 및 내용에 관한 사항, 「초·
중등교육법」 제2조에 따른 학교의 교육과정 영역·내용·편제 및 교육시간
분배기준에 관한 사항이 포함되어야 함을 밝히고 있다. 교육과정의 기준과
내용의 기본적 사항이 무엇인지에 대한 것을 일부 확인할 수 있는 것이다.

「초·중등교육법」 제23조 제1항이 '학교는 교육과정을 운영하여야 한다.'
라고 되어 있어 학교에 편성에 대한 권한이 없다고도 해석하는 경우도 있다.
그러나 학교는 창의적 체험활동을 계획하여 운영할 수 있고, 학교자율시간에
지역 연계 및 특색있는 교육과정 운영을 위해 선택과목(활동)을 신설·운영
할 수 있다. 그래서 교육과정 편성에 대한 권한을 포함하고 있다고 해석하는
것이 합리적일 것이다.

그리고 「초·중등교육법」 제20조 제4항에서는 '교사는 법령에서 정하는 바
에 따라 학생을 교육한다.'라고 규정하고 있다. 법령은 법률과 명령을 아우르
는 말이고, 국가교육과정은 법규명령에 해당된다. 그러므로 교사는 국가교
육과정에 제시된 교육과정의 기준과 내용의 기본적 사항에 따라 학생을 교육
하면 되는 것이다. 교사는 교육과정의 기준과 내용을 구체적인 수업 상황에
맞게 다른 형식으로 다시 구성하는 교육과정 실천가이면서 개발자가 되는 것
이다. 이러한 의미에서 교사수준의 교육과정 개발로 사용하였다.

그리고 이러한 관계를 고려하면 교육과정 개발의 절차나 주요 기구 및 특징
에서 국가, 지역, 학교, 교사 수준 모두를 취급하는 것이 올바르지만, 여기서

표 5-1 교육과정 개발의 개념적 수준

- 국가수준 교육과정: 교육과정의 기준과 내용의 기본적 사항
- 지역수준 교육과정: 국가교육과정의 범위 내에서 정한 교육과정 기준과 내용
- 학교수준 교육과정: 국가와 지역 교육과정을 토대로 학교 특성을 고려해 만든 교육과정
- 교사수준 교육과정: 개별 교사에 의해 실천되는 교육과정

는 국가교육과정을 중심으로 논의한다. 국가교육과정의 개정 절차와 주요 기구에 대한 내용은 지역 수준에서도 유사하며, 학교 교육과정 개발에서도 이를 유추하여 적용하게 되면 별다른 무리가 없을 것으로 생각되기 때문이다.

3. 교육과정 개발의 추진 체계

국가교육과정 개발의 추진 체계는 국가교육위원회가 설치·운영되는 시점을 기준으로 큰 변화를 가져오고 있다. 기존에는 국가교육과정을 고시하는 권한이 교육부장관에게 있었다. 그러나 국가교육위원회가 설치·운영되면서 그 권한이 국가교육위원회로 이관되었다. 교육부는 교육과정 개발 후속 지원의 계획을 수립·시행하는 방식으로 역할이 변경되었다. 현재 국가교육위원회가 운영이 되고 내부적으로 여러 논의가 있지만, 아직까지 국가교육과정의 수립이나 변경에 대한 공식적인 입장이 가시적으로 나타나지는 않고 있다. 국가교육과정 개발 추진 체계의 이해를 위해 여기에서는 국가교육위원회가 설치·운영되는 시점을 기준으로 살펴보고자 한다.

1) 국가교육위원회 설치·운영 이전[1]

국가교육위원회가 설치되어 운영되기 이전에는 전면적이고도 일시적인

---

1) 「국가교육위원회 설치 및 운영에 관한 법률」은 2021년 7월 20일 법률 제18298호로 제정되고, 2022년 7월 21일 시행에 들어갔다. 2022 개정 교육과정은 같은 법 부칙 제4조의 국가교육과정의 기준과 내용 수립 등에 관한 특례에 따라 "제12조 제1항에도 불구하고 이 법 시행 당시 「초·중등교육법」 제23조 제2항에 따라 교육부장관이 개정 중인 국가교육과정에 한하여는 위원회의 심의·의결을 거쳐 교육부장관이 2022년 12월 31일까지 고시한다."라는 규정에 따라

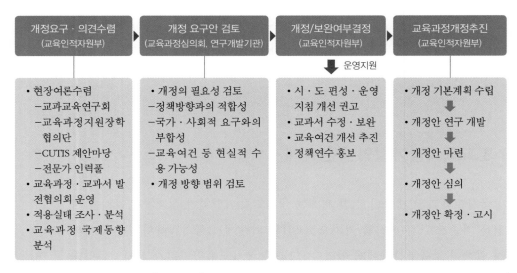

[그림 5-2] 교육과정 수시 개정 체제 운영 방법

교육과정 개정 체제에서 수시 개정 체제가 도입된 이후의 시기로 변화를 가져왔다. 교육과정의 수시 개정 체제는 교육인적자원부가 2003년 10월에 도입 계획을 발표하고, 2005년 2월부터 활성화 방안을 마련하여 추진하였다.[2] 그 이전에는 일정한 시간의 경과에 따라 주기적이고도 전면적인 교육과정 개정 방식을 취함으로써 중앙집중적 개정 방식으로 이루어졌다. 교육과정 수시 개정 체제는 일시·전면적 교육과정 개정 방식의 비효율성을 해소하고 사회변화에 대응한 교육내용의 개선과 국민의 교육과정 개정 요구를 반영하기 위한 목적에서 마련되었다. 여기에서는 교육과정 수시 개정 체제 이후의 교육과정 개정 체제에 대해 알아본다. 교육과정 수시 개정 체제에서의 운영은 [그림 5-2]와 같은 방법으로 이루어졌다.[3]

교육부장관이 고시하였다. 따라서 여기서는 국가교육위원회가 2022년 7월 21일 시행에 들어갔지만, 2022 개정 교육과정은 교육부장관이 고시함으로써 국가교육위원회 설치·운영 이전의 시기로 포함하여 설명한다.

(1) 개정 요구 의견 수렴

교육과정의 수시 개정 체제의 특징은 교육과정 개정의 민주성과 개방성을 강화해 현장 교원과 일반 국민의 참여를 확대한 것에 있다. 현장 교원은 평소 교육과정 운영에서 나타난 문제점과 개선 방안을 교과교육연구회와 교육과정지원장학협의단 등을 통해서 교육과정의 개정시에 반영하도록 요구할 수 있다. 학부모를 포함한 일반 국민들도 '교육과정·교과서 정보서비스 홈페이지[2]를 통한 의견을 제시할 수 있도록 한 것이다.

현장의 교원이나 일반 국민 및 정부 기관 등이 요청한 의견은 당시의 교육인적자원부에서 자체 조사·분석한 교육과정 운영 실태, 국민 여론, 교육과정 국제동향 등과 함께 정리하고 분석하여 교육과정 개정을 위한 기초 자료로 활용이 된다. 국가교육과정의 수시 개정 체제가 도입 된 이후의 교육과정 개정 시기별로 이러한 내용이 동일하게 적용이 된 것은 아니다. 그러나 국가·사회적 요구와 현장의 요구를 반영하기 위한 정책연구의 수행은 지속되었다. 최근에는 시도교육감 협의회와 같은 요구를 반영하기 위한 노력을 기울이는 등 교육과정 개정의 국민 참여는 보다 강화되었다.

(2) 개정 요구안 검토

수시 개정 체제가 도입이 된 시점에서의 개정 요구안 검토는 교육과정심의회를 중심으로 검토하는 방향으로 이루어졌다. 주요한 검토의 방향은 국가의 정책 방향과의 적합성, 국가·사회적 요구와의 부합성, 교육 여건 등의 현실적 수용 가능성 여부 등을 종합해 이루어지게 된다. 그러나 모든 교육과정 개정 시기별로 교육과정심의회가 이러한 역할을 반드시 한 것은 아니었다.

---

2) 교육과정·교과서 정보서비스 홈페이지(cutis.moe.go.kr)는 2005년 9월부터 운영되었으나, 현재는 존재하지 않는다.

교육과정심의회는 교육과정의 개정안이 확정·고시되기 이전에 자문을 하는 역할에 보다 많은 비중을 두었다.

(3) 개정·보완 여부 결정

검토의 결과 개정의 필요성이 있다고 판단되면 교육과정 개정의 일반적인 절차에 따라 개정이 이루어진다. 그러나 교육과정 개정의 필요까지는 없지만 교육과정의 편성·운영의 지원이 필요한 경우에는 개정의 요구나 의견을 성격에 따라 시·도 교육과정 편성·운영 지침의 개선 권고나 교과서 수정·보완, 교육여건의 개선 추진, 교육과정 정책의 연수나 홍보 활동이 이루어지게 된다.

(4) 교육과정 개정 추진

교육과정 개정의 일반적인 절차는 교육부에서 교육과정 개정의 기본계획 수립, 개정안 연구·개발, 개정안 마련, 개정안 심의, 개정안 확정·고시의 순으로 이루어진다. 교육과정 개정의 각 단계별 내용을 알아보면 다음과 같다.

첫째, 교육과정 개정의 기본계획 수립은 교육부가 주도하게 된다. 교육부는 교육과정 정책을 수립하고, 교육과정 개정의 전체적인 틀과 일정을 조정하며, 교육과정 연구와 개발을 전문연구기관이나 외부 전문가에게 위탁하여 그 결과를 보고 받고, 시안을 확정·고시하는 역할을 담당한다. 교육부는 교육과정 개정에 대한 계획의 수립과 발의에 대한 의사결정기관으로서 중요한 역할을 담당하고 있다.

둘째, 개정안의 연구·개발은 전문연구기관과 외부전문가에 의해 이루어진다. 전문연구기관은 제4차 교육과정에서 교육과정 개정에 직접적으로 관여하게 된다.[4] 전문연구기관은 한국교육과정 평가원, 한국과학창의재단, 한국직업능력연구원 등 교과별 교육과정 개정에서 핵심적인 역할을 담당하는 기관을 말한다. 전문연구기관의 역할은 교육부로부터 위탁받은 연구과제를 수행하면서 교육과정 개정안을 개발하는 역할을 수행하고 있다. 전문연구기관 이외에 대학이나 초·중등학교 교원으로 구성된 연구진이 정책연구를 통해서도 연구·개발을 진행하고 있다.

셋째, 개정안의 마련이다. 개정안은 전문연구기관과 외부전문가에 의해 만들어진 내용을 토대로 이루어진다. 교육과정은 총론[3]을 먼저 만들고, 교과별 교육과정인 각론을 만드는 과정으로 이어진다. 총론과 각론의 안이 모두 만들어지면 이를 확정하기 위한 과정을 거치게 된다.

넷째, 개정안의 심의는 교육과정심의회를 통해 이루어진다. 교육과정심의회는「교육과정심의회 규정」에 의해 운영되는 법정 기구이다. 교육과정심의회는 교육과정 제·개정에 대한 사항을 심의하고, 그에 필요한 조사·연구 및 학생 등의 의견 수렴을 위해 교육부에 둔 자문기구이다.[4] 교육과정심의회는 교과별위원회, 학교별위원회, 운영위원회 및 참여위원회로 구분하여 조직·운영하였고, 국가교육위원회가 교육과정에 대한 고시를 하는 구조로 변화함으로써 2023년 1월 1일부터 폐지·시행되었다.

다섯째, 개정안의 확정·고시는 교육부에서 하게 된다. 국가교육과정에 대한 안이 만들어지고, 공청회를 거쳐 교육과정심의회의 심의를 거치게 되

---

3) 교육과정 총론은 교과들이 추구하여야 하는 궁극적 목적이나 목표 등을 정해 여럿으로 구분되어 있는 교과를 하나로 엮어 주는 역할을 하고, 편제와 시간배당과 같이 각 교과의 관계를 조정하거나 일반적으로 해당하는 사항을 일괄적으로 제시하는 역할을 한다. 각론은 교과별 교육과정을 말하는 것으로 교과별로 가르칠 내용을 제시하고 있다.

4) 교육과정심의회는 심의라는 말을 지니고 있고, 의결을 하는 조문이 있으나, 교육과정심의회의 운영위원회와 소위원회의 의사결정을 위한 방법을 말하는 것에 해당한다. 의결을 할 수 있는 조문이 있어 이를 두고 교육과정 결정을 하는 의결기구로 보는 견해도 있다. 그러나 그렇게 되면 국가교육위원회에서 고시 권한이 부여되기 이전까지의「초·중등교육법」제23조 제2항에서 교육부장관이 교육과정에 대한 고시를 할 수 있는 권한과 충돌이 생기게 된다. 교육과정에 대한 결정 권한은 교육부장관에게 있는 것으로 이해되어야 한다. 교육과정심의회의 결정은 소위원회 등에서 이견이 있을 경우 내부적으로 의사결정을 하는 방법을 말하는 것으로, 대외적으로 표시되는 사항은 자문의 성격을 지니고 있는 것으로 보는 것이 합리적이다.

면, 최종적으로 확정하여 개정안을 고시하게 된다. 교육과정 총론과 각론이 모두 만들어지면 한꺼번에 고시하는 것이 일반적이다. 그러나 2009 개정 교육과정과 같은 경우는 총론만을 대상으로 하여 고시를 하는 예외도 있었다.

2) 국가교육위원회 설치·운영 이후

국가교육위원회가 설치·운영이 된 이후에는 교육과정의 개정이라는 용어가 아니라 국가교육과정 수립·변경이라는 용어를 사용하고 있다. 국가교육과정의 수립·변경의 절차는 [그림 5-3]과 같다.[5] 현재 국가교육위원회에서는 국가교육과정과 관련된 기구와 그 절차 등을 정비하는 과정에 있으며, 국가교육과정의 수립·변경에 대한 공식적 입장은 확인되지 않고 있다. 따라서 여기에서는 현재까지 만들어진 법 조문과 내부적으로 운영하기 위한 방안 등을 토대로 내용을 제시하고자 한다.

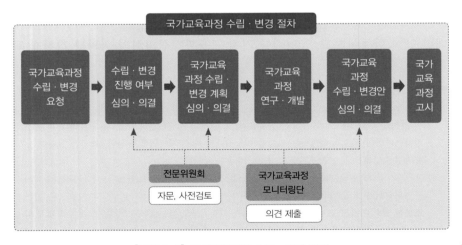

[그림 5-3] 국가교육과정 수립·변경 체제

(1) 국가교육과정 수립 · 변경의 요청

국가교육과정 기준과 내용의 수립 · 변경은 「국가교육위원회 설치 및 운영에 관한 법률 시행령」 제10조에서 규정하고 있다. 시행령 제10조 제1항에서는 국가교육발전계획의 수립, 교육환경 변화 등을 고려하여 국가교육과정의 기준과 내용을 수립 또는 변경할 필요가 있다고 인정하는 경우에는 국가교육위원회의 심의 · 의결을 거쳐 국가교육과정의 기준과 내용을 정하도록 하고 있다. 국가교육과정의 수립이나 변경은 필요성은 국가교육발전계획 수립과 교육환경의 변화 등을 고려하여 국가교육위원회가 정하도록 하고 있는 것이다.

법 시행령 제2항에서는 국가교육과정의 기준과 내용의 수립 · 변경 등의 요청은 교육부장관, 교육감협의체, 국민(20만명 이상)의 세 주체가 할 수 있고, 국가교육위원회는 이들의 요청이 있는 경우에는 국가교육과정의 수립 또는 변경의 진행 여부를 심의 · 의결하도록 규정하고 있다. 국가교육과정 기준과 내용의 수립이나 변경 등에 요청 주체와 심의 · 의결 주체를 분리하여 규정하고 있는 것이다. 국가교육과정의 수립이나 변경의 요청 주체를 국가와 시 · 도 및 일반 국민으로 함으로써 민주성을 확대하고 있다.

(2) 수립 · 변경 진행 여부 심의 · 의결

국가교육과정의 기준과 내용을 수립하거나 변경하고자 할 경우, 진행 여부의 심의 · 의결은 국가교육위원회가 하도록 되어 있다. 국가교육과정의 수립 · 변경의 진행 여부에 대한 심의 · 의결은 국가교육과정모니터링단의 의견과 전문위원회의 사전검토 의견을 듣도록 규정하고 있다. 국가교육과정모니터링단은 국가교육과정의 기준과 내용에 대한 국민의견 수렴과 국가교육과정에 대한 조사 · 분석 및 점검 업무를 지원하게 하기 위해 국가교육위원회에 두는 것이다.

전문위원회는 소관 사무에 관해 실무적 자문이나 심의 · 의결 사항에 관한 사전검토 등이 필요한 경우 국가교육위원회 소속으로 둘 수 있다. 국가교육과정모니터링단은 교원, 학생, 학부모 및 전문가 등으로 구성되고, 전문위원회는 교육 분야에 관한 전문지식과 경험이 풍부한 사람으로 구성하고 있다. 구성원의 특성을 고려한다면 국가교육과정모니터링단은 대표성에, 전문위원회는 전문성에 그 비중이 우세한 것으로 생각된다.

법 시행령 제10조 제3항에서는 국가교육위원회는 국가교육과정의 수립·변경의 요청이 있으면, 요청이 있는 날(국민 20만 이상의 요청은 국민의견 게시일로부터 30일이 지난 날)로부터 90일 이내에 심의·의결 결과를 요청 기관에 통보하도록 되어 있다. 다만 부득이한 사유로 그 기간 내에 심의·의결하지 못했을 때에는 60일의 범위에서 그 기간을 연장할 수 있도록 규정하고 있다.

(3) 국가교육과정 수립·변경 계획 심의·의결

국가교육과정의 기준과 내용을 수립하거나 변경하려는 경우에는 법 시행령 제10조 제4항에서 미리 추진일정, 내용 및 적용 대상 등이 포함된 계획을 수립하여 국가교육위원회의 심의·의결을 거쳐 확정하도록 하고, 동법 시행령 제10조 제5항에서 확정된 계획은 국가교육위원회 인터넷 홈페이지에 게시하도록 함으로써 투명성을 보장하고 있다. 그리고 수립·변경 계획 단계에서도 국가교육과정모니터링단이 제시한 의견과 전문위원회의 사전검토 의견을 듣도록 하고 있다.

(4) 국가교육과정 연구·개발

국가교육과정의 연구·개발에 대해서 어떠한 방식으로 하여야 할 것인지에 대해서는 법령이나 지침 등에서 구체적으로 제시되지는 않고 있다. 이 책의 출간 시점에서 본다면, 2022 개정 교육과정이 고시된 지 얼마되지 않았고, 개정에 대한 요구가 없으며, 아직까지 국가교육위원회에서 국가교육과정의 기준과 내용과 관련된 기구와 운영 방법 등을 구체화시켜 가는 과정에 있다. 그렇기 때문에 어떠한 방식으로 연구·개발되는지 명확하게 제시하기는 어럽다. 이제까지 교육과정의 개정에서 개정추진위원회나 정책자문위원회 및 각론조정위원회 등을 만들어 협력적 거버넌스를 구축하고, 전문연구기관과 외부전문가로 구성된 정책연구를 하며, 현장의 의견을 수렴하기 위한 노력을 기울여 왔기 때문에 민주성이 강조되는 방향으로 전개될 것이로 생각된다.

국가교육위원회는 사회적 합의에 기반한 교육정책을 안정적이고도 일관되게 추진하려는 취지에서 설치되었고, 국민의견 수렴을 위해 국가교육과정 모니터링단을 두는 등 현장 적합도를 높이기 위한 제도적 장치를 마련하고 있다. 따라서 교육과정의 연구 · 개발은 교육과정과 관련된 여러 주체의 참여를 통한 사회적 합의를 만들기 위한 방향으로 기구를 조직하고, 운영이 될 것으로 생각된다.

(5) 국가교육과정 수립 · 변경안 심의 · 의결

국가교육과정의 기준과 내용에 대한 수립이나 변경에 대한 안을 만들어 심의 · 의결하게 되면, 새로운 교육과정을 대외적으로 고시할 준비가 된다. 국가교육과정의 수립 · 변경안의 심의 · 의결에서도 국가교육과정모니터링단의 의견과 전문위원회의 사전검토 의견을 듣도록 하고 있다.

(6) 국가교육과정 고시

국가교육과정은 「국가교육위원회 설치 및 운영에 관한 법률」 제12조 제1항

표 5-2 국가교육과정 수립 · 변경 절차의 비교

구분	국가교육위원회 설립 이전	국가교육위원회 체제
수립 · 변경 방법	수시 개정 체제	수시 개정 체제
수립 · 변경 요청 권한	명시적 규정이 없음	• 교육부장관 • 시 · 도 교육감협의체 • 국민(20만명 이상 동의)

〈계속〉

수립·변경 심의·의결(결정)	교육부	국가교육위원회
수립·변경 기본계획수립	교육부	국가교육위원회
수립·변경 고시	교육부장관	국가교육위원회
관련 기구	교육과정심의회	• 국가교육과정모니터링단 • 전문위원회 • 국민참여위원회(필요시 개최 가능)

과 「초·중등교육법」 제23조 제2항에 따라 국가교육위원회가 교육과정의 기준과 내용에 관한 기본적 사항을 정하여 국가교육위원회는 이들에 근거해 교육과정을 고시하게 된다.

4. 교육과정 개발 모형

1) 개발 모형의 연속성

교육과정의 개발은 국가별로 역사·사회적 배경이 다르고, 교육과정 개발의 대상에 따라 접근 방식이 달라질 수 있다. 교육과정 개발의 모형은 다양하게 제시되고 있으며, 모형을 분류하는 방식도 보는 관점에 따라 상이하게 나타나고 있다. 여기에서는 논리적이고도 합리적으로 교육과정 결정되는 방식과 현실적이면서도 역동적으로 교육과정이 개발되는 모형을 하나의 연속선상에 있는 것으로 보고 분류하고자 한다.[6] 그리고 여러 가지 수많은 모형 가운데 네 가지를 선정해 다룰 것이다.

네 가지 모형은 타일러(Ralph Winfred Tyler) 모형, 위긴스와 맥타이(Wiggins & Mctighe)의 백워드 설계 모형, 워크(Decker Walker) 모형, 아이즈너(Elliot

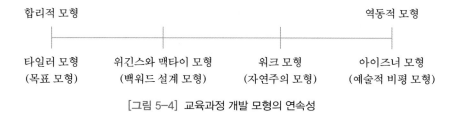

[그림 5-4] 교육과정 개발 모형의 연속성

Eisner)의 예술적 비평 모형이다. 이를 선정한 이유는 다음과 같다. 우선 타일러 모형은 제6차 교육과정 개발에서 원칙적으로 이 모형을 받아들이되, 이를 보완한다는 입장이기 때문에 선정하였다.[7] 다음으로 백워드 설계 모형은 2015나 2022 개정 교육과정에서 핵심역량을 기르기 위해 마련된 성취기준을 달성하기에 적절한 모형이기에 선택하였다.

　그리고 워크 모형은 교육과정을 개발할 때, 실제로 사람이 수행하는 활동 그 자체에 관심을 기울임으로써 교육과정 개발 과정에서 관찰되는 현상과 관계성을 충분히 표현할 수 있도록 고안되어 교육과정 개발의 실제를 잘 나타낼 수 있다는 점에서 선택하였다. 마지막으로 아이즈너의 예술적 비평 모형은 행동적 목표와 교과의 입장을 비판하면서 교육과정 개발은 교육적 상상력을 발휘하는 과정이며 예술가적 창작행위로 파악해야한다는 합리적인 모형을 지향하는 방향과 반대적인 입장을 취하고 있는 개발 모형이라는 점에서 선택했다. 이들 네 가지 모형을 교육과정 개발의 연속선상에서 도식화하면 [그림 5-4]와 같다.

2) 타일러 모형

　타일러는 고등학교에서 진보주의 교육을 받은 학생이 대학에 들어가서 공부를 어떻게 하는지 규명한 「8년 연구」(Eight-Year Study, 1933~1941)의 평가 업무의 총괄 책임자로 주된 역할을 하였다. 그리고 이 연구에 참여한 블룸

(Bloom)은 교육목표를 보다 상세화하는 작업을 수행해 1956년에 『교육목표 분류학, 핸드북 I: 지적 영역』(Taxonomy of Educational Objectives, Handbook I: Cognitive Domain)을 출판하는 데 영향을 준 인물이다. 우리나라 국가교육 과정 개발에서도 타일러의 교육과정 개발 모형을 활용하기도 하며, 교육현장 에서 활용하고 있는 교육목표 이원 분류표를 제시한 사람으로 알려져 있다. 타일러는 1949년에 출판한 『교육과정과 수업의 기본원리』(Basic Principles of Curriculum and Instruction)에서 논리적이면서 체계적으로 교육과정을 다룰 필요가 있다고 주장하였다. [8]

[그림 5-5] 타일러의 교육과정 개발 모형

이 책에서 개발된 논리는 교육과정을 개발하고 수업을 계획하는 데 반드시 대답해야만 하는 네 가지 근본적인 질문을 밝혀내는 것으로 시작한다. 네 가 지 질문은 서문에서 제시하고 있으며 다음과 같다. [5]

5) 네 가지 질문은 『교육과정과 수업의 기본원리』의 서문에 제시되어 있다. 서문에서는 '교육경 험'(educational experiences)라고 되어 있지만, 본문의 각 장의 제목과 내용의 설명은 '학습경 험'(learning experiences)이라고 제시하고 있다. 따라서 이 책에서는 네 가지 질문에서는 '교 육경험'으로, 모형의 도식과 설명에서는 '학습경험'이라는 용어를 사용하였다.

첫째, 학교는 어떠한 교육목표를 성취하려고 노력해야 하는가?

둘째, 교육목표를 성취하는 데 어떠한 교육경험들이 제공될 수 있는가?

셋째, 교육경험들을 효과적으로 조직하는 방법은 무엇인가?

넷째, 교육목표가 도달되었는지 어떻게 판단할 수 있는가?

이 책은 네 가지 질문을 연구하기 위한 방법을 제시하고, 질문에 대한 답을 하는 대신에 질문이 대답될 수 있는 절차에 대한 설명이 주어진다. 이것은 교육과정과 수업의 문제를 고찰하기 위한 논리를 구성한다. 네 가지 질문은 이 책의 각 장의 제목으로 사용하여 그 논리를 전개하고 있다. 타일러의 교육과정 개발 모형을 도식으로 제시하면 [그림 5-5]와 같다.

타일러가 질문하고 있는 내용을 제시하면 다음과 같다.

첫째, 교육목표의 설정에 대한 것이다. 타일러는 교육과정 개발에서 교육목표에 대해 책의 절반에 이를 정도의 많은 지면을 할애하여 설명하고 있다. 교육목표에 대해 그만큼 중요시하고 있는 것이다. 이러한 의미에서 타일러 모형을 목표모형이라고 부르기도 하는 것이다.

교육목표를 설정하는 과정은 우선 잠정적 목표를 설정하는 과정을 거친다. 잠정적인 교육목표는 학습자에 관한 연구, 현대 사회 생활의 조사, 교과 전문가의 견해 등의 기초적 자원을 활용해 만들어진다. 다음으로 잠정적 교육목표는 교육철학과 학습심리학이라는 체에 걸러 최종적인 교육목표로 확정이 된다. 그리고 이러한 최종 교육목표는 학생이 목표에 도달했는지를 판단할 수 있도록 행동의 변화를 명시하여야 한다고 한다. 교육목표는 행동적인 목표로 진술하여야 한다는 것이다.

둘째, 학습경험의 선정이다. 타일러가 말하는 학습경험은 학습자와 그를 둘러싸고 있는 환경과의 상호작용을 의미한다. 교과의 내용이나 교사가 제시하는 지도 활동과는 다른 것으로 보고 있는 것이다. 교사는 학습자의 능동적 성향을 파악하고, 학생에게 작용하는 교육환경을 제공해, 학습자가 원하는 경험을 필요한 시기에 할 수 있도록 도와주어야 한다고 보고 있다. 이러한 학습의 경험을 위해 활용할 수 있는 일반적 기준은 기회의 원리, 만족의 원리, 가능성의 원리, 다경험의 원리, 다성과의 원리의 다섯 가지로 제시하고 있다. 기회의 원리는 특정 교육목표 달성을 위해 학습자가 경험할 수 있는 기회가 제공되어야 한다는 것이고, 만족의 원리는 교육목표 달성을 위해 학생이 수행하는 과정에서 만족감을 얻어야 한다는 것이며, 가능성의 원리는 학습경험이 현재의 학습자의 능력에 적합해야 한다는 것이다. 다경험의 원리는 동일 교육목표를 달성하는 데 사용할 수 있는 학습경험이 여러 가지가 있다고 하는 것이고, 다성과의 원리는 학습경험 선정시 여러 교육목표 달성에 도움이 되고, 전이 효과가 높은 학습경험을 선택하라는 것이다.

셋째, 학습경험의 조직이다. 선정된 학습경험들은 효과적인 수업이 일어나도록 조직되어야 한다. 효과적인 수업이 일어나기 위해서는 교육목표를 달성하기 위한 학습경험이 적절하게 배열되어야 한다. 타일러는 학습경험 조직에서 수직적인 면과 수평적인 면을 고려하여야 할 것을 주장했다. 수직적인 면은 계속성과 계열성을 들고, 수평적 조직은 통합성을 들고 있다. 계속성은 중요한 학습경험이 계속해 반복되도록 조직하는 것이고, 계열성은 경험이 점차 폭이 넓고 깊이 있는 학습이 될 수 있도록 조직하는 것이다. 통합성은 학습경험이 횡적으로 상호 관련되게 조직하는 것을 말한다.

넷째, 학습경험의 평가에 대한 것이다. 학습경험의 평가는 교육목표의 달성도를 나타낸다. 타일러는 평가에서 학생의 행동을 평가의 대상으로 삼아야 되며, 한 번의 평가만으로 학생 행동을 평가할 수 없기 때문에, 일정 기간 적어도 두 번 이상의 평가가 이루어져야 한다고 한다. 그리고 평가는 지필 평가만을 의미하는 것이 아니라, 작품의 평가, 면접, 관찰 기록, 질문지 등 다양한 기법을 활용할 것으로 권장한다. 그리고 평가의 결과는 학교 프로그램 개선에 활용되어야 한다고 보고 있다.

타일러 모형은 교육과정 개발의 목표모형, 합리모형, 직선형 모형 등 다양하게 불리고 있다. 타일러 모형은 교육과정 개발에 대한 개념과 부합하고, 구체적 내용 역시 명료하게 되어 있어 설득력을 지니고 있다. 교육목표 달성을 위해 학습자의 구체적 행동을 명확하게 진술하여 이후 교육목표나 수업목표를 명세적인 행동목표로 진술하는 데 상당한 영향을 미쳤다. 그러한 영향은 8년 연구에서 타일러의 연구팀에서 활동한 블룸이 교육목표 분류학을 만들어 교사가 수업시간에 수업목표를 만들어 진술하는 방법을 제공해 실용적 지침을 제공한 것을 보아도 알 수 있다.

그러나 타일러 모형은 교육과정 개발에서 가치를 배제하고, 가치판단을 위한 기준을 제공함으로써 가치중립적이거나 탈가치적이라는 비판을 받고 있다. 교육이 다른 것과 구별되는 것은 가치를 전제한 활동이고, 이에 따라 교육과정 개발도 여러 이해관계 집단의 견해를 조정해 나가는 일종의 정치적 과정이다. 그런데 타일러 모형에서는 이러한 것을 다루지 않고 있다. 교육과정 개발의 각 단계에서 준수하여야 할 원리를 제시하는 데 중점을 둠으로써 이러한 것을 제대로 취급하지 못한 한계가 있는 것이다.

3) 위긴스와 맥타이의 백워드 모형

우리는 백워드가 개발이라기 보다는 설계, 교육과정이라기 보다는 수업과 관련되어 더 많이 활용되는 경우를 본다. 그래서 백워드 설계 모형이라고 부르기도 하고, 전문 서적에 따라 이 모형을 교육과정 개발 모형보다는 실제 수업이나 학습의 경험과 관련해 다른 영역에 위치시키는 경우를 볼 수도 있다. 백워드 모형은 교육과정의 단원 설계에 초점을 맞추고 있고, 설계의 문제를 다루고 있다.

이 책에서 교육과정 개발 모형에 제시한 것은 위긴스와 맥타이가 제안하는 모형이 다른 교육과정 개발 모형과 마찬가지로 국가나 지역보다는 학교에 초점을 맞추고 있고, 타일러의 교육과정 개발에 대한 아이디어에 기초하고 있으며, 동태적인 측면을 고려하고 있기 때문이다. 백워드 설계 방식의 구체적인 내용을 보면, 교과의 진정한 이해를 위한 교육과정 개발 방식에 대한 것이다. 2015와 2022 개정 교육과정도 이 모형에 기초한 아이디어가 내재되어 있음을 확인할 수 있다. 그래서 이 모형을 교육과정 개발 모형에서 논의하면서, 다른 교육과정 개발 모형과 어떠한 차별화가 있는지 주목하고자 한다.

우리에게 백워드 디자인이라는 별칭으로 불리기도 하지만, 이 방식은 『이해중심 교육과정』(Understanding by design)으로 출간된 서적에서 자세한 내용을 다루고 있어 이해중심 교육과정으로 제시되기도 한다. 영문 번역이 다소 의아하겠지만, 이 책의 구체적 내용을 보면 어떻게 교육과정을 설계하여야 학습자들이 진정한 이해에 도달하게 되는지 역설하고 있어 이해중심 교육과정으로 번역되고 있는 것이다. 여기서는 필요에 따라 이해중심 교육과정, 백워드 설계로 바꾸어 사용하고, 설계라는 용어도 맥락에 따라 개발이라는 용어와 혼용한다.

이해중심 교육과정은 1990년대 말 교육의 수월성이 강조되던 시기에 제안된 것이다. 교육과정이 질적 우수성을 담보하기 위해서는 교과의 내용이 학문에 기초한 핵심 개념과 원리로 구성되어야 하고, 그러한 교육내용은 지속 가능한 이해를 구성하고, 실생활의 맥락에서 드러낼 수 있는 방식이 되도록 가르쳐야 한다는 것이다. 이 모형은 기존의 단원 설계나 수업 계획과 다른 방

[그림 5-6] 이해중심 교육과정: 백워드 설계의 단계

식을 취하고 있다. 통상적인 교실 모습은 교육목표가 있고, 이를 위한 교육활동을 전개하며, 그에 대한 성과를 판단하기 위해 평가를 실시하고 있다.

그러나 이해중심 교육과정에서는 교사가 수업을 하기 전에 학문의 핵심개념과 원리에 기초해 중요한 내용을 이끌어내 단원의 기반을 마련하고, 그 내용을 제대로 이해하였다는 증거로 평가의 과제를 개발한다. 그리고 난 후 평가의 과제를 성공적으로 수행할 수 있도록 뒷받침하는 형식으로 학습활동을 계획하고 조직하게 된다. 평가과제의 내용이 수업활동 계획 전에 이루어짐으로써 수업의 중요한 역할을 담당하는 역할을 하는 것이다. 이러한 내용을 간략한 용어로 제시하면 [그림 5-6]과 같다.[9]

단계 1은 목표를 고려하고, 설정된 내용 기준을 설명하며, 교육과정의 기대를 검토하는 것이다. 이 단계에서는 한정된 시간 내에 다룰 수 있는 것보다 더 많은 내용을 가지고 있기 때문에 우선 순위를 분명하게 해야 한다. 단계 2는 문서에서 요구하는 수집된 평가 증거에 따라 단원 혹은 코스에 대해 생각하고, 바람직한 학습이 성취되었는지 입증하는 것이다. 특정 단원이나 단시수업을 설계하기 이전에 교사나 교육과정 설계자는 평가자처럼 사고하여야 한다. 단계 3은 입증된 결과와 적절한 이해에 대한 증거를 토대로 가장 적절한 수업활동에 대해 충분히 생각하는 것이다. 수업 계획의 구체화는 바라는 결과와 평가를 분명히 한 후에 비로소 성공적으로 성취할 수 있고, 바라는 결과와 평가가 무엇을 암시하는지 고려할 수 있는 것이다.

위긴스와 맥타이가 제안한 이해중심 교육과정 개발은 타일러의 교육과정 개발과 같이 개발의 단계를 제시한 점에서는 동일한 논리를 갖는다. 그러나 타일러는 교육의 목표가 구체적으로 무엇이어야 하는지 규정하지 않고 있지만, 위긴스와 맥타이는 '이해'가 교육목표가 되어야 한다고 규정하고 있으며, 이해를 위해 평가 단계가 중요하기 때문에 타일러와 달리 목표를 설정하는 단계 다음에 평가를 설계하도록 하고 있다.[10] 그리고 교육목표에서 제시한 '이해'해야 하는 것으로 교과의 빅아이디어, 개념, 일반화를 제시하였고, 각 교과 특유의 지식을 발견하고 검증을 하는 절차적 지식(교과 특유의 탐구 기능)을 교과의 내용으로 보았다. 이 점은 브루너가 제시한 지식의 구조가 교과의 내용이 되어야 한다는 것과 유사한 논리를 취하고 있는 것이다. 2015 개정 교육과정에서 교과별 빅 아이디어와 성취기준을 제시하는 방식은 이러한 아이디어와 밀접한 관계가 있다. 2022 개정 교육과정의 교과교육과정의 내용·체계 및 성취기준에서 핵심아이디어나 내용요소를 지식·이해, 과정·기능 및 가치·태도를 토대로 성취기준을 만드는 것도 이러한 맥락과 닿아 있는 것이다.

4) 워크의 자연주의 모형

워크의 자연주의 모형은 1970년대 초에 등장한 것으로 교육과정 개발자들은 교육과정 요소들에 대한 합리적 계열을 제대로 따르지 않는다고 주장하면서 교육과정 개발과정의 실제 모습에 초점을 둔 모형을 제시하였다. 워크에 의하면 교육과정 개발에서 합리적 모형은 문헌에 기록된 것과 달리 인기도 없었으며 성공적이지 못했다고 주장한다.[11] 워크는 CHEM, BSCS, SMSG와 같은 국가교육과정 프로젝트를 분석하고, 예술 분야의 교육과정 프로젝트에 직접 참여한 경험을 바탕으로 보고서를 제출하였다. 이 보고서의 결과를 토

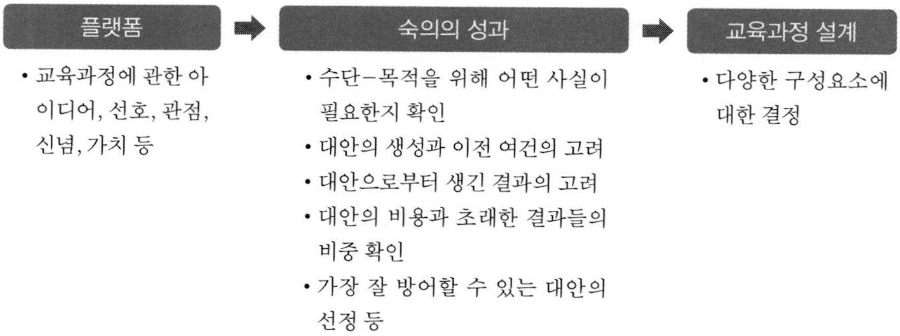

플랫폼	➡	숙의의 성과	➡	교육과정 설계
• 교육과정에 관한 아이디어, 선호, 관점, 신념, 가치 등		• 수단–목적을 위해 어떤 사실이 필요한지 확인 • 대안의 생성과 이전 여건의 고려 • 대안으로부터 생긴 결과의 고려 • 대안의 비용과 초래한 결과들의 비중 확인 • 가장 잘 방어할 수 있는 대안의 선정 등		• 다양한 구성요소에 대한 결정

[그림 5-7] 워크의 자연주의 교육과정 개발 모형

대로 교육과정 개발의 각 단계나 국면에서 의사결정이 어떻게 이루어지는지 묘사하였다. 합리적 교육과정 개발 모형에서와 같이 어떠한 절차를 따라 개발되는지에 대한 각 단계별 처방에 초점을 두지 않았다. 오히려 교육과정 개발이 이루어지는 과정에서 관찰된 현상과 관계성을 충실히 표현하도록 고안함으로써 자연주의 교육과정 개발 모형을 [그림 5-7]과 같이 제안한 것이다.

워크의 교육과정 개발 모형의 단계별 내용을 제시하면 다음과 같다.

첫째, 플랫폼의 형성 단계이다. 플랫폼이라는 용어는 기차를 타고 내리는 정거장을 지칭하는 용어로 익숙하다. 정거장에는 각기 다른 목적지를 지닌 사람이 모여 공유할 수 있도록 구축된 환경이다. 여기서 사용하는 플랫폼도 마찬가지이다. 교육과정 개발에 참여하는 사람은 가치나 신념을 각자 소유하고 있지만, 이들이 모종의 합의를 도출할 수 있는 의식의 공감대로 구축되어 있는 것을 플랫폼으로 볼 수 있다. 플랫폼 참여자들은 서로 연결되어 있고 상호작용을 통해 발전함으로써 새로운 가치를 창출할 수 있는 환경인 것이다.

둘째, 숙의 과정이다. 숙의 과정은 엄격한 절차에 따라 진행되는 것이 아니라, 실제 교육과정이 개발되기 전에 기초 작업을 거치는 복잡하고 비규칙적 상호작용의 과정이다. 숙의는 수단-목적을 위해 필요한 사실의 확인, 대안의 생성과 이전 여건의 고려, 대안으로부터 생긴 결과의 고려, 대안의 비용과 초래한 결과의 비중 확인, 가장 잘 방어할 수 있는 대안 선정의 단계를 거친다.[12] 이 단계에서 개인들은 자신의 신념과 가치에 대해 설명, 논쟁, 토론을 거치기도 한다. 숙의는 합의를 도출하기 위한 상황과 여건을 적극적으로 기여하는 일종의 대화 과정인 것이다.

셋째, 설계 단계이다. 이 모형의 최종적 단계로 개발자들은 개발과정의 여러 가지 구성요소에 관해 결정을 내리게 된다. 그러한 결정에서는 참여자들의 폭넓은 토의와 타협을 거쳐 이루어지며, 결정 사항의 기록을 통해 교육과정 문서의 기초로 삼는다. 여러 가지 사실들에 대한 기초 자료를 통해 종합적 판단을 위한 자료로 삼는 것이다. 그래서 교육과정을 구성하는 교과나 교육

방법 및 교육용 자료 등 교육과정을 만들어 내는 것이다.

워크가 제안한 자연주의 모형은 목표와 평가에 대해 타일러 모형과 같은 합리주의 모형과 성격을 달리하고 있다. 교육과정 개발의 실제에서 일어나는 일을 정확하게 묘사함으로써 보다 현실성을 띠고 있다. 플랫폼과 같은 시작 단계, 숙의의 과정 단계, 설계의 종착 단계를 가정해 시작에서 종착 단계로 나아간다는 것이다. 합리적 모형이 행동적인 목표를 중시해 이를 달성하기 위한 수단으로서 학습경험의 선정과 조직하고, 설정한 목표를 어느 정도 달성했는지 평가하는 것과 다른 가정을 하고 있는 것이다.

그러나 이 모형이 가지는 제한점도 있다.[13] 대규모 교육과정 개발에 대한 성찰로 시작되었으므로, 소규모나 학교 단위 교육과정 개발에 부적합할 수 있다. 그리고 교육과정 플랫폼과 숙의 과정에서 비용과 시간이 소모되며 비생산적 논쟁이나 협의에 그칠 우려가 있으며, 교육과정 설계에 초점을 두어 설계 이후의 과정인 교육과정 운영과 평가 및 변화 등에 대한 구체적 전략이 없다는 한계가 있다. 이들 단계에서도 숙의 전략을 채택하는 것이 적절한 것인지에 대한 설명이 없다.

5) 아이즈너의 예술적 비평 모형

아이즈너는 시카고 대학에서 교육학 박사 학위를 받았지만, 미술대학을 재학한 경험으로 인해 예술이 인간 경험의 풍요로운 감각을 제공할 수 있다고 주장한다. 그가 1979년에 저술한 『교육적 상상력』(The educational imagination)에서 교육에 대한 예술적 접근법을 만들었으며, 교육과정 개발 작업을 상이한 형태로 표현하였다.[14] 아이즈너는 당시 교육과정 개발에서 행동적인 교육목표로 설정하는 것에 대해 비판적 입장에 섰다. 인간의 수업은 복잡하고 역동적이어서 실제 교육내용을 선정하기 이전에 설정하는 것이 부적절하다는 것이다. 그리고 창의성을 중시하는 예술 교과에서 행동적 목표

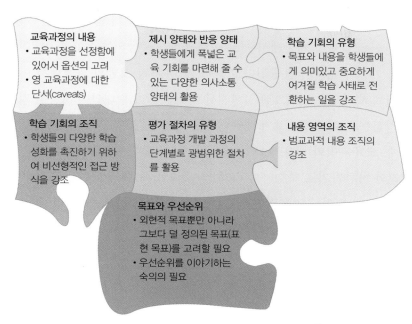

[그림 5-8] 아이즈너의 예술적 접근방식의 개요[15]

로 설정할 경우 창의성을 저해할 수 있어 부정적으로 본 것이다. 이러한 입장은 교육과정 개발에서도 상이한 형태로 전개되었다.

[그림 5-8]에 제시된 교육과정 개발 작업에 대한 내용을 구체적으로 보면 다음과 같다.

첫째, 교육목표의 설정과 우선순위의 결정이다. 아이즈너는 교육목적(aims), 교육목표(goals), 명세목표(objecties)를 구별한다. 그리고 명세목표를 행동목표(behavioral objectives)가 아니라, 학습활동의 도중이나 종료 후에 나타나는 표현목표(express objectives)로 제시할 것을 제안했다.[6] 교육활동에서 구체적인 목표를 미리 설정하는 것 보다는 수업활동이 전개된 이후에 종합적

---

6) 아이즈너는 목표라는 용어는 미리 정하지 않고 어떠한 활동을 하는 도중이나 끝낸 후에 얻

이고 일반적 용어로 표현되는 목표를 설정하는 것이 더 타당하다는 것이다. 다른 한편 교육과정 개발에서 서로 이해관계가 충돌되는 목표를 처리할 때, 예술적 기술과 재능이 요구된다고 한다. 교육과정 개발의 과정에서 이해관계를 탈피해 새로운 프로그램 실행에서 어떠한 전략과 대안이 사용될 것인가를 협상하는 능력이 필요하기 때문이라는 것이다.

둘째, 교육과정의 내용에 대한 것이다. 아이즈너는 교육과정의 선정에서 타일러와 마찬가지로 학습자와 사회 및 교과의 세 가지 자원을 고려해야 함을 강조한다. 그러나 전통적인 학문적 교과만으로 학교 교육과정 내용을 선정하는 것에는 비판적이다. 학습자는 전통적으로 강조된 논리적인 측면 이외에 공간적 지능을 비롯한 다양한 지적 능력과 정의적 및 심동적 영역을 발달시킬 수 있어야 하기 때문에 학교 교육과정에서 전통적으로 배제되어 왔던 '영 교육과정'을 고려해야 한다는 것이다.

셋째, 학습기회의 유형이다. 아이즈너는 교사는 학습자가 폭넓은 학습경험을 가질 수 있도록 교육목표와 교육내용을 변형하는 교육적 상상력이 필요하다고 보았다. 교육적 상상력과 같은 은유적 용어는 예술성을 의미하는 것이다. 교육적 상상력은 교사가 학습자에게 유의미한 다양한 학습기회를 제공할 수 있도록 교육목표와 교육내용을 학습자에게 적합한 형태로 변형할 수 있는 전문성이 있어야 가능한 것이다. 동일한 교육과정 내용이라고 하더라도 학습자에게 적합한 형태로 변형했을 때에는 학습내용을 경험할 수 있는 폭이 넓어지게 되는 것이다.

넷째, 학습기회의 조직이다. 교육과정 개발자나 교사는 학습자의 학습경험

을 수도 있으므로, '표현적 목표'(1969)라고 불렀던 것을 '표현적 결과'(1994)로 부르고 있다(Eisner, Elliot W.(1994). *The educational imagination*, New York: Macmillan College Publishing Company: 118).

의 폭을 넓힐 수 있는 교육 자료와 교육활동을 조직해야 한다. 그 조직은 거미줄 모양으로 해서 학생들이 다양한 과제에 대해 흥미를 느끼고 참여해야 한다고 주장한다. 학습기회를 조직하는 데 미리 정해져 있는 절차나 학습내용의 계열에 따라 순차적으로 이루어지는 것이 아니라, 학습자가 자발적 참여를 통해 흥미를 가지고 공부할 수 있는 문제를 찾아내고, 필요한 경험을 하여야 한다는 것이다. 교사는 이러한 역할을 지도·조언하는 안내자인 것이다.

　다섯째, 내용영역의 조직이다. 아이즈너는 학문에 근거한 교과를 중심으로 교육과정을 개발하는 것에 비판적이다. 우리가 일상생활에서 부딪히는 문제는 학문적 형태로 나타나는 것이 아니라는 것이다. 일상 생활에서의 문제는 정리되지 않은 상태로 존재하므로 이를 해결하는 데는 다양한 지식과 학문영역에 따른 판단력이 요청된다. 그러므로 교육내용은 다양한 방법으로 조직되고 통합되어야 한다는 것이다.

　여섯째, 제시양식과 반응양식이다. 아이즈너는 교육과정 개발에서 학생들이 배운 것을 표현하는 방법과 학생들이 사물을 대하는 양식이 제한적이라고 비판한다. 일반적으로 모든 교과는 그 내용을 전달하는 방법에서 문자와 구두로 표현하는 전통적 형태를 따르고 있기 때문에, 표현하는 방식이 제한되어 있다고 보는 것이다. '가을'을 표현하는 방법에서 화학자는 나무의 화학적 변화를 설명하고, 천문학자는 태양계에서 지구의 위치에 대한 설명으로 행하며, 문학가는 시적인 표현으로 나타내는 등 다양하게 할 수 있는 것이다.[16] 이처럼 가을은 다양한 방식과 형태로 표현이 될 수 있다. 그러므로 교육과정 개발자는 학생이 알고 있는 것을 표현하는 방식을 다양하게 활용할 수 있도록 허용해야 한다는 것이다.

　일곱째, 평가 절차의 유형에 관한 것이다. 평가는 교육과정 개발의 마지막 단계에 실시되는 것이 아니라 교육과정 개발의 전체 단계에 영향을 미치고 있다. 평가는 인간의 삶을 둘러싸고 있는 환경을 이해하고자 하는 과정인 것이다. 학생의 성취에 대한 평가는 양적이기 보다는 질적인 작업이고, 교사는 이러한 형태의 학생평가를 위한 새로운 기법이 요구되며, 그것을 '교육적 감식안(educational connoisseurship)'과 '교육비평(educational criteria)'으로 제안하였다. 교육적 감식은 음식의 맛이나 사건의 감식 등 일반적 감식과 마찬가지로 미술 작품 감상에서 교사는 학생들의 수행들 간의 미묘한 차이를 구별할 수 있는 감식안을 가지고 있는 것이다. 학생들 수행의 미묘한 차이를 일반인들이 알아볼 수 있도록 언어적으로 표현한 것이 교육비평인 것이다.

아이즈너의 예술적 비평 모형은 교육과정 개발에서 합리성에 기초해 개발의 순서나 절차를 따라야 하는 것으로 보지 않는다. 절차적 단계를 준수하려고 하는 것은 교육과정 개발에 참여한 사람들에게 문제가 되는 것으로 본다. 교육과정 개발은 진지한 숙의가 필요한 과정으로 봄으로써 개방적 형태를 띠고 있다. 아이즈너가 생각한 숙의는 특정한 문제 상황의 해결책을 모색하는 데 제한되는 것이 아니다. 예술가가 자신의 작품 활동에 대한 가치를 고양하기 위해 사색하는 일과 같은 것이다. 아이즈너는 교육과정 개발에서의 절차를 중시하는 합리성의 한계를 비판하면서 구성주의적 모형의 가능성을 시사하기도 하였다.

제**6**장 ▷▷

교육과정 설계

1. 의의

교육과정 설계는 교육과정의 구성 요소를 배열하고, 조직하는 것이다. 교육과정을 구성하는 요소는 교육목적이나 교육목표, 교과 혹은 교육과정 내용, 수업 자료, 수업활동, 평가 방법과 같은 것이 주요 요소가 된다. 국가교육과정에서는 내용 요소를 만드는 것을 중요하게 생각하고, 교육현장에서는 명세목표와 평가하는 방법과 관련된 요소에 보다 많은 관심을 둔다. 교육과정설계의 구성요소는 설계의 주체에 따라 고려하는 비중의 정도가 달라지게 된다. 교육과정 설계는 연구자가 교육과정을 정의하거나 접근하는 방법에 따라 달라진다.

교육과정 설계는 교육과정 개발과 수업 설계와도 구분된다. 교육과정 개발은 교육과정 설계를 포함하는 거시적이면서도 동태적인 성격을 지니고 있다. 수업설계는 교육과정 설계의 축소판이라고 보면 된다. 교육과정 설계에 비해 미시적이며 보다 구체적인 측면에 중점을 둔다. 학습자에게 가르쳐야 할 경험에 초점을 두고 있는 것이다. 학습자에게 교육과정 내용을 가르치기 위한 수업방법에 대한 개념적 지도를 형성하는 것이다. 교육과정 설계가 교육과정 개발과 수업설계와 구분이 된다고 하더라도, 맥락에 따라 다루는 본질적 내용은 동일하다고 생각된다. 여기서는 교육과정의 정의에서 제시된 주요 사항으로 교육목적이나 교육목표, 교육내용의 선정과 조직에 대해 중점적으로 살펴본다.

2. 교육과정의 목적

1) 의의와 기능

교육과정은 교육현장에서 학습할 내용을 계획적으로 조직화해 놓은 것이기 때문에, 달성하고자 하는 의도성이 있다고 이해가 되고 있다. 교육하고자 의도하는 것이 있기 때문에 교육과정의 내용은 가치있는 것이라고 할 수 있다. 그리고 의도하는 것은 교육과정의 목적과 목표로 나타나게 된다. 교육과정의 목적이나 목표는 교육활동의 방향을 제시하는 동시에 통제적 기능도 수행을 한다. 통제적 기능은 교육과정을 실천한 이후의 성과나 효과를 측정하기 위해 교육목적이나 목표가 기준으로 작용함으로써 이루어지게 된다. 이러한 점에서 교육과정에서 제시하는 목적은 의미를 지니게 된다.

교육과정 목적이 필요한 이유를 구체적으로 제시하면 다음과 같은 기능을 하기 때문이다.

첫째, 교육과정에 대한 방향을 제공한다. 교육과정은 그 자체가 목적이 아니라, 아동의 성장을 위한 하나의 수단이다. 교육과정은 학습자의 학습활동 단위에서 구현하고자 하는 목적에 맞게 교육내용을 선택하고, 조직하게 된다. 교육목적이 어떻게 정해지느냐에 따라 선택하는 내용이 달라지고, 조직하는 방식도 달라지게 된다. 교육목적은 교육과정의 방향과 조직하는 방법을 인도하여 준다.

둘째, 교육목적은 교육활동과 그 존립에 대한 정당성을 제공한다. 교육활동은 교육과정에 제시된 내용을 토대로 가르치는 자와 배우는 자가 상호작용함으로써 성립한다. 교육활동을 통해 인간은 성장하게 되고, 교육목적이 어떻게 설정되어 있느냐에 따라 다른 형태의 인간으로 발전하게 된다. 교육목적은 교육이라는 가치 활동에 대한 존립 이유와 그 정당화를 위한 중요한 위치를 점하고 있는 것이다.

셋째, 교육목적은 교육의 성과나 효과를 측정하는 기준을 제공한다. 교육을 보는 관점이나 교육과정을 구성하는 견해에 따라 목적의 기능과 역할을 달리보기도 한다. 그러나 교육목표는 교육의 방향을 결정짓는 중요한 역할을 수행한다. 그리고 그러한 역할은 일정한 교육활동의 전개 뒤에 교사의 수업활동, 교육프로그램, 학생의 학업성취에 대한 성과를 판정할 수 있는 준거로 작용한다. 목적이 없다는 이러한 것을 판정할 수 있는 기준점이 없게 된다.

2) 교육목적의 개념적 수준

교육과정과 관련된 교육목적은 법률에 근거를 두고, 국가교육과정, 지역 교육과정, 학교 교육과정은 위계적으로 이어지고 있다. 지역 교육과정의 경우, 지역별로 차별화되고 있어 전체적으로 다루기는 교육목적과 관련된 체계의 이해에 혼란을 가져올 수 있다. 지역 교육과정은 국가교육과정의 범위 내에서 이루어지기에 보충성의 의미도 지니고 있다. 따라서 여기서는 지역 교육과정의 내용을 국가교육과정에 포함된 것으로 하여, 법률, 국가교육과정, 학교 교육과정으로 체계화하여 도식화하고, 각각에 대해 설명하고자 한다.

[그림 6-1] 교육과정 관련 목적의 개념적 수준

(1) 법률의 교육목적 규정

교육목적과 관련된 법률의 규정은 「교육기본법」과 「초·중등교육법」에 있다.

첫째, 「교육기본법」에 제시된 내용으로, 제2조에 규정되어 있다.

> 제2조(교육이념) 교육은 홍익인간(弘益人間)의 이념 아래 모든 국민으로 하여금 인격을 도야(陶冶)하고 자주적 생활능력과 민주시민으로서 필요한 자질을 갖추게 함으로써 인간다운 삶을 영위하게 하고 민주국가의 발전과 인류공영(人類共榮)의 이상을 실현하는 데에 이바지하게 함을 목적으로 한다.

「교육기본법」 제2조에서는 교육이념으로 홍익인간을 제시하고 있다. 그리고 직접적 교육목적으로 인격의 도야, 자주적 생활능력, 민주시민의 자질 구비라는 3대 목적이 있고, 간접적 목적으로 민주국가의 발전과 인류공영의 이상실현에 기여케 한다는 2대 목적을 제시하고 있다.[1] 3대 직접적인 목적은 교육을 받는 대상자로서의 목적에 해당되고, 2대 간접적인 목적은 교육을 실시하는 국가의 목적이라고 할 수 있다.

둘째, 「초·중등교육법」 제38조, 제41조, 제45조에는 초등학교와 중학교 및 고등학교의 교육목적이 제시되어 있다.

> 제38조(목적) 초등학교는 국민생활에 필요한 기초적인 초등교육을 하는 것을 목적으로 한다.
> 제41조(목적) 중학교는 초등학교에서 받은 교육의 기초 위에 중등교육을 하는 것을 목적으로 한다.
> 제45조(목적) 고등학교는 중학교에서 받은 교육의 기초 위에 중등교육 및 기초적인 전문교육을 하는 것을 목적으로 한다.

「초・중등교육법」 제38조는 초등학교의 교육목적을 제시한 것으로 초등은 교육의 정도를 나타내고, '기초적인 초등교육'은 전문화 이전의 교육임과 동시에 인간이면 누구나 받아야 하는 공통교육을 말한다. 제41조의 중학교 교육목적은 초등학교에 이어 실시되는 교육이고 고등학교 교육으로 넘어가는 중간단계의 중등교육을 말한다. 여기서의 중등은 등급이나 수준을 말하며 고등교육 이전의 교육 단계를 말하는 것이다. 그리고 제45조의 고등학교 교육목적은 중학교에서 받은 교육의 기초 위에 실시되는 교육이고 기초적인 전문교육을 동시에 실시하는 성격을 지니고 있다. 여기서의 전문교육은 대학에서 양성하는 특별한 전문직으로서 교사나 의사 및 약사 등과 같은 것이라기 보다는 개인의 특성이나 능력에 맞춰 그 목적과 내용을 특수화시켜 교육을 실시하는 것을 말한다.[2] 특성화고나 산업수요 맞춤형 고등학교와 같은 학교가 이러한 전문교육에 해당되는 내용과 밀접한 관계가 있다.

(2) 국가교육과정의 교육목적 규정

국가교육과정은 총론과 각론으로 구분되어 있고, 교육과정과 관련된 목적 역시 이들 모두에 존재하고 있다.

첫째, 총론에서는 추구하는 인간상과 핵심역량 및 각급학교 교육목표가 제시되어 있다. 추구하는 인간상은 개정 교육과정의 목적을 말하는 것이다. 2022 개정 교육과정에서는 자기주도적인 사람, 창의적인 사람, 교양 있는 사람, 더불어 사는 사람의 네 가지를 제시하고 있다.

핵심역량은 2015 개정 교육과정에서 국가교육과정 문서에 처음으로 공식적으로 등장하였다. 교육목적이라는 것이 가르치는 자의 입장에서 진술된 것이라면, 역량은 교육을 받는 대상인 학생의 입장에서 제시된 것이다. 학생들에게 기르고자 하는 역량이 갖춰지면, 교육목적이 달성되었다고 보면 되는 것이다. 2022 개정 교육과정에서 제시하고 있는 핵심역량은 자기관리 역량, 지식정보처리 역량, 창의적 사고 역량, 심미적 감성 역량, 협력적 소통 역량,

공동체 역량의 여섯 가지를 제시하고 있다.

각급학교 교육목표는 초등학교와 중학교 및 고등학교로 구분하여 국가교육과정에서 제시하고 있다. 각급학교 교육목표는「초・중등교육법」에 제시된 학교급별 교육목적을 반영하는 내용이 제시되고, 이어 추구하는 인간상을 학교급에 적합한 형태로 각 항목별로 대응하는 관계로 제시하고 있다. 추구하는 인간상으로 제시하고 있는 자기주도적인 사람, 창의적인 사람, 교양 있는 사람, 더불어 사는 사람의 네 가지는 학교급별 교육목표로 제시하고 있는 네 가지 상세화된 목표와 대응 관계를 이룬다.

둘째, 각론(교과별 교육과정)에서는 각 교과의 목표와 성취기준이 제시되어 있다. 국가교육과정 총론에서는 각급학교에서 사용할 교과와 과목이 제시되어 있고, 그것의 구체적인 내용은 각론에서 제시하고 있다. 각론에서는 '교육과정 설계의 개요'에서 각 교과별로 교과 역량 등에 대한 설명을 하고, '목표'에서 교과(목) 학습을 통해 기르고자 하는 능력과 학습의 도달점을 총괄 목표와 세부 목표로 구분하여 제시하고 있다. 그리고 영역별 내용 요소(지식・이해, 과정・기능, 가치・태도)를 학습한 결과 학생이 궁극적으로 할 수 있거나 할 수 있기를 기대하는 도달점으로서 '성취기준'을 제시하고 있다.

(3) 학교 교육과정의 교육목적 규정

학교 교육과정은 국가교육과정과 지역 교육과정을 토대로 지역의 특수성과 학교의 실정에 맞게 각 학교별로 마련한 교육 운영의 실천 계획을 말한다. 이러한 계획을 최종적으로 결정하는 사람은 교사가 된다. 교사는 학교 교육의 주체이자 교육과정의 실천자인 것이다. 국가교육과정에 제시되어 있는 성취기준은 단원목표의 일종으로 볼 수 있다. 교육과정과 수업을 연결하는 지점을 성취기준으로 보기도 하는 것이다.

성취기준은 차시 목표로 상세화된다. 통상 한 개의 성취기준은 3차시 수업 내용을 기준으로 하고 있다. 성취기준의 차시 목표로 구체화하는 작업은 교과서를 집필하는 세목으로도 활용이 된다. 이처럼 학교에서는 단원목표와 차시 목표를 만드는 작업을 하고, 이를 실천에 옮기는 교육활동을 전개하는 것이다.

우리가 교육현장에서 실천하는 수업 목표는 법률 규정의 내용을 상세화하는 과정을 거쳐 단시 수업목표에 이르고 있는 것이다. 법률로 규정된 교육이념과 교육목적은 비교적 안정적이며, 변동하기 어렵고 교육과정 내용을 선정하기 이전에 마련된 것이다. 국가교육과정에 제시된 교육목적은 교육과정 개정시마다 변동하고, 교과별 교육과정 내용의 선정 이전에 총론의 교육목적은 규정이 된다. 그러나 교과별 교육과정에서는 내용의 선정 이후에 이루어질 수도 있는 특징을 지니고 있다. 교육과정 문서에 있는 교육목적을 상세화하는 작업을 거쳐 실제 수업에서 구현되는 것이다.

3) 교육목표 분류학

전통적인 교육목표 분류학은 블룸과 그의 동료에 의해 개발되었다. 블룸과 그의 동료는 지적 영역과 정의적 영역에 대한 분류를 하였지만, 심동적 영역에 대해서 명확하게 공개되지 않고 있다. 지적 영역과 정의적 영역은 1956년과 1964년 블룸과 그의 동료가 제안한 것으로 제시하고, 심동적 영역은 심슨(Simpson)이 1966년에 분류한 체계를 소개한다.

(1) 지적 영역

지적 영역은 합리적이고 지적인 사고와 관련된다. 지적 영역은 여섯 개의 분류목으로 나누어져 있고, 각각의 분류목은 적용의 경우를 제외하고 대개 두 가지 이상의 하위 분류목으로 세분되어 있다.

• **지식**(knowledge): 학습자들의 기억이나 상기와 같은 심리적 과정과 관련

된 목표들이 속한다. 기억과 상기의 내용은 특수사실이나 보편적 법칙, 방법과 절차, 형태와 구조 등의 여러 영역에 걸친다.

- **이해(comprehension)**: 이해에서 평가에 이르기까지는 지식 그 자체보다는 지식을 사용하고 처리하는 지적 기능과 관련이 있다. 이해는 이러한 지적 기능의 가장 낮은 단계로 학습자가 의사전달의 내용을 이해하며, 이 내용을 다른 수준의 내용으로 바꾸거나 후속될 경향을 추론할 수 있어야 하는 것이다.

- **적용(application)**: 학습자들은 여러 가지 개념이나 법칙을 구체적인 새로운 문제사태의 해결을 위해 사용할 수 있어야 하는 것과 관련된다. 적용을 위해서는 개념과 법칙이 미리 학습되어 있어야 하는 것을 의미한다. 학교 교육에서 중요시 되는 목표의 하나이다.

- **분석(analysis)**: 분석은 학습자가 모종의 전달 내용을 그 구성요소나 부분으로 분해하여, 그 속에 포함된 관념 간의 상대적 위계관계가 분명해 지도록 하는 심리적 과정이다. 학습자는 분석을 통해 전달 내용이 가지고 있는 기본 가정이나 배열뿐만 아니라, 전달 내용이 어떤 방법에 의해 효과를 거두려하는지 밝힐 수 있다.

- **종합(synthesis)**: 종합은 요소나 부분을 결합하여 하나의 새로운 전체를 구성하는 심리적 과정이다. 분리된 단편적 요소를 조작하는 절차와 더불어 새로운 형태나 구조를 구성할 수 있도록 그것을 재배열하고 결합하는 절차도 포함된다. 발견이나 창의력과 같은 것이 가장 유사한 행동 형태이다.

- **평가(evaluation)**: 일정한 목적에 비추어 소재나 방법의 가치나 중요성을 판단하는 것이다. 판단의 기준은 양적일수도 있으며, 질적일 수도 있다. 그것은 학습자 자신이 설정한 것일수도 있고, 외적으로 주어진 것일 수도 있다.

(2) 정의적 영역

정의적 영역은 가치나 태도와 관련된 것에 중점을 두고 있다. 정의적 영역에 속하는 목표는 내면화의 수준에 따라 다섯 개의 분류목으로 분류된다.

- 감수(receiving): 이 수준에서 관심을 갖는 것은 학습자가 특정한 현상이나 자극을 피하려 하지 않고 받아들이며 주의를 기울이는 일이다. 교사가 가르치는 것에 대해 학습자가 적절한 주의를 해야 학습이 일어날 수 있다고 생각할 때, 학습자에 의한 감수는 학습을 위한 첫 단계이며 결정적 단계이다.
- 반응(responding): 이 수준은 현상이나 자극에 대한 유의하는 정도를 넘어서서, 그것에 대해 어떤 형식으로 반응을 나타내게 된다. 학습자는 자진 감수의 단계를 넘어설 정도로 동기화되어 있어 능동적으로 주의를 기울이고 있다. 흥미와 같은 교육목표와 밀접하게 관련된다.
- 가치화(valuing): 이 수준은 어떤 현상이나 활동에 대해 관여하고 반응하는 수준을 넘어서서, 그런 현상이나 활동을 가치롭게 여기고 일관성 있는 반응을 보이는 단계이다. 이 단계는 추종이나 복종하려는 욕구가 아니라, 가치에 대한 스스로의 확신에 의해 동기화되어 있다.
- 조직화(organization): 여러 가지 가치 체계를 정립해 나가는 초기 단계이다. 학습자는 여러 가지 가치를 하나의 체계로 조직하고, 가치들 간의 상호관계를 밝히며 전체를 조망하는 지배적 가치를 정립하게 된다. 이러한 가치체계는 서서히 형성되고, 새로운 가치가 편입됨에 따라 조금씩 변화하게 된다.
- 인격화(characterization): 여러 가지 가치가 개인이 갖고 있는 가치위계에 흡수되어 내적으로 일관된 체계 속으로 조직되어 버리는 단계이다. 개인의 행동을 일관성 있게 장기적으로 통제하고, 한 가지 방식으로 행동할 수 있는 힘을 갖게 되는 것이다.

(3) 심동적 영역

심동적 영역은 신체의 근육을 수반하는 활동과 관련된다. 글씨를 쓸 때, 손가락의 근력을 활용하는 것, 초등 저학년 수학에서 숫자를 쓴다거나 셈하기에 필요한 신체 동작적 기능을 다루는 것과 같은 것이 그 예이다. 심슨이 분류한 다섯 가지 영역을 제시하면 다음과 같다.

- **지각**(perception): 학습자는 신체의 감각 기관이 사물의 특성이나 관계를 지각함으로써 운동행위를 수행한다. 이 기능은 운동행위를 유도하는 상황, 해석, 행동 연쇄의 중심적인 부분이 된다.
- **태세**(set): 학습자가 특정한 행위나 경험을 하기 위한 예비적인 적응상태를 가리킨다. 모종의 행동을 하기 이전의 정신적, 신체적, 운동적 준비상태를 말하는 것이다.
- **안내된 반응**(guided response): 운동 기능을 발달시킬 때의 초기 단계에 해당된다. 유도반응은 다른 사람의 지도, 유도에 의해 외현적 행위를 하도록 하는 단계이다. 보다 복잡한 운동 기능의 한 요소가 되는 능력을 강조한다.
- **습관화**(mechanism): 학습자는 이 단계에서 한 가지 심리 운동적 혹은 지각적 행위를 수행하는데 상당한 수준의 자신감을 가진다. 경우에 따라 습관적 동작이 자동적으로 나타나기도 하고, 상황이 요구하는 것에 따라 자신의 행동패턴에서 자동적으로 선택해 반응한다.
- **복합적 외현행동**(complex overt response): 이 수준에서 학습자는 복잡한 운동 행위를 할 수 있게 된다. 그러한 행위는 최소의 시간과 노력을 들이면서 효과적으로 할 수 있게 된다. 불확실성의 해결, 자동적 수행으로 분류된다.

4) 새로운 교육목표 분류학

1990년대가 되면서 전통적인 교육목표 분류학은 비판과 더불어 이에 대한 대안적 교육목표 분류학이 등장하였다. 대안적 교육목표 분류학은 앤더슨 외(Anderson et al., 2001),[3] 마자노(Marzano, 2001),[4] 하우엔스타인(Hauenstein, 1998)[5] 등이 시도하였다. 여기서는 여러 대안적 교육목표 분류학 중에서 하우엔스타인이 시도한 새로운 교육목표 분류학에 대한 내용 중심으로 소개하고자 한다. 전통적인 교육목표 분류학은 지적, 정의적, 심동적 영역을 분리된 독립적 실체로 설명하고 있으며, 유목과 하위유목의 수가 63개나 되며, 그 수준이 불균형을 이루고 양립 불가능한 것으로 보고 있어 교실 수업에 적용하기 곤란한 경우도 있다는 비판이 제기되고 있다.[6]

기존의 교육목표 분류학의 문제를 개선하기 위해 하우엔스타인은 전통적인 교육목표 분류학에 대해 전체론적인 접근 방식을 제시하는데 목적을 두고 새로운 교육목표 분류학을 만들었다. 여기서 전체론적인 접근 방식은 교육목표에 대해 하나의 개념적인 틀을 마련해 주는 것이고, 동시에 지적, 정의적, 심동적 영역의 교육목표들을 총체적 학습에 맞추어 재정의 하는 일을 가리키고 있다.

이러한 입장이 나오게 된 것은 교수·학습을 보는 시각이 기존과 근본적인 차이가 있기 때문이다. 블룸과 그 동료들은 교육목표 세분화를 주장하면서 행동주의 입장에 있지만, 하우엔스타인은 개인은 경험으로부터 자신의 지식을 구성해 나가면서 총체적 인격체로 학습한다는 구성주의 입장을 견지하고 있다. 그래서 교육과정과 수업도 학습자 중심으로 개발되어야 한다는 것이다. 이러한 입장은 전통적 교육목표 분류학을 5가지 준거에 의해 비판하고, 행동적 영역을 추가하고 있다.

개념적 틀을 형성하는 수업체제는 '정보와 내용'(타인의 지식)을 교과 내용들 간의 상호 연관성을 조정하기 위한 투입요인으로 삼고, 학생 중심의 총체적 학습을 위한 과정 목표(지적, 정의적, 심동적, 행동적 목표)를 설정하며, 박식하고 문화적 교양이 있는 유능한 인간양성을 산출(성과) 요인으로 규정하고 있다. 이러한 개념적 틀과 더불어 재정의된 교육목표 분류학은 교육목표를 인지적, 정의적, 심동적 영역으로 분류한 기존의 방식을 체계적으로 분석하고 평가하였다. 평가의 준거는 5가지로 설정하였으며, 이들 비판과 더불어 제4의 영역으로 복합적 행동 영역을 만들었다. 우선 그가 제시한 개념적 틀은 [그림 6-2]와 같다.[7]

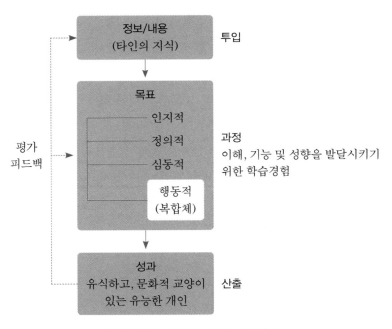

[그림 6-2] 하우엔스타인의 개념적 틀

전통적인 인지적 영역, 정의적 영역, 심동적 영역을 재정의하기 위해 각 영역별로 5가지의 준거(이들 비판 준거는 영역별로 모두 동일하다) 혹은 규칙과 관련해 재정의하고, 제4영역으로 행동적 영역(인지적, 정의적, 심동적 영역을 통합한 새로운 형태의 통합적 행동 영역)을 정의하였다. 전통적인 분류학의 영역을 비판하는 준거 다섯 가지는 다음과 같다. 이들 준거는 인지적, 정의적, 심동적 영역 모두에 공통적으로 제시된 내용들을 축약해 제시한 것이다.

규칙 1: 분류학은 적용 가능성을 지녀야 한다.
규칙 2: 전체적인 면에서 보면 분류학은 전적으로 포괄적이어야 한다.
규칙 3: 분류학의 유목들은 상호 배타적이어야 한다.
규칙 4: 유목들은 일관된 순서의 원리에 따라 배열되어야 한다.
규칙 5: 유목과 하위유목을 구분하기 위해 사용되는 용어는 그 분야에 사용되는 용어를 대표하는 것이어야 하고, 아이디어를 상호 소통할 수 있는 것이어야 한다.

규칙 1은 활용될 기능과 관련되어야 하는 것이다. 외현적 행동과 지식을 반영하는 행동을 분류하기 위해 활용될 때, 이 용어는 동사나 동명사형(단어를 -ing로 끝내는 것)으로 표현되어야 하는 것을 말한다. 규칙 2는 구성요소들이 지적, 정의적, 심동적 영역의 특정 맥락의 모든 유목을 나타내야 한다는 것이다. 하나의 유목이나 하위 유목에서 더 분류될 수 없다고 생각할 수 있는 행동은 하나도 없어야 된다는 것이다. 규칙 3은 각각의 유목들 간이나 한 유목의 하위 유목 내에는 중첩되는 것이 없어야 한다는 것이다. 규칙 4는 유목이나 하위 유목은 간단한 것에서 복잡한 것, 쉬운 것에서 구체적인 것, 구체적인 것에서 추상적인 것과 같은 순서에 따라 배열되어야 한다는 것이다. 규칙 5는 일반적인 용어들은 해당 분야의 교사들에게 해당 목표의 의도를 전달하고 있는가를 따져 보아야 한다는 것이다.

하우엔스타인이 설정한 전통적 분류학의 비판적 준거나 규칙은 기존의 인지적, 정의적, 심동적 영역을 각 준거나 규칙에 따라 어떠한 부분에 위반이 있는가를 검토한다. 그리고 그러한 비판을 토대로 교육목표 분류학을 재정의한다. 이러한 재정의와 더불어 전통적 분류학의 세 영역은 분리된 것이 아

표 6-1 전통적 교육목표 분류학과 새로운 교육목표 분류학의 비교

구분	전통적 교육목표 분류학	새로운 교육목표 분류학
인지적 영역	지식, 이해, 적용, 분석, 종합, 평가	개념화, 이해력, 적용력, 평가력, 종합력
정의적 영역	감수, 반응, 가치화, 조직화, 인격화	감수하기, 반응하기, 가치화하기, 신념화하기, 행동화하기
심동적 영역	지각, 태세, 유도반응, 습관화, 복합적 외현 반응	지각, 시뮬레이션, 적합화, 산출, 숙달
행동적 영역	–	획득, 동화, 순응, 수행, 포부

니라, 한 개의 전체로 보아야 한다는 입장에서 복합적이고 통합적인 네 번째 영역으로 행동적 영역을 상정하는 것이다. 이해를 위해 전통적 교육목표 분류학과 새로이 제안된 교육목표 분류학을 도표로 정리하면 〈표 6-1〉와 같다. 〈표 6-1〉에서는 이해의 편의와 간결성을 위해 유목만 제시하고 하위 유목은 생략하였다. 그리고 유목은 나열 형식을 취하였지만, 순서가 있는 위계적 관계를 형성하고 있다.

하우엔스타인의 새로운 교육목표 분류학에 따른 행동영역 분류학과 수업체제는 교사들에게는 학생중심의 이해, 기능, 성향에 초점을 맞출 수 있는 수단을 제공하고, 목표의 수준을 조금 더 정확하게 분류하며, 학생의 발달수준을 식별하며, 학생 중심의 총체적 학습에 적합한 목표와 학습지도안 및 학습성과를 개발할 수 있도록 도움을 주는 것으로 주장하고 있다.

3. 교육내용의 선정

1) 의의

보통교육의 단계에서는 모든 교육내용을 다 배울 수 없고, 핵심적이면서도 실생활에 필요한 것 위주로 내용을 선정한다. 많은 내용에 대해 모두 학습하고 이를 습득한다면 좋겠지만, 시간적 제약과 학습 대상자의 성장도 고려하여 교육현장에서 배울 내용이 결정되어야 한다. 인간의 성장에 적합한 형태로 교육과정 내용이 선정되어야 그 내용이 의미가 있게 되는 것이다.

그러나 국가교육과정 개발에서 어떠한 내용이 적합한 것인가에 대해서는 미리 정해진 것은 없다. 그래서 교육에 관계하거나 사회 구성원 전체의 합의나 최대 공약수와 같은 것을 고려하는 과정을 거치는 것이다. 이제까지 국가교육과정에서 이러한 합의를 이끌어 가는 과정이나 도달하기까지 갈등을 조정하거나 해소하는 과정이 만족스럽다고 보기는 어렵다. 이러한 점을 개선하고 보다 합리적인 교육과정 내용이 선정되기 위해서는 정교한 원리가 동원되어야 하고, 이에 따라 교육과정 내용이 선정되어야 한다.

교육과정 내용의 선정 원리는 국가교육과정뿐만 아니라, 학교 교육과정 개발에서도 적용되는 원리이다. 예컨대, 창의적 체험활동이나 교육과정 재구성을 할 때에도 그 원리는 활용되는 것이다. 교육과정 내용 선정의 원리는 교육과정의 정의나 접근 방식에 따라 달라질 수 있다. 국가교육과정이나 학교 교육과정의 내용 선정에서 학문을 중심으로 할 경우에는 기본 개념과 원리, 법칙 등이 중요하고, 사회 기능을 중요시하게 될 때에는 생명이나 재산 및 자연자원의 보존, 물자의 생산과 생산물의 분배 등과 같이 개인과 집단 활동의 중심이 되는 부분이 중요시 될 것이다. 이는 [그림 6-3]과 같다.

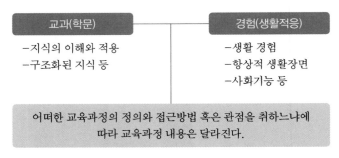

[그림 6-3] 교육과정의 관점에 따른 교육과정 내용의 선정

2) 내용 선정의 원리

교육과정 내용의 선정에 대해 학자들 사이에서도 완전한 합의가 이루어져 있다고 보기 어렵다. 여기서 제시하는 원리는 국가교육과정과 학교 교육과정에서 교육과정 내용 선정시 참고가 될 만한 원리를 중심으로 제시한다. 우리나라는 국가교육과정의 기준과 내용의 기본적 사항을 토대로 학교 교육과정이 만들어지게 되고, 창의적 체험활동은 국가교육과정에서 예시해 둔 주제나 학교 자체적으로 교육과정 내용을 선정할 수 있다. 따라서 국가교육과정이나 학교 교육과정 모두 교육과정 내용 선정의 원리를 제대로 파악하는 것이 중요하다.

교육과정 내용의 선정 원리에 대해 타일러는 연습기회의 원리, 만족감, 성취가능성, 다원적 경험의 원리, 복합성과의 원리를 제시하였고,[8] 브래디 (Brady)는 타당성, 중요성, 흥미 및 관심, 학습가능성, 사회적 실재와의 일치성, 유용성을 제시하였다.[9] 여기서는 여러 학자의 견해를 토대로 교육과정 내용을 보는 관점에 따라 상이하게 나타날 수 있는 교육과정 내용 선정의 준거를 일곱 가지의 원리로 제시하고자 한다.

(1) 교육목표와의 일관성 원리

교육과정 내용은 교육과정 목표의 달성을 위해 수단적 역할을 하는 것이다. 교육목표는 교육의 방향을 결정하기도 하지만, 그러한 교육을 위해 필요한 내용을 주요 사항으로 결정 짓기도 한다. 국가교육과정에서 추구하는 인간상과 각급학교 교육목표를 제대로 구현하기 위해서는 이에 적합한 교육과정 내용이 존재하여야 한다. 교육과정 목표와 내용은 논리적인 일관성을 유지하여야 한다.

(2) 타당성의 원리

평가는 교육목적 달성을 위해 타당성있는 내용으로 구성되어야 한다. 교육과정 내용에서도 학교에서 배울 내용이 진실로 배울 가치가 있는 것이고, 참되고 믿을 수 있는 것이어야 하는 것이다. 교육적 가치가 없는 것을 교육과정 내용으로 삼아서는 아니 될 것이며, 지식의 생명 주기가 짧은 현실에서 이미 지나간 지식을 교육현장에서 배워서도 아니 될 것이다. 교육현장에서 배우는 내용은 사실과 다름이 없어야 되는 것이다. 역사적 사실에 대한 오류나 지리적 위치에 대한 오류는 타당성이 떨어지는 교육내용이 된다.

(3) 유의미성의 원리

내용의 유의미성은 그 내용이 해당 학문 분야의 기본개념과 원리를 파악하는데 직접적인 도움을 줄 수 있는 것이어야 한다. 기본개념과 원리는 다른 학문이나 다른 지식을 학습하는 데 기초가 되는 요인도 포함된다. 내용이 의미 있게 되려면 단편적이고도 사실적인 지식 수준에 머물러서는 아니 될 것이다. 학생의 지적 성장과 더불어 정의적 발달을 촉진시킬 수 있는 데 의미가 있어야 하는 것이다. 주로 학문중심 교육과정의 출현과 더불어 합리적인 교육과정 내용 선정 기준으로 등장하였다.

(4) 균형성의 원리

균형성의 원리는 다양한 측면에서 설명이 가능하다. 교육이 전인격체로 성장하여야 한다면, 지적 · 정의적 · 심동적 영역 모두 인간의 성장에 기여할 수 있는 것이어야 하고, 이들 영역과 관련된 내용은 최대한 연관되고 통합되어야 하는 것이다. 다른 한편 이러한 균형성은 개인적 요구와 사회적 요구의 균형성, 현재를 위한 내용과 미래를 위한 내용의 균형성, 개인적 가치와 사회적 가치와의 균형성 등 다양한 측면에서의 균형성을 가지도록 노력하여야 한다.

(5) 흥미의 원리

학습자가 흥미를 갖지 않는 교육내용은 교육적 효과가 떨어진다. 교육내용은 학습자의 흥미를 유발하기도 하고, 흥미를 해소해 주기도 하여야 한다. 초 · 중등학교 학습자는 미성숙한 존재이므로, 흥미의 원리가 내용 선정의 준거로 부적절하다고 주장하는 사람도 있다. 그러나 여기서의 흥미는 단순히 학생의 요구를 수용한다는 것이 아니라, 학습자가 지니고 있는 개별성을 존중한다는 의미이다.

(6) 학습 가능성의 원리

교육과정 내용은 학습자의 특성에 적합한 내용을 선정해야 학습의 가능성이 높아지게 된다. 일반적으로 학습자의 발달 단계를 고려하고 능력의 수준을 고려해 교육과정 내용은 선정되어야 한다. 교육과정 내용은 많은 학습자가 학습내용을 소화할 수 있어야 한다. 그래서 교육활동에서 소외 집단을 없애거나 최소화할 수 있는 방향으로 전개되어야 하는 것이다.

(7) 사회적 유용성의 원리

사회적 유용성의 원리는 교육과정에서 사회적 접근을 강조하는 입장에서 제안하는 준거이다. 사회적 접근에서도 사회적 안정을 지향하는 입장과 사회의 변혁을 지향하는 입장까지 다양하게 나타난다. 사회의 적응을 중요시하게 될 경우에는 현대 사회에서 요구되는 교육과정의 내용이 될 것이다. 반면 미래사회의 변혁을 위한 인력을 양성하고자 한다면, 사회의 변혁에 도움이 되는 교육과정 내용이 담겨야 할 것이다.

4. 교육내용의 조직

1) 의의

교육과정 내용 조직은 교육과정 목표를 성취하는 데 적합한 내용으로 선정된 요소가 효과적인 학습 성과를 가져올 수 있도록 배열되어야 한다. 동일한 내용이라고 하더라도, 교육과정 내용을 조직하는 방법에 따라 전혀 다른 학습 성과를 가져올 수 있다. 예를 들어, 연대기적으로 조직된 예술 장르의 발전에 대해 살펴보는 것은 학습자가 예술에 대한 특정한 사건이나 동향을 파악하는데 유용하다. 다른 한편, 예술에 대해 그림이나 조각, 생활예술, 보다 구체적으로 도자기와 같은 주제를 중심으로 조직된 경우, 학습자는 코스가 조직되어 있는 아이디어를 학습하는 데 용이하다.

이처럼 교육과정 내용을 어떻게 조직하느냐는 교수·학습 활동뿐만 아니라, 평가의 방향도 결정하게 되는 것이다. 교육과정 내용을 구성하는 요소는 지식, 기능, 가치 등으로 구분되고, 교육목표의 분류학적 체계에서는 이러한 개념적 구분을 명확하게 보여주고 있다. 2015 개정 교육과정에서는 내용 요소와 기능을 결합해 성취기준을 만들었고, 2022 개정 교육과정은 지식·이해, 과정·기능, 가치·태도를 결합해 성취기준을 만들었다. 성취기준은 교과별 교육과정의 단원을 구성하는 주요 요소가 되고 있다. 각 단원별로 교수·학습 방법과 평가방법 및 유의사항이 제시되고 있다. 조직된 내용에 대한 안내자 역할을 하고 있는 것이다.

2) 내용 조직의 구조

일반적으로 교육과정 내용 조직의 구조는 크게 세 가지 수준, 즉 교과, 과목, 단원과 차시의 세 가지 수준으로 구분할 수 있다. 교육내용의 조직 구조를 도식화하면 [그림 6-4]와 같다.[10]

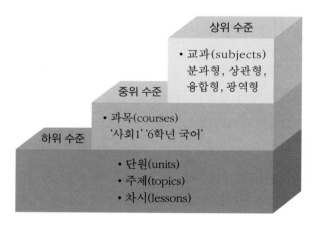

[그림 6-4] 교육내용 조직의 구조

상위 수준은 국어, 수학, 과학, 사회, 영어 등 교과를 결정한다. 교과가 분과형이든 광역형이든 관계없이 교과를 먼저 결정하게 되는 것이다.

중위 수준은 사회 1, 사회 2, 사회 3과 같이 계열 속에 조직된 과목들이나 6학년의 국어나 9학년의 공통수학 등과 같이 한 학기나 1년 동안만 가르칠 과목을 조직하게 된다.

하위 수준은 몇 주 동안 가르칠 '단원'을 결정하고, 단원을 근거로 며칠이나 몇 주 동안 가르친 '주제'를 조직한다. 그리고 하루 정도에 다루어 줄 내용의 크기인 '차시수업'을 결정하는 것이다.[11]

3) 내용 조직의 원리

교육과정 내용을 조직하기 위해서는 수평적 · 수직적 차원, 그리고 논리적 · 심리적 차원이 고려되어야 한다. 먼저 수평적 · 수직적 차원을 알아본다. 수평적 차원이라 함은 교육과정의 요소를 병렬적으로 조직하는 것을 말한다. 범위, 통합성 등이 그에 해당한다. 이에 비해 수직적 차원이라 함은 교육과정 요소를 종단적으로 배열함으로써 가르치는 것에 시차를 두는 방식을 의미한다. 계열성과 연속성 등이 그것이다.

다음으로 논리적 · 심리적 차원에 대해 알아본다. 논리적 차원이라 함은 내용 자체의 논리적 구조에 따라 관계성을 파악해 배열하는 것을 의미한다. 교과가 갖는 고유의 논리 체계에 의해 교육과정 내용을 조직하는 것으로, 수학과 같이 위계적 내용 관계에 있는 교과나 생물과 같이 발생적 계통에 따른 조직이 그 예이다. 주로 교과중심 교육과정에서 취하는 방식이다.

심리적 차원이라 함은 학습자의 심리적 특성을 배려함과 동시에 학습심리학의 원리를 고려하는 것이다. 심리적 차원은 진보주의 교육에서의 교육과정 내용 조직 방법에 해당된다. 창의적 체험활동 시간에 학생들이 '신문 만들기'나 '역사 위인 역할 연기' 등을 행하는 것은 학생의 흥미나 현실적 실행 여건을 고려하여 조직한 것이다. 논리적 차원이 교과의 체계를 중시한다면, 심리적 차원은 학습활동에서의 학습자의 흥미와 필요를 강조한다.

내용 조직의 원리에 대한 설명을 위해 도식화하면 [그림 6-5]와 같다.[12]

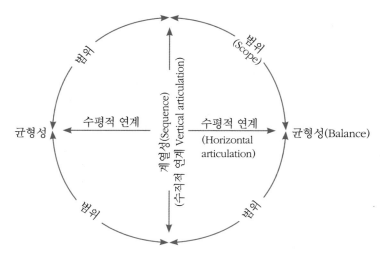

[그림 6-5] 범위, 계열성, 연계성, 균형성의 관계

(1) 범위(scope)

범위는 교육과정 내용의 수평적 조직으로, 교육과정에서 다룰 내용의 폭(breadth)과 깊이(depth)를 말한다. 우리나라는 국가교육과정에서 교육 현장에서 배울 교과를 중심으로 내용의 범위를 정해 주고, 지역 교육과정에서도 초등학교 일부 사회과 단원에서 범위를 결정한다. 학교 교육과정에서는 창의적 체험활동에서 정할 수 있다. 교육과정 실천은 교사에 의해 이루어지기 때문에, 교사에 의해 어느 정도 조정이 되는 과정을 거친다.

범위에 대한 예시는 국가교육과정 총론에 제시된 교육과정 편제에 나타난 시간배당표를 가장 많이 드는 것 같다. 교육과정 시간배당표에서는 교과의 명칭과 시간을 할당하고 있다. 2022 개정 교육과정의 중학교 국어는 1~3학년 동안 442시간, 수학은 374시간으로 규정하고 있다. 형식적으로 보면 교육 현장에서 무슨 내용을 얼마만큼의 깊이로 가르칠 것인지를 결정해 주고 있는 것이다. 범위는 실제 해당 교과에 담길 내용으로 지식과 기능 및 가치를 어떻게 선정할 것인지를 결정하는 것이다. 범위는 학습자를 대상으로 무엇을 어느 정도까지 가르칠 만한 가치가 있다고 생각하는지를 결정하는 것이다.

(2) 계열성(sequence)

계열성은 교육과정 내용의 수직적 조직에 해당되는 것으로, 교육과정 내용이나 학습경험이 배열되는 순서를 의미한다. 타일러에 의하면 계열성은 계속성과 관련이 있지만, 계속성 이상의 것으로 보고 있다.[13] 교육과정 내용이 동일한 수준에서 반복이 된다면, 지식이나 기능 및 가치는 제대로 발전하지 않는다. 계열성은 학년이 거듭될수록 교육과정 내용이 단계적으로 깊어지고 넓어져서 경험이 계속적으로 축적되는 것을 의미하는 것이다. 과학의 에너지 개념이 학년이 올라갈수록 에너지가 갖는 부수적 의미를 보다 폭넓게 이해하도록 조직하는 것이다. 계열성은 반복이 아닌 교육과정 내용을 단계적으로 넓히고 깊게 하는 것을 말하는 것이다.

계열성은 교육과정을 바라보는 관점이나 접근방법에 따라 상이한 방식으로 조직된다. 교과의 체계를 중시하는 입장에서는 교과 논리에 의해 이루어져야 한다는 주장을 하고, 학습자의 경험과 활동을 중시하는 입장에서는 학습자의 지식의 습득 방식에 따라 이루어져야 한다는 주장을 하고 있다. 이러한 논쟁은 현재도 지속이 되며, 계열성을 고려한 조직 방식이 다양하게 나타나는 것은 이러한 교과와 경험의 대립적 관계를 연상하면 쉽게 이해가 된다. 내용 계열화와 관련해 전문가들 사이에 이견이 존재하지만, 일반적으로 논의되고 있는 내용을 제시하면 다음과 같다.

- 단순한 것에서 복잡한 것으로 학습하는 원리: 내용이 간단한 구성요소에서 시작해 구성요소 간의 복잡한 관계를 설명하는 방식으로 전개하는 것이다.
- 전체에서 부분 학습으로 진행: 인지심리학의 지지를 받는 것으로 내용에 대해 개괄적으로 제시하고, 부분적인 것을 학습하는 방식으로 전개하는 것이다.

- 친숙한 것에서 생소한 것으로 학습하는 원리: 학습자가 이미 알고 있는 내용을 포함하는 활동이 아주 생소한 활동보다 먼저 학습하는 것이 학습에 효과적이다.
- 연대순 배열: 교육과정 내용이 시간적으로 발생한 순서대로 제시하는 것이다. 국사, 세계사와 같은 교과는 이러한 방식으로 조직이 되는 경우가 많다.
- 선행 필수 학습: 교육과정 내용에서 일부 학습이 다른 학습이 이루어지기 이전에 반드시 이해되어야 할 경우에 이루어진다.

(3) 통합성(integration)

타일러는 통합성은 교육과정의 내용을 수평적으로 조직하는 것과 관련된 것으로 보고, 이러한 내용 조직은 학습자로 하여금 사물을 통합적 관점에서 보게 하고, 학습내용과 행동을 통합시키도록 하는 것으로 보고 있다.[14] 타일러는 수학의 계산 능력을 학습하는 경우에 이러한 기능이 사회과 공부나 과학과 공부, 그리고 물건을 살 때 어떻게 활용될 수 있는지를 고려하는 것으로 설명하고 있다. 그래서 단순히 교과 공부로 끝나는 것이 아니라, 학생의 일상생활에서 활용할 수 있는 기능이 되어야 함을 주장한다. 한 교과의 개념이 다른 분야의 일과 어떻게 관련되고, 학생의 기능과 태도에 어떻게 반영되느냐를 보는 것이다.

우리나라는 제4차 교육과정에서 초등학교 저학년에서 통합 교육과정의 개념을 도입하였다. 국가교육과정 총론의 시간배당에서 '교과 활동 시간은 교과 간의 연관성과 학생의 발달 단계를 고려하여, 1, 2학년은 교과 간의 통합을, 3학년 이상은 분과를 원칙으로 배당한다.'[15]고 하여 통합에 대한 근거를 마련하였지만, 구체적인 교과가 명시되지 않았다. 제5차 교육과정에서는 편제에 "1, 2학년 통합 교과활동은 '우리들은 1학년'과 '바른생활' '슬기로운 생활' '즐거운 생활'로 편성한다."[16]고 하여 교과 명칭을 명시하였다. 이러한 경향은 우리나라에서 통합 교육과정에 대한 연구를 본격화하는 계기가 되기도 하였다.

(4) 계속성(continuity)

계속성은 수직적 조직과 관련된 것으로, 교육과정 내용을 반복함으로써 학습의 누적 효과가 나타나도록 조직하는 것이다. 계속성은 이미 배운 내용과 새로이 배울 내용의 관련성에 초점을 맞추고 있다. 계속성은 연속성, 반복성 등과 같은 용어로 사용이 되기도 한다. 수학에서 수의 연산에 대해 학습하는 것이라면, 수학 교과의 여러 분야에서 이 개념이 자주 취급되어야 한다.

개념의 활용이 반복되는 것과 달리 기능의 반복을 통한 반복성도 존재한다. 국사에 역사적 자료를 읽고 해석하는 기법을 계발하는 것이 주요 목적이라고 한다면, 이러한 기능적인 부분도 지속적으로 반복이 될 수 있는 기회가 계속해서 주어져야 한다는 것이다. 인간의 학습이 한 번으로 완벽하게 이루어지는 것이 아니라면, 계속성은 교육과정의 조직에서 매우 중요한 요소가 되는 것으로 생각이 된다.

(5) 연계성(articulation)

연계성은 연관성이라고도 부르며, 교육과정의 여러 가지 측면에 대한 상호 관련성을 말한다. 상호 관련성은 수직적인 것일 수도 있으며, 수평적인 것일 수도 있다. 수직적 연계성은 교육과정 내용이 나중에 나타나는 주제나 코스와 관계를 맺는 것이다. 예를 들어 수학의 대수 개념이 기하학 코스에 있는 주요 개념과 관련되도록 개론적인 기초대수나 9학년 대수를 설계하는 것이다. 연계성을 수직적으로 보게 되면 한 학년에서 다른 학년 수준으로 내용을 계열화하는 것을 말하게 된다.[17]

수평적 연계성은 상관성과 유사한 개념을 가진다. 교육과정 내용의 한 부분을 그와 유사하거나 논리적 관계를 가진 다른 내용과 관련을 지으려는 것이다. 수학적 사고와 과학적 사고를 수평적으로 연계시키고자 하는 것과 같다. 수평적 연계성은 교육과정 통합과 관련된 것에 많은 강조를 두고 있다. 연계성은 대부분 분과적으로 되어 있는 현실에서 신경을 제대로 쓰지 않거나 협동적으로 교육과정을 개발하고자 하는 노력이 부족해 쉽게 이루어지지 않고 있다.

(6) 균형성(balance)

균형성은 특정한 교육과정 내용이 우세한 비중이 주어져 교육과정 내용에서의 왜곡 현상이 일어나지 않도록 하는 것이다. 교육과정과 수업 및 학습에 대한 특정한 관점을 토대로 교육과정 내용이 조직되면 다른 부분이 제외되어 학습자를 위한 교육과정 내용이 합리적으로 결정이 되지 않게 되는 것이다.

균형성과 관련된 문제는 여러 가지 측면에서 제기된다. 학문의 지적 체계를 중시하는 입장과 학습자를 중시하는 입장, 개인적 요구와 사회적 요구, 일반교육과 전문교육, 지적 · 정의적 · 심동적 영역, 논리적 측면과 심리적 측면, 동일 학문 내에서의 하위 영역의 비중 문제 등이 그것이다. 균형성은 교육과정 설계의 모든 측면과 관련해 균형을 이루어야 한다는 것이지만, 현실적으로 쉽지 않은 일이다. 교육과정에 종사하는 전공자와 현장 교원은 교육과정의 균형을 위해 지속적인 점검과 조정의 노력을 기울여야 한다.

5. 교육과정 설계의 접근 방법

1) 교과중심 설계

교육과정 설계에서 교과중심 설계는 전통적 방식에 해당되고, 오랜 역사를 지니고 있다. 여러 가지 대안적 설계가 제시되고 있지만, 아직도 영향력이 막

강하며, 역사만큼이나 설계에 대한 하위 유형도 많이 존재하고 있다. 교과 중심의 설계는 학문의 계통을 중시하는 교육과정의 접근 방식을 취하는 입장의 설계 방식에 해당된다. 교육과정 이론의 발달에서 본 것과 같이 교과형 설계, 학문형 설계 등이 포함된다. 그러나 여기서는 다소 복잡한 내용을 제외하고, 교과중심 교육과정에서 제시되었던 설계 방식을 토대로 이에 대한 이해를 돕고자 한다.

(1) 분과형 설계

분과형 설계는 전통적인 문화유산을 전달하기 위해 지적 체계를 중심으로 한 독립적인 교과의 설계 방식이다. 학문의 지적 체계를 중심으로 설계하는 방식은 교과중심 교육과정과 학문중심 교육과정이 있다. 이들이 조직하는 설계 방식은 분과적 형태를 띠는 외형에서는 유사하지만, 구체적 내용의 조직 방식에서는 많은 차이가 있다. 구체적 차이는 교육과정 이론의 발달에서 설명하였다. 분과적인 형태의 조직 방식은 개별 교과나 과목의 종적인 체계는 갖추고 있지만, 교과나 과목 간의 관련성을 고려하지 않고 설계하는 방식이다.

2022 개정 고등학교 교육과정에는 공통과목과 선택과목으로 구분하고 있으며, 선택과목은 일반선택, 진로선택 및 융합선택으로 구분하고 있다. 국어, 수학, 영어 등의 교과(군)이 있고, 그 하위에 공통과목으로 공통국어1, 공통수학1, 공통영어1, 한국사1, 통합사회1, 통합과학 등을 제시하고 있다. 그리고 각 교과(군)별로 선택과목을 두고 있다. 이들 교과에서 국어와 사회 등의 교과는 아무런 연관이 없고, 과목들 간의 연관성도 없는 독립적인 교과로서의 성격을 유지하고 있다. 이러한 특징을 지닌 설계의 방식이 분과형 설계이다.

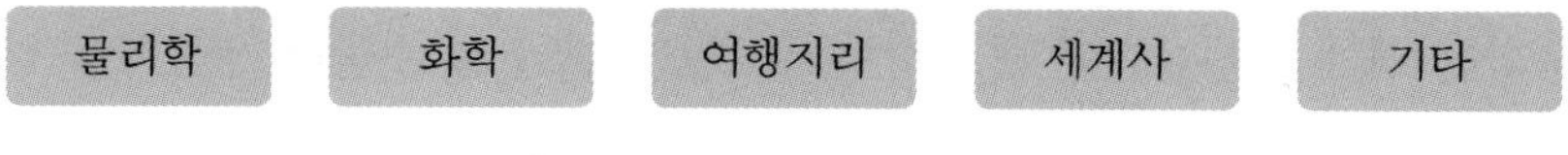

| 물리학 | 화학 | 여행지리 | 세계사 | 기타 |

[그림 6-6] 분과형 설계 모형

(2) 상관형 설계

상관형 설계는 분과형 설계의 독립성을 극복하려는 설계방식이다. 상관형
은 두 개 이상의 과목이 과목 자체의 교과의 정체성을 유지하면서 서로 관련
지우는 설계이다. 상관형 설계는 인접한 과목들 간의 상관도 있으며, 이질적
인 과목의 연관도 생각할 수 있다. 독립되어 있는 과목을 상관시키는 매개체
는 사실적인 것이나 기술적인 것, 규범적인 것이 있다.

사실적인 것은 역사적 사실을 배경으로 하는 문학작품 교수 · 학습 활동에
서 국사와 문학을 상관시킨다. 기술적인 것은 두 개 이상의 과목에서 공통적
인 활용이 가능한 법칙이나 원리를 적용할 경우에 가능하다. 심리학의 욕구
저지와 공격성은 사회학에서의 혁명의 원리와 관련을 짓는다. 규범적인 것의
상관은 국어에서 유관순의 애국심과 세계사에서 잔다르크의 애국심을 규범적
인 면에서 관련시킨다. 기술적 상관과 유사하지만, 사회 · 도덕적인 면이 강조
되는 점에서 차이가 있다.

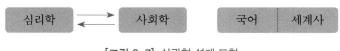

[그림 6-7] 상관형 설계 모형

(3) 융합형 설계

융합형 설계는 각 교과의 성질을 유지하면서 내용면이나 성질면에서 공통
적인 요소를 추출해 교과를 재조직하는 형태이다. 융합의 원리는 학습자의
흥미나 필요에 기초한 것이 아니고, 교과의 논리적 체계에서 찾는다. 융합형
설계는 일반적으로 상관형 설계에서 광역형 설계로 넘어가는 과도기적 형태
로 보는 것 같다.

융합형 설계는 생물학과 동물학에서 공통적 요소를 추출해 생물학을 만드
는 것이나 수학적 기법을 동원해 논리 연역적 모형을 구한 후 실제 사회현상
과 비교 가능하게 해주는 수리사회학 등이 그 예이다. 융합형 설계에서 중요

한 것은 형식적인 융합이 아니라, 내용적인 융합이 되어야 한다. 현실적으로 이루어지고 있는 대부분의 융합적 교과는 표면적으로는 재조직한 새로운 교과명을 사용하지만, 실제 내용에서는 개별 교과가 독립된 장으로 되어 합과적인 내용 형식을 취하고 있다. 이러한 형태는 실질적 의미의 융합으로 보기 어렵다.

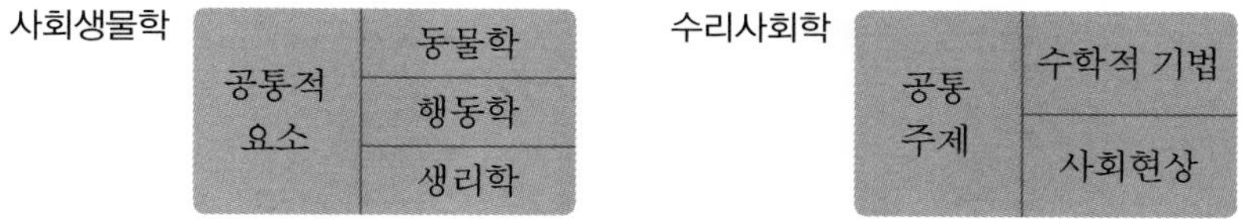

[그림 6-8] 융합형 설계 모형

(4) 광역형 설계

광역형 설계는 교육과정 내용을 넓은 영역으로 조직한다. 광역형 설계는 교과 영역에 속하는 각 과목의 정체성을 제거하고, 새로운 교과 영역으로 지식을 포괄적으로 설계하는 방식이다. 광역형 설계는 교과를 위주로 하는 것과 생활이나 경험을 위주로 조직하는 것이 있다. 생활이나 경험을 위주로 하는 설계는 학습자 중심이나 사회문제 중심으로 접근하는 설계 방식이며, 교과중심 설계에서의 광역형은 지식을 중심으로 한 교과를 통합의 근거로 삼고 있다.

고등학교 교과목에서 물리학, 화학, 생물학, 지구과학을 통합 과학으로 만들거나 한국지리, 세계지리, 세계사, 동아시아사, 경제, 정치와 법, 사회·문화 등을 통합 사회로 만들었을 때, 통합과학과 통합사회는 광역형 설계 방식에 해당된다. 광역형 설계에는 간학문적 통합과 다학문적 통합이 포함된다. 간학문적 통합은 둘 이상의 학문의 개념, 방법, 절차 등에서 유사성이 있고, 그들을 조직 요소로 통합한다. 다학문적 통합은 환경오염과 같은 특정 주제와 관련해 그 해결책을 찾는 과정에서 여러 가지 학문이 다양하게 동원됨으

로써 이루어지게 된다. 다학문적 설계에서는 개별 학문의 정체성이 유지될
가능성이 높다.

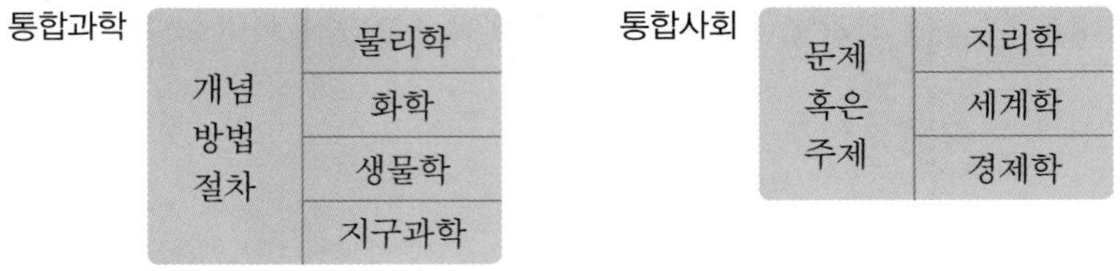

[그림 6-9] 광역형 설계 모형

2) 학습자중심 설계

학습자중심의 설계는 주로 진보주의 입장에서 있는 사람들의 견해이다.
전통적인 교과를 중심으로 교육과정을 설계하는 것은 학습자의 삶과 유리되
어 있기 때문에 학습이 최적화되지 못한다는 것이다. 일반적으로 학습자 중
심의 설계는 초등 분야에 더 많이 활용이 되고 있으며, 중등학교로 갈수록 교
과의 계통성을 중시하는 교과 중심의 설계가 중심이 되고 있다. 여기서는 학
습자중심 설계에 대한 기본적 사항에 대한 이해 위주로 설명한다.

(1) 아동중심의 설계

아동중심의 설계는 학습자가 자신의 환경에 능동적이고, 학습은 그들의 삶
과 흥미 및 필요를 중심으로 이루어져야 한다는 것이다. 이 관점을 지닌 사
람은 구성주의적인 관점을 지닌 사람들이다. 지식은 수동적으로 받아들이는
것이 아니라, 학습자가 능동적으로 구성하여야 한다는 것이다. 이러한 입장
에서 아동중심의 설계는 발달주의자의 입장에 가깝다. 교육활동에서 교사의
지도가 필요하지만, 교사는 아동의 연령에 적절한 발달 수단을 사용함으로써
아동의 호기심을 불러일으키도록 하여야 한다는 것이다.

아동중심의 설계는 루소의 자연주의 교육에 의한 내용과 맥락이 닿아 있으며, 학생의 흥미를 중요시한다. 아동의 흥미에 기초한 교수·학습이 이루어지기 위해서는 어떠한 내용이 아동의 흥미와 연결이 되는지 협의하는 과정을 거친다. 아동은 단순히 수동적 존재로 있는 것이 아니라, 교육목표와 단원 계획에 교사와 함께할 수 있다. 교육과정 내용에서 강조할 부분과 그러한 내용에 따른 활동을 어떻게 할 것인지 참여하도록 한다. 아동의 능동적 자세를 강조함으로써 아동이 자신의 지식을 구성해 나가는 기회를 제공하는 것이다.

(2) 경험중심의 설계

경험중심의 설계는 교육자가 아동의 경험을 분석하고, 이들이 형식화된 지식과 연결할 수 있도록 하였다. 경험중심 설계는 아동중심 설계가 모든 아동에게 맞는 교육과정을 계획하고자 하는 것은 불가능하며, 아동의 요구에 반응해 학습이 이루어진다는 것에 대해 의견을 달리한다. 교과는 그 자체가 경험의 결과이며, 그것은 아동의 경험에서 나온 것을 조직해 놓은 것으로 보고 있다. 교과의 내용은 단편적인 지식이 아니라, 주의 깊은 반성의 결과로 체계적으로 조직해 놓은 것으로 본다.

아동중심의 설계와 마찬가지로 경험중심의 설계에서도 학습자의 흥미를 강조한다. 그러나 그 흥미를 중심으로 교육과정이 구성되는 것이 아니라, 학습을 하기 이전의 개인적 경험으로부터 시작하여야 한다는 것이다. 개인적 경험은 모든 학습의 시작점이 되고, 그러한 시작점에서 아동의 흥미와 관심이 공식적 지식과 연결될 수 있도록 하여야 한다. 학습자는 학교의 환경이 개방적이고 자유로울 때, 자신의 특유한 방식으로 학습을 하게 된다. 학교의 환경이 최적화되어 있다면 학습자는 스스로 학습에 대한 동기를 갖게 된다. 학습자는 교사에 의해 제공된 배열의 맥락 내에서 선택의 권리를 가진다. 그래서 경험중심 교육과정을 설계한 교사는 학생들이 고려해야 할 선택을 설계해야 한다.

(3) 인간중심의 설계

인간중심의 설계는 1950년대 중반 이후 학문중심 교육과정에 대한 반성으로 제기된 설계의 방식이다. 인간중심 설계는 실존주의 철학과 인본주의 심리학에 토대를 두고 있다. 실존은 궁극적인 것으로 본질에 앞서는 것이며, 선택에 의하여 우리는 자기 자신을 만들어 가야 된다는 것이다. 인간은 자신의 생애를 만들어 갈 수 있고, 자신의 운명을 선택할 수 있는 자유의 존재로 보는 것이다. 실존주의 철학의 사상은 스스로 인간이 되는 것, 스스로를 형성하는 것을 교육의 원리로 삼고 있는 인본주의 심리학과 같은 맥락에 있는 것이다.

이러한 사상적 토대를 가지고 있는 인간중심의 설계는 학습자들이 느끼는 것은 무엇이든지 선택할 수 있도록 보다 많은 대안을 제공해 줄 수 있도록 교육과정이 설계되어야 함을 강조한다. 학습자는 자신이 선택을 하고, 선택한 것에 대한 책임을 지며, 평가를 할 줄 안다는 것이다. 이렇게 하기 위해 인간중심 교육과정 설계는 긍정적인 자아개념과 대인관계 기능의 발달을 중시하는 것이다. 인간중심 설계는 인간의 가치를 절대시하여 개성과 경험의 교육적 의미를 보다 확장하는데 기여하였다. 그러나 이 설계 방식은 논리적 엄격성이 없어 그 내용이 모호하고, 구체적인 실천적 지침을 제공하지 못하며, 교육실천의 엄격한 평가를 어렵게 하는 한계가 있다.

3) 문제중심 설계

문제중심의 설계는 개인적인 문제도 강조하면서 사회적 문제도 동시에 다루는 설계 방식이다. 학습자 중심 설계와 다른 것은 아동이 학교에 입학하기 전에 교육과정 내용에서 문제를 규정해 계획을 한다는 점이고, 교과 중심 설계와의 차이는 교과의 계통에 중심을 두기보다는 개인적 삶의 영역이나 사회적 문제를 중심으로 보고 있다는 점이다. 여기서는 학습자 개인에 초점을 두고 있는 설계방식과 인간생활에 제기되는 문제중심의 설계, 그리고 사회의 변화를 도모하기 위한 설계 방식을 다룬다.

(1) 항상적 생활 장면의 분석을 통한 설계

항상적 생활장면의 분석을 통한 설계는 학습자가 고도로 발달한 산업사회의 공통적인 생활장면을 습득함으로써 직업세계나 성인생활에 제대로 적응하는 것을 돕기 위해 항상적인 생활장면을 분석해 교육과정을 설계하는 방식이다. 항상적 생활장면은 학습자와 사회를 연결시켜 주는 핵심적 역할을 수행하는 매개체인 것이다. 항상적 생활장면의 분석을 통한 설계는 1947년 스트레잇마이어(Stratemeyer)와 그 동료가 쓴 책『현대생활을 위한 교육과정 개발』(developing a curriculum for modern living)[18]의 중심이 되었다.

스트레잇마이어와 그 동료가 분석한 항상적 생활장면은 개인적 능력의 성장, 사회적 참여의 성장, 환경적 사실과 영향을 다루는 능력의 성장이라는 세 부분으로 구분해 이들 각각의 생활 장면을 목록으로 만들었다. 이 목록은 교육과정 설계의 기초가 된다. 학생이 생활장면을 중심으로 학습하게 되면 사회개선의 방법을 아는 것을 물론이고 사회개선에 직접 관여할 수 있게 된다. 그리고 교과를 실제적인 상황에 관련짓게 됨으로써 교육과정의 적합성을 증가시키게 된다. 그러나 항상적인 생활장면의 범위와 계열을 어떻게 결정할 것인지의 문제가 존재한다.

(2) 사회기능 중심의 중핵형 설계

사회기능 중심의 중핵형 설계는 집단생활의 연구에서 개인의 활동이나 집단의 문제가 집중되는 중심이 있게 되는데, 이 중심이 사회기능이며, 이를 중심으로 교육과정을 설계하는 것이다. 사회기능 중심의 중핵형 설계는 사회기능이나 사회과정을 중심으로 한 중핵 과정(core course)과 계통학습으로 구성된 주변과정(fringe course)이 하나의 유기적 구조를 형성하게 되는 것이다. 학습하여야 할 대상이나 주제는 사회문제가 되지만, 학습은 학습자의 흥미에 기초

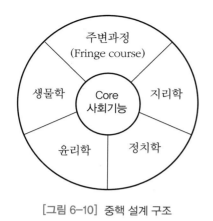

[그림 6-10] 중핵 설계 구조

해 이루어지도록 하는 것이다.

사회기능 중심의 중핵 설계는 학습자가 학습을 시작하기 이전에, 주의 깊게 계획되어야 한다. 문제중심의 수업은 블록타임을 요구하는 장시간제로 이루어지며, 협동적 학습을 강조하고 있다. 사회기능 중심의 중핵 설계는 내용을 통합하고, 학생들과 관련된 교과를 제시하고, 적극적인 정보의 처리를 조장하여야 하는 것이다.

(3) 재건주의적 사회문제 중심 설계

재건주의적 사회문제 중심의 설계는 교육과정에서 인류가 직면하고 있는 심각한 문제를 분석하는 것에 초점을 두는 설계이다. 재건주의적 사회문제 중심의 설계는 교육과정을 사회적 · 정치적 · 경제적 발달과의 관계 속에서 파악하고 있다. 재건주의적 사회문제 설계는 1920년대 후반 미국 경제의 공황에 따라 학교가 사회 개혁에 주도적 역할을 하여야 한다는 것으로 나타나고, 1960년대가 넘어서면서 사회적 문제와 그에 기초한 교육과정을 강조하는 재개념주의자에게서 나타나고 있다.

재건주의적 사회문제 중심의 설계를 주장하는 사람들의 핵심적 사고는 현재보다 더 정의로운 사회를 건설하고자 하는 데 있다. 이들은 1920년대에서 1950년대 초까지 진보주의 교육은 아동을 강조함으로써 가난, 범죄, 인종갈등, 환경오염 등 사회적인 문제에 관심을 기울이지 않았다고 비판하였다. 재개념주의자들 역시 교육과정은 현대 사회의 주요 사회적 문제를 부각시키고 그 문제 해결을 위한 책임을 가르칠 수 있도록 설계되어야 한다고 주장한다. 그래서 사회적 불평등이 재생산되지 않도록 하여야 한다는 것이다. 그러나 이 입장을 주장하는 세력은 교육과정 설계에서 제기한 문제에 대해 어떻게 조직할 것인가에 대해서 명확한 답을 주지는 못한 편이라고 생각된다.

제**7**장 ▶▶

교과서 제도와 개발

우리나라는 국가교육과정이 확정·고시되면, 개발된 교육과정을 교육현장에 안착시키기 위해 후속지원 작업을 수행한다. 교육과정 개발 후속지원은 국가교육위원회가 출범하면서 「초·중등교육법」에서 해당 사항이 신설되어 법적인 근거를 확보하였다.[1] 「초·중등교육법」 제23조 제3항은 "교육부장관은 제1항의 교육과정이 안정적으로 시행될 수 있도록 대통령령으로 정하는 바에 따라 후속지원 계획을 수립·시행한다."라고 규정하고 있다. 그리고 이에 근거해 마련된 「초·중등교육법 시행령」 제42조의 2가 교육과정 후속지원 계획의 수립·시행이라는 조문 제목으로 2023년 4월 11일자로 신설되었다.[2]

법 시행령에 규정된 교육과정 개발 후속지원은 자료 개발 및 보급, 관계기관 협력 및 지원, 교원연수, 기타 교육부장관이 필요하다고 인정하는 사항으로 되어 있다. 자료 개발과 보급은 교과서와 교수·학습 자료와 같은 것을 말하고, 관계기관 협력 및 지원은 교육과정 운영 개선을 위한 것으로 교육부, 교육청 등의 지원을 말한다. 교원연수는 교육과정의 이해와 관련된 사항의 연수를 말한다. 관계기관 협력 및 지원은 교육과정 운영에서 다루고, 여기서는 교과서 개발과 교원 연수에 대해 다루고자 한다.

교육과정 개발 후속지원이 이루어지는 것은 교육과정이 확정·고시되고 난 후 교육현장에 적용되기까지 일정한 시간적 간격이 벌어지는 현실적인 측면도 존재하고 있다. 2022 개정 교육과정의 경우 2022년 12월 22일에 고시되었지만, 현장의 적용은 2024년 3월 1일부터 초등학교 1, 2학년에 적용이 되고, 2025년에 초등학교 3, 4학년과 중학교 1학년, 고등학교 1학년에 적용이 되며, 2027년이 되어서야 개정 교육과정이 전면적으로 교육현장에 적용되게 된다. 개정 교육과정이 확정·고시되고 난 후, 일정한 시간적 간격이 있고, 학교급별로 순차적으로 적용되는 구조를 지니고 있다.

개정 교육과정이 곧바로 적용되지 않는 것은 현장에 적용되기 이전에 학습자가 사용할 교과서를 만들어야 하고, 이를 가르칠 교사에 대한 연수를 통해 개정 교육과정에 대한 이해와 전문성을 강화하여야 하는 시간적 여유가 필요하기 때문이다. 교과서를 개발하는 것은 개정 교육과정에 포함된 교과를 구체화해 교사와 학생의 상호작용을 촉진하기 위한 것에 있다. 우리나라는 국정과 검정 및 인정 교과서를 의무적으로 사용하게 되어 있어 교육과정 개발이 실제 교육현장에 적용될 때에는 교과서라는 형태로 구체화되고 있다.

교원연수는 개정 교육과정의 핵심적 사항의 이해와 적용에 대한 능력을 길러 현장 안착을 위한 전문성 강화를 기하려는데 있다. 교육과정이 개발되고 난 후 후속지원으로 이들 외에 개정 교육과정에 대한 홍보와 해설서의 작성 등이 있다. 개정 교육과정에 대한 홍보는 연수나 보도자료 및 언론을 통해 수행하고 있다. 그리고 교육과정 해설서는 교육부에서 주도적으로 작성한다. 교육과정이 「초·중등교육법」에 근거해 법규를 보충하는 형식으로 고시되기 때문에, 교육과정 해설서는 일종의 법규를 해석하는 것과 마찬가지 역할을 하는 것으로 보면 된다.

---

1) 「초·중등교육법」 제23조 제3항은 2021년 7월 20일 신설되었고, 2022년 7월 21일자로 시행에 들어갔다.
2) 제42조의 2(교육과정 후속지원 계획의 수립·시행) ① 법 제23조 제3항에 따른 후속지원 계획에는 다음 각 호의 사항이 포함되어야 한다.
   1. 학교의 교육과정 운영 지원을 위한 자료 개발 및 보급에 관한 사항
   2. 학교의 교육과정 운영 개선을 위한 관계기관 협력 및 지원에 관한 사항
   3. 교원의 교육과정 이해 제고를 위한 연수에 관한 사항
   4. 그 밖에 후속지원과 관련하여 교육부장관이 필요하다고 인정하는 사항
   ② 교육부장관은 법 제23조 제3항에 따라 후속지원 계획을 수립한 때에는 지체 없이 국가교육위원회 및 교육감에게 통보해야 한다.

1. 의의

 교과서는 교육과정을 구현하기 위한 교육용 자료에 해당한다. 그렇기 때문에 교과서 제도가 어떻게 되어 있고, 교과서 내용이 어떻게 구성이 되는지는 학습자에게 직접적인 영향을 미치는 요인으로 작용한다. 교과서에 대한 논의에서 교과서의 제도적 측면과 내용적 측면을 함께 고려해야 하는 이유는 교과서 내용은 교과서 제도가 가지고 있는 특질에 따라 결정이 될 수도 있기 때문이다.

 교과서 제도라고 함은 교과서와 관련된 법과 규칙에 의해 통제되고 관리되는 체제를 갖춘 사회 제도를 말한다. 그렇기 때문에 교과서 제도는 한 사회의 역사·사회적 특성에 따라 운영이 되고 있다. 교육이 집권적인 형태를 지니고 있는 나라의 경우는 국가 주도적인 교과서 제도를 취하는 경향이 강하고, 교육이 분권적 결정을 취하는 나라는 민간 주도적인 교과서 제도를 취하는 경향이 우세하게 나타난다. 여기서 교과서 제도별로 우세하게 나타난다는 것은 집권적 교육의 방식을 취한다고 해서 국가 주도적 교과서 제도만을 선택하고, 분권적이라고 해서 민간 주도적 교과서 제도만을 운영하고 있다는 것은 아니다. 그러한 경향이 우세하다는 것을 말한다.

 교과서 내용은 교과서에 담길 내용이 어떠한 것인지를 말하는 것이다. 교과서 내용은 교과의 성격이나 특성에 따라 결정이 되고 있다. 수학이나 과학과 같이 학문의 체계에 의해 성립된 교과의 경우에는 교과서가 주로 지식이나 기능 및 태도를 담고 있는 교육과정을 구체화하는 방식을 취한다. 반면 학문 체계의 엄격성을 추구하지 않는 교과는 활동이나 경험 중심적인 특징을 나타내게 된다.

 교과서에 대한 논의에서 교과서 제도만을 논의하게 되면 교과서에 담길 내용이 어떠하여야 하는지에 대해 알기 어렵다. 교과서 내용에 집중하게 되면 제도적 틀의 범주에서 담길 내용적 특징을 제대로 설명하지 못하게 된다. 교과서 제도와 내용은 반드시 대응적 관계를 보이는 것은 아니지만, 교과서 제도의 범위 내에서 교과서 내용에 대한 논의가 이루어질 필요가 있다. 교육활동의 전개에서 교과서 내용이 제대로 학습되기 위해서는 이를 지원하는 제도적 특성이 어떻게 정비되어 있는지에 따라 교과서 내용의 실천력의 정도가 결정이 되기 때문이다. 국정이나 검정 교과서 제도에서 교과서를 집필할 수 있는 자격 기준이 정해지게 되면, 그 범위 밖에 있는 사람에게는 교과서에 담길 내용에 대한 논의를 하는 것이 의미가 없어지는 것은 그 예에 해당한다. 따라서 교과서 제도와 그 내용은 함께 이해될 필요가 있다.

그리고 최근 들어 서책형 교과서 외에 AI 디지털 교과서에 대한 논의가 지속되고 있어 실제적 활용에 대한 유용성이 지속적으로 이루어지고 있다. 사회변화에 따른 교과서 제도에 대한 검토도 필요하다.

2. 교과서 제도의 존립 방식

교과서 제도는 한 사회의 역사 · 사회적 배경에 따라 상이한 제도로 성립되고 발전되고 있다. 이들 제도를 국가의 관여 정도에 따라 하나의 연속선상에서 표시할 수 있다. 이를 도식화한 내용은 [그림 7-1]과 같다.[1]

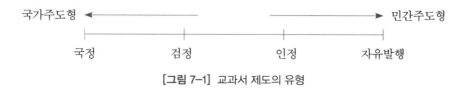

[그림 7-1] 교과서 제도의 유형

　　국가주도형 교과서 제도는 교과서의 개발과 사용에 국가가 직·간접적으로 관여하는 형태이다. 이에 비해 민간주도형 교과서 제도는 교과서 개발과 사용에 국가의 관여를 최소화함으로써 민간이 주도적으로 교과서의 개발과 사용을 할 수 있는 제도를 말한다. 세계 각국의 교과서 제도는 이들 양 극단 사이에서 하나의 제도를 운영하거나 여러 제도를 혼용하는 방식으로 그 사회의 상황에 맞는 제도를 선택해 운영하고 있다.

　　우리나라는 조선시대 말기 신교육이 도입된 후 1905년까지 정부에서 편찬한 교과서는 없었고, 민간이 저술하거나 번역한 교과서만 있었다.[2] 일제강점기에 접어들어서는 학교의 교육내용을 통제하기 위해 총독부에서 편찬 및 검·인정한 것에 따르거나 문부성에 저작한 것을 사용하였다. 그러나 광복 이후 1949년 「교육법」이 제정되면서 초·중등학교의 교과서는 국정과 검정교과서를 기본으로 하고, 국·검정 교과서가 없을 경우 인정 교과서로 대용할 수 있도록 하였다. 이러한 교과서 제도의 기본 골격은 현재도 유지되고 있다.

　　그러나 제7차 교육과정 이후에는 인정도서심의위원회 심의없는 인정도서가 도입되기도 하였고, 2009 개정 교육과정에서는 인정도서가 84%에 이르는 등 교과서 제도의 운영에서 변화가 나타났다. 그리고 2017년에는 자유발행제 도입을 위한 「초·중등교육법」 일부 개정안이 국회에 제출되기도 하였고, 2020년 1월에는 「교과용도서에 관한 규정」이 일부 개정되어 기존의 인정 교과서 이외에 자체검증 결과서 제출 인정 교과서 조항[3]도 신설되었다. 따라서 우리나라는 국가주도형에서 민간주도형 교과서 제도로 확대되는 경향을 지

---

3) 자체검증 결과서 제출 인정도서는 「교과용도서에 관한 규정」제14조 제4항의 "제1항 및 제3항에 따라 인정도서의 인정을 신청하는 교과목 중 교육부장관이 따로 정하여 고시하는 교과목의 경우에는 인정을 신청할 때 교육부장관이 정하여 고시하는 바에 따라 실시한 해당 도서의 내용 오류, 표기·표현 오류 등에 대한 검증 결과를 제출해야 한다."라는 것을 말하며, 도입될 당시에는 '자유발행 적용 인정도서(교과서)'라고 불렀다.

니면서도, 국가주도형과 민간주도형 교과서가 혼재되고 있는 양상을 지니고 있다고 생각된다.

교과서 제도는 「초ㆍ중등교육법」 제29조 제1항에서 "학교에서는 국가가 저작권을 가지고 있거나 교육부장관이 검정하거나 인정한 교과용 도서를 사용하여야 한다."는 규정에 근거를 두고 있다. 이 규정은 교육법 제정 당시와 비교해 정부 부처명이나 문구 등의 일부 변경이 있지만, 국ㆍ검ㆍ인정 교과서를 사용하여야 하는 것은 동일하게 되어 있다. 그리고 이 규정을 구체화한 「교과용도서에 관한 규정」에서는 국ㆍ검ㆍ인정 교과서에 대한 구체적 내용이 제시되어 있다.

「교과용도서에 관한 규정」 제2조에서는 교과용도서, 국ㆍ검ㆍ인정도서에 대한 용어 정의를 하고 있다. 교과용도서라 함은 교과서 및 지도서를 말한다. 국정교과서라 함은 교육부가 저작권을 가진 교과용도서, 검정 교과서라 함은 교육부장관의 검정을 받은 교과용도서, 인정도서라 함은 국정도서ㆍ검정도서가 없는 경우 또는 이를 사용하기 곤란하거나 보충할 필요가 있는 경우에 사용하기 위하여 교육부장관의 인정을 받은 교과용도서를 말한다. 인정도서는 보충적으로 '사용'하는 것과 관련된 개념인 것이다.

인정도서는 기존과 같이 일정한 기준을 충족하여야 인정 교과서로 지위를 부여받는 도서와 자체 검증 결과서를 제출하는 도서의 두 가지 종류가 있다. 국정과 검정교과서는 국가가 저작에 직ㆍ간접적으로 관여하는 방식을 말하

[그림 7-2] 국가의 관여 방식에 따른 국ㆍ검ㆍ인정 교과서의 구분

고, 인정 교과서는 국가가 교과서 사용에 직·간접으로 관여하는 방식을 말한다. 국·검·인정 교과서에 대한 이들 내용을 도식화하면 [그림 7-2]와 같다.[3] 여기서는 교과서라는 용어를 교과용도서, 교과서, 도서 등의 용어를 문맥에 따라 적절한 용어를 사용하고자 한다.

3. 교과서 개발의 과정

1) 교과서 개발 과정의 개관

교과서가 만들어져 학교에서 선택하여 실제 수업에서 활용하기까지의 일반적인 절차는 [그림 7-3]과 같다.

[그림 7-3] 교과용도서 개발 및 선정 절차

첫째, 교과서는 교육과정을 구현하기 위한 교육용자료에 해당되기 때문에, 교과서 개발 작업은 교육과정이 확정·고시되면 시작이 된다. 국가교육과정은 총론과 각론(교과별 교육과정)으로 되어 있고, 각론에는 교과서 개발을 위한 구체적인 내용이 제시되어 있다.

둘째, '교과용도서 국·검·인정 구분 고시'의 단계이다. 교과서는 국가교육과정에 제시된 교과의 내용에 맞추어 학생이 배워야 할 내용을 구체적으로 열거한 것이다. 교육부장관은 개정 교육과정에 따라 교과별로 '교과용도서 국·검·인정 구분 고시'를 하게 된다. 교육부장관이 교과별로 국정, 검정, 인정 교과서를 지정하게 되면, 해당 교과는 지정된 종류의 교과서 개발 절차에 따라 교과서를 개발하게 된다.

셋째, 교과용도서 개발 기본계획 수립의 단계이다. 교과용도서는 개정 교육과정의 정신을 구현하기 위해 정책의 방향을 제시한다. 정책의 방향은 기본목표의 설정과 목표달성을 위한 국정, 검정, 인정도서별 추진 방향을 수립한다. 인정도서의 경우 교육부에서는 인정도서개발 지원계획을 수립하고, 인정도서 개발 계획은 시·도교육청에서 수립한다.

넷째, 교과용도서 개발 단계이다. 교과용도서 개발 단계는 국정, 검정, 인정도서별로 상이한 절차를 거치게 된다. 국정도서는 국가가 저작권을 가지고 있지만, 연구기관이나 대학 등에 위탁하여 편찬하기도 하고, 일정한 심사 기준을 충족하면 교과서로 지위를 부여 받는다. 검정도서는 교육부장관이 검정도서로 고시한 과목에 대해 검정실시 공고를 하고, 검정신청을 받아 일정한 기준(공통기준과 교과별 기준)을 충족한 도서에 대해 합격을 결정하고, 합격을 공고하게 된다.

인정도서는 시·도교육청 자체개발 인정도서와 출판사 출원 인정도서, 그리고 자체검증 결과서 제출 인정도서로 구분된다. 교육청 자체 개발 인정도서는 교육청에서 개발 계획을 수립하고, 자체개발이나 위탁기관을 선정하여 도서를 개발하고, 해당도서에 대한 심의를 통해 교과서로의 지위를 부여한다. 출판사 출원 인정도서는 교육청에서 인정 실시 공고를 하고, 출판사에서 집필을 하며, 교육청 인정도서심의회의 심사를 거쳐 합격이 되면 교과서로의 지위를 부여 받는다. 자체검증 결과서 제출 인정도서는 민간이 집필을 하되, 국가에서 제시한 자체 검증 내용에 따라 집필자가 자체 검증을 하는 방식으로 교과서를 개발한다.

다섯째, 교과용도서 보급 및 선정·사용 단계이다. 국·검·인정도서로 합

격한 교과서는 출판사에서 인쇄를 하고, 일선 학교에 보급이 된다. 국정도서
는 1교과 1종도서이기 때문에, 선택의 여지가 없이 교육현장에서 사용하여야
한다. 검정과 인정도서는 학교에서 교과서선정위원회 소속 교사들이 3종의
도서를 선정해 학교운영위원회에 추천하고, 학교운영위원회는 추천된 검·
인정 도서의 선정 기준과 선정 절차 등을 심의한 후 그 순위를 정해 학교장에
게 통보하며, 학교장은 최종적으로 확정하게 된다. 이렇게 3단계를 통해 확정
된 교과서는 NEIS를 통해 학생수를 고려해 주문하게 되고, 학교에 교과서가
도착하면 학생들에게 배부되어 사용된다.

2) 국정도서의 개발 과정

국정도서는 교육부가 직접 또는 위탁 개발하여 현장 적합성을 검토하여 편
찬하고, 수정·보완의 질을 관리하는 교과용도서를 말하며, 개발의 절차와
방안은 [그림 7-4]와 같다.[4]

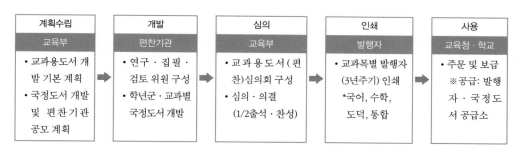

[그림 7-4] 국정도서 개발의 절차와 방안

국정도서 개발 절차와 방안의 주요 사항을 제시하면 다음과 같다.

- **편찬기관 선정**: 공모기관은 연구진, 집필진, 검토진으로 구성된 편찬진을
  구성하고, 교육부는 공모·선정된 편찬기관에 해당 국정도서의 개발을 위

탁한다. 『교과용도서에 관한 규정』 제4조(국정도서), 제5조(국정도서의 편찬)]

- **심의회 운영**: 교육부에 교과별 교과용도서(편찬)심의회를 구성하며, 심의회는 해당 교과의 학계 전문가, 현장 전문가 등으로 구성·운영한다. 심의회는 국정도서 개발 절차에서 집필세목 및 원고안 심의 → 개고본 심의 → 현장 검토본 심의 → 수정본 심의 → 감수본 및 결재본 검토·감수·승인을 하는 기능을 한다. 『교과용도서에 관한 규정』 제18조(교과용도서심의회의 설치), 제19조(심의회의 구성) 등]

- **현장 검토**: 초등 연구학교, 현장 교원 중심의 교과연구회·검토지원단 등을 통해 사전 적용하여 현장 적합성 검토를 실시하고, 단원책임검토제, 소통플랫폼(온라인게시판) 등을 통해 내실 있는 검토를 지원한다. 검토 기준(안)은 교육과정과의 정합성, 학습내용의 선정 및 조직, 교수·학습 방법 및 평가의 실효성·타당성, 내용 표현·표기 및 자료의 정확성·적합성 등이다.

- **인쇄·보급**: 현장 검토 의견을 반영한 수정본 작성, 심의로 교과용도서의 지위 획득 후, 국정도서 발행자를 통해 인쇄·보급한다. 『교과용도서에 관한 규정』 제28조(발행자 선정)]

- **수정·보완**: 최초 인쇄·보급 후 학교에서 사용되는 교과서 내용의 표기·표현의 오류, 사회 변화에 따른 수정 사항이 발생한 경우 교육부 또는 편찬기관에서 수정·보완하여 차학년도(또는 학기)에 반영할 수 있다. 『교과용도서에 관한 규정』 제26조(수정), 제27조(개편)]

3) 검정도서의 개발 과정

검정도서는 학년(군)·교과(목)별 교과서 등을 출판사가 개발하여 검정기관의 심사를 거쳐 발행한 도서를 학교가 선정한 교과용도서를 말하며, 개발의 절차와 방안은 [그림 7-5]와 같다.

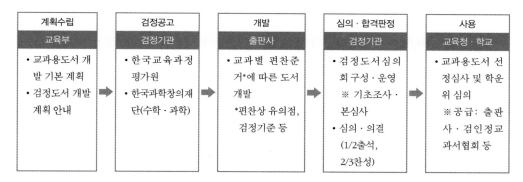

[그림 7-5] 검정도서 개발의 절차와 방안

검정도서 개발 절차와 방안의 주요 사항을 제시하면 다음과 같다.

- **검정실시 공고 · 설명회**: 검정(심사)기관은 개발 교과목, 편찬상의 유의점, 검정기준 등을 공고하고, 발행사(출판사 및 집필진) 대상 설명회 개최 및 해당 교과용도서의 개발을 안내한다. 『교과용도서에 관한 규정』 제7조(검정실시공고), 제8조(검정신청) 등]
- **검정도서심의회 구성 · 운영**: 검정(심사)기관은 교과목별 개발 희망 출판사 현황을 파악하여 학계 및 학교 전문가로 구성된 연구위원(신청별 3인 이내)과 검정위원을 선정 · 위촉한다. 검정심사관리위원회를 설치하여 연구위원을 통한 기초조사, 검정심의회 의결을 위한 본심사(1차→2차)로 구분하여 운영(최소 8개월)한다. 『교과용도서에 관한 규정』 제18조~제21조, 제22조(간사), 제23조(연구위원) 등]
- **심사본 접수**: 출판사는 검정 일정에 맞추어 교과서를 개발하고 자체 검토를 거쳐 심사본을 검정(심사)기관에 접수 · 제출한다. 1차 심사 불합격 시 발행사는 자체 수정 · 보완 후 이의 신청을 통해 재심사가 가능하다.
- **검정 심사**: 검정(심사)기관은 대상 도서의 내용 오류, 표기 · 표현 오류 등에 관한 기초조사를 실시하고, 검정기준에 따라 적합성 여부를 심사하

여 최종 합격 공고를 통해 교과용도서의 지위 부여한다. 적합성 여부의 심사는 기초조사 → 1차 본심사(검정 기준 및 내용 오류 판정) → 수정·보완 이행 → 견본 제출 및 2차 본심사(수정·보완 및 감수 이행 여부 확인) → 검정도서 합격 공고의 절차로 이루어진다. 그리고 동일 학년의 하나의 과목에 2책 이상인 경우 그 중 하나라도 부적합하면 모두 불합격 처리를 한다. 검정에 관한 회의는 재적위원 3분의 2 이상의 찬성으로 의결한다. 「교과용도서에 관한 규정」 제10조 및 제21조 제2항 재적위원 3분의 2이상 찬성의 의결]

- 전시 및 선정: 출판사(또는 발행사)는 적용 학년도 4개월 전에 학교 현장에서 선정할 수 있도록 전시본을 제작·배포하고, 학교는 교과용도서선정위원회와 학교운영위원회 심의를 통해 해당 검정도서를 선정하고, 교육행정정보시스템을 통해 주문한다. 해당 학기 시작 4개월 전까지 주문하여야 한다. 다만 내용 수정 등 특별한 사정이 있는 경우 교육부장관이 별도로 정한 기한까지 주문 할 수 있다. 「교과용도서에 관한 규정」 제30조(주문)]

- 인쇄·보급: 출판사(또는 발행사)는 해당 검정도서를 제조하여 교육과정 운영에 지장을 초래하지 아니하도록 적기에 공급하여야 한다. 「교과용도서에 관한 규정」 제31조(공급) 등]

- 수정·보완: 검정 합격 공고 및 인쇄·보급 후에 수정 사항이 발생한 경우에는 출판사(집필진)가 수정·보완하여 교육부의 검토·승인 후에 차학년도(학기)에 반영할 수 있다. 다만, 헌법가치·교육의 중립성 논란, 심각한 오류가 있는 경우에는 관련 법령과 절차에 따라 교육부가 수정권고·명령 조치를 할 수 있다. 「교과용도서에 관한 규정」 제26조(수정), 제27조(개편), 제31조의2(교과용도서의 제출 요청) 등]

4) 인정도서의 개발 과정

인정도서는 학교의 자율적 교육과정 편성·운영 지원을 위해 시도 교육감이 인정 심사하고 학교가 선정하여 사용하는 교과용도서를 말하며, 개발의 절차와 방안은 [그림 7-6]과 같다.

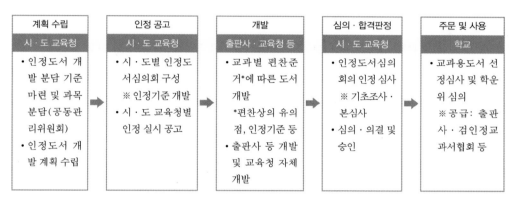

계획 수립	인정 공고	개발	심의·합격판정	주문 및 사용
시·도 교육청	시·도 교육청	출판사·교육청 등	시·도 교육청	학교
• 인정도서 개발 분담 기준 마련 및 과목 분담(공동관리위원회) • 인정도서 개발 계획 수립	• 시·도별 인정도서심의회 구성 ※ 인정기준 개발 • 시·도 교육청별 인정 실시 공고	• 교과별 편찬준거*에 따른 도서 개발 *편찬상의 유의점, 인정기준 등 • 출판사 등 개발 및 교육청 자체 개발	• 인정도서심의회의 인정 심사 ※ 기초조사·본심사 • 심의·의결 및 승인	• 교과용도서 선정심사 및 학운위 심의 ※ 공급: 출판사·검인정교과서협회 등

[그림 7-6] 인정도서 개발의 절차와 방안

인정도서 개발 절차와 방안의 주요 사항을 제시하면 다음과 같다.

- 인정도서 개발 분담: 시·도 교육청은 인정도서공동관리위원회 협의를 통해 교육청별 인정도서 개발 과목 분담 기준을 마련·배정한다.
- 인정도서심의회 구성: 시·도 교육청은 교과별 인정도서심의회를 구성하고, 분담 과목에 대한 편찬상의 유의점 및 인정기준을 개 발한다. 「교과용도서에 관한 규정」 제40조 제3항에 따라 심의회 관련 세부 사항은 교육규칙으로 정한다.
- 출원도서·개발도서의 확정: 시·도 교육청(또는 인정도서공동관리위원회)은 분담 과목에 대하여 출판사가 개발을 희망하는 출원도서를 조사하고,

시도별 자체 개발도서를 확정한다.

- 인정실시공고: 시·도 교육청은 개발 교과목, 인정기준 등 편찬준거, 신청·심사기간 사항을 포함한 시·도 교육청별 인정도서 개발 계획을 수립하여 인정실시 공고를 한다. 「교과용도서에 관한 규정」 제14조(인정도서의 신청)에 따라 고시하는 교과목의 경우 학기 시작 6개월 전까지 신청하여야 하고, 고시하는 교과목 외의 교과목의 경우 학기 시작 3개월 전까지 인정 신청이 가능하다.

- 편찬·발행기관 공모·위탁: 인정도서공동관리위원회는 교육청별 개발 도서의 효율적이고 안정적인 편찬·발행 등을 위한 전문기관 공모·위탁 방안을 마련한다.

- 인정 심사 및 승인: 교육청은 기초조사와 본심사로 구분하여 인정 심사를 실시하고, 인정 승인을 결정한다. 「교과용도서에 관한 규정」 제14조 제4항에 따라 자체 검증 결과를 제출하는 교과목의 경우 기초조사에 관한 부분은 제외한다.

- 전시 및 선정: 발행사(또는 출판사)는 적용 학기 4개월 전에 학교 현장에서 선정할 수 있도록 전시본을 제작·배포한다. 학교는 교과용도서선정위원회와 학교운영위원회 심의를 통해 해당 인정도서를 선정하고, 교육행정정보시스템을 통해 주문하여야 한다. 다만 내용 수정 등 특별한 사정이 있는 경우에는 교육부장관이 별도로 정한 기한까지 주문이 가능하다. 「교과용도서에 관한 규정」 제30조(주문)]

- 수정·보완: 인쇄·보급 후 수정 사항이 발생한 경우에는 출판사(집필진 포함)가 수정·보완하여 해당 교육청 검토·승인 후에 차학년도(또는 학기)에 반영할 수 있다. 「교과용도서에 관한 규정」 제26조(수정), 제27조(개편), 제31조의 2(교과용도서의 제출 요청) 등]

4. 교과서의 조건

1) 개관

교육 현장에서 교과서는 교사와 학생을 매개하여 교육활동을 전개하는 역할을 한다. 이러한 교과서는 내용적인 측면과 외형적인 측면 및 제도적인 측면이 함께 고려되어야 한다. 그리고 교과서는 교육과정에 근거를 두고 집필되므로, 교육과정에 대한 사항도 고려되어야 한다. 이에 대한 내용은 [그림 7-7]과 같다.[5]

[그림 7-7]는 교과서는 교사와 학생이 상호작용하는 매개체로서 집필의 근거는 교육과정에 있음을 제시하고 있다. 그리고 교과서는 내용적으로 통일성이 있어야 하고, 외형적으로 학생의 관심을 끌 수 있어야 하는 것이다. 그리고 이러한 교과서는 제도적 조건이라는 외형적인 틀 내에서 작용하는 것으로 되어 있다. 이러한 여러 조건을 고려해 만들어진 교과서는 교사와 학생이 효과적으로 상호작용할 수 있는 방법적 원리와 결부될 필요가 있다. 좋은 교과서라고 하는 것은 교과서와 관련된 여러 조건이 개별적으로 충족되어야

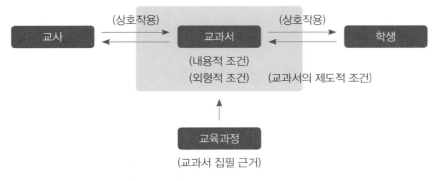

[그림 7-7] 교과서가 갖추어야 할 조건

하는 것인 동시에 이들이 전체적으로 결부되어 학습의 효과를 높일 수 있어야 하는 것이다.

2) 교육과정 내용의 구체화

교과서의 조건에서 일차적으로 고려되는 것은 교육과정이다. 교과서를 개발하고자 하는 사람이나 출판사는 우선 기본계획의 수립과 교과서 개발 조직을 구성하는 작업을 한다. 다음으로 교육과정과 편찬상의 유의점 분석, 교육과정 상세화와 집필세목을 작성한다. 그 이후 교과서 내용 선정과 조직 및 외적 체제 등의 교과서 모형을 구안하고 집필에 들어간다.

교과서를 개발하고자 하는 주체는 교육과정의 분석과 교육과정 상세화 및 집필세목의 작성을 통해 교육과정의 내용을 교과서 내용으로 구체화한다. 교과서가 교육과정을 구현하기 위한 교육용자료에 해당하는 것은 이러한 의미이다. 이 의미를 확인하기 위해 국가교육과정 '수학'의 6학년 1학기 국가교육과정의 성취기준을 제시하고, 이를 토대로 교과서를 만들기 위해 교육과정 상세화 및 단원별 차시 목표, 그리고 차시별 집필 세부 계획을 어떻게 작성하는지를 예시적으로 제시한다. 우선 국가교육과정의 초등학교 '수학' 5~6학년 성취기준의 일부를 제시하면 다음과 같다.[6]

⑤ 분수의 곱셈과 나눗셈
[6수01-09] 분수의 곱셈의 계산 원리를 탐구하고 그 계산을 할 수 있다.
[6수01-10] '(자연수)÷(자연수)'에서 나눗셈의 몫을 분수로 나타낼 수 있다.
[6수01-11] 분수의 나눗셈의 계산 원리 를 탐구하고 그 계산을 할 수 있다.

국가교육과정의 초등학교 수학교육과정의 성취기준은 학년별로 교육과정

○ 6학년 1학기 수학 교과서 교육과정 상세화 및 단원별 차시목표

단원명(집필진)	단원목표(성취기준)	영역(대주제)	핵심개념(내용 요소)	기능	차시	차시 목표	분량(쪽)	비고
수학은 내 친구	선수 학습 내용 복습	-	-	-	1차시	5학년 학습 내용에 대한 총괄적 복습, 6학년 1학기 학습을 위한 선행조직자 제시	2	
1. 분수의 나눗셈(1) (박영안, 이교옥, 김하늘)	[6수01-09] 분수의 곱셈의 계산 원리를 이해하고 그 계산을 할 수 있다.	수와 연산	수의 연산 (분수의 나눗셈)	이해하기	1차시	• 실생활에서 분수의 나눗셈이 필요한 상황을 이해할 수 있다.	2	• 분수의 나눗셈은 제수가 자연수인 경우만 다룬다.
					2차시	• 나눗셈의 몫을 분수로 나타내는 방법을 알게 한다.	2	• 분수의 나눗셈으로 표현할 수 있는 다양한 나눗셈 상황과 길이 모델, 영역 모델 등 다양한 분수 모델을 포함한다.
				이해하기 비교하기 계산하기 어림하기 설명하기 표현하기 추론하기 토론하기	3차시	• (자연수)÷(자연수)를 분수로 나타내는 방법을 알게 한다.	2	
	[6수01-10] '(자연수)÷(자연수)'에서 나눗셈의 몫을 분수로 나타낼 수 있다.				4차시	• (진분수)÷(자연수)를 분수의 곱셈으로 나타내는 방법을 알게 한다.	2	• 비형식적 전략으로 결과를 구하는 과정과 형식 활동을 통해 제수가 자연수인 분수의 나눗셈의 계산 방법을 이해시킨다.
					5차시	• (진분수)÷(자연수)를 계산하는 방법을 알게 한다. • (가분수)÷(자연수)를 분수의 곱셈으로 나타내는 방법을 알게 한다.	2	
					6차시	• (가분수)÷(자연수)를 계산하는 방법을 알게 한다. • (대분수)÷(자연수)를 분수의 곱셈으로 나타내는 방법을 알게 한다.	2	
	[6수01-11] 분수의 나눗셈의 계산 원리를 탐구하고 그 계산을 할 수 있다.			문제 해결하기 문제 만들기	7차시	• (대분수)÷(자연수)를 계산하는 방법을 알게 한다. • 분수의 나눗셈과 관련된 실생활 문제를 해결한다.	2	• 분수의 나눗셈을 분수의 곱셈으로 검산하는 과정을 포함한다.
				-	8차시	• 단원의 내용을 얼마나 알고 있는지 확인할 수 있다.	2	• 분수의 나눗셈을 계산하기 전에 그 결과가 1보다 클지 작을지를 파악하게 한다.
				협력하기 문제 해결하기	9차시	• 분수의 나눗셈을 활용한 창의 융합 프로젝트를 수행할 수 있다.	2	

○ 6학년 1학기 차시별 집필 세부 계획

단원명 (6-1)	제재명(차시명)	교과서에 진술될 내용 및 활동 구체화	분량 (쪽수)	시량 (차시)	집필상의 유의점 (단원 설명)
수학은 내 친구	① 수학은 내 친구	• 분수와 소수의 곱셈 선수학습 내용 정리 • 평면도형, 규칙 찾기 선수학습 내용 정리	2	1	
1. 분수의 나눗셈(1) (박창언, 이교육, 김학습)	① 단원도입	• 실생활에서 분수의 나눗셈이 필요한 상황을 이해하고 활동에 참여하기	2	1	스토리 도입
	② 나눗셈의 몫을 분수로 나타내기	• 나눗셈의 몫을 분수로 나타내는 방법을 알아보기	2	1	
	③ (자연수)÷(자연수)를 곱셈으로 나타내기	• (자연수)÷(자연수)를 곱셈으로 나타내는 방법을 알아보기	2	1	
	④ (진분수)÷(자연수)를 계산하기	• (진분수)÷(자연수)를 곱셈으로 나타내는 방법을 알아보기 • (진분수)÷(자연수)를 계산하는 방법을 알아보기	2	1	
	⑤ (가분수)÷(자연수)를 계산하기	• (가분수)÷(자연수)를 곱셈으로 나타내는 방법을 알아보기 • (가분수)÷(자연수)를 계산하는 방법을 알아보기	2	1	
	⑥ (대분수)÷(자연수)를 계산하기	• (대분수)÷(자연수)를 곱셈으로 나타내는 방법을 알아보기 • (대분수)÷(자연수)를 계산하는 방법을 알게 보기	2	1	
	⑦ 문제해결	• 분수의 나눗셈과 관련된 실생활 문제를 해결하기	2	1	
	⑧ 얼마나 알고 있나요?	• 단원의 내용을 얼마나 알고 있는지 확인하기	2	1	
	⑨ 탐구수학	• 협력적으로 분수의 나눗셈을 활용한 창의 융합 프로젝트 활동하기	2	1	

상세화와 단원별 차시목표, 그리고 차시별 집필 세부 계획을 만들고, 이를 언어로 기술하게 되면 교육 현장에서 사용하는 교과서가 된다. 일반적으로 국가교육과정에 제시된 하나의 성취기준은 3차시 정도의 내용을 기준으로 만들어져 있다. 6학년 1학기 수학교과서의 교육과정 상세화 및 단원 목표와 차시별 집필 세부 계획의 일부를 제시하면 다음과 같다.

3) 내용적·외형적·제도적 조건

(1) 내용적 조건

교과서의 내용적 조건은 교과서에 담겨지는 내용이 무엇이냐에 대한 것으로 교과서를 보는 관점에 따라 달라질 수 있는 것이다. 교과서는 교육과정을 구현하기 위한 교육용 자료에 해당되는 것이므로, 교과서를 보는 관점은 교육과정을 보는 관점과 크게 어긋나지 않는다. 교육과정을 보는 관점이 지식의 논리적 체계를 중시하는 교과(학문)으로 보는 관점과 학생들이 경험해야 하는 것에 비중을 두는 경험(생활적응)으로 보는 관점으로 크게 구분할 수 있다. 교과서를 보는 관점 역시 이러한 관점을 토대로 교과(학문) 중심적 교과서와 경험(생활적응) 중심적 교과서로 구분이 되는 것이다.[7]

학문 중심적 교과서란 학생의 발달이나 학습 수준을 고려하면서 논리적 체계를 중심으로 학생이 학습할 내용을 체계적으로 담고 있는 것을 말한다. 그것은 학습해야 할 지식과 기능 및 태도의 형성에 관한 내용으로 구성되어 있으며, 교육과정을 상세화하는 것과 같은 것이라고 할 수 있다. 일반적으로 교과 중심적 교과서는 수학이나 과학 등과 같이 지적인 체계가 일정하게 잘 잡혀 있고, 일상생활의 영위나 지속적인 공부를 위해 필요한 경우에 요청이 된다. 그러나 지식의 전달과 이를 수용하여 암기함으로써 사고를 경직되게 하고 삶의 맥락과 유리될 가능성이 있다.

경험 중심적 교과서란 일정한 지식이나 기능 및 태도 등을 학습의 표적으로 삼기보다는 교육과정이 정한 내용적 범위 속에서 학생들이 무엇을 경험해야 하는 것으로 만들어진 교과서를 말한다. 교육과정을 상세화한 것이 아니라, 전형적인 학습 자료로서 의미를 지닌다. 경험 중심적 교과서는 지식의 논리적 체계가 비교적 중요시되지 않는 교과들의 경우에 취할 수 있고, 삶의 맥락과 고려할 수 있다. 그러나 기초적인 지식과 기능에 소홀히 할 가능성이 있다. 따라서 교과서는 교과나 경험의 어느 한쪽을 선택하기 보다는 각 관점의 특징적인 면을 종합한 교과서의 조건을 고려하게 된다.

그것은 교육과정에 제시된 내용을 구체화하고, 이를 수업하는 장면에서 실생활의 맥락을 고려할 수 있도록 구성하는 것이다. 교육과정에 가치가 있는 모든 내용을 담을 수 없듯이, 교과서도 학생이 배울만한 가치가 있는 내용을 모두 담을 수가 없다. 그래서 교과서는 접근이 용이하고 쉽게 조작할 수 있는 파편적인 내용보다는 개념을 통해 다른 삶의 맥락에서 활용할 수 있는 능력을 개발할 수 있도록 내용을 구성하여야 할 것이다.

(2) 외형적 조건

교과서의 외형적 조건이란 판형이나 색도, 지질 및 서체 크기와 시각 자료 등 외형상 심미적인 감각을 만족시킬 수 있는 교과서의 외적 체제를 말한다. 교과서의 외형적 조건은 교과서를 사용하는 학생들에게 첫 인상을 주게 되고, 교과서에 대한 애착과 신뢰 형성에 기여하게 된다. 그래서 학생들이 교과서 내용을 공부하는 습관과 정서적으로 느끼는 감각에 영향을 미치게 되는 것이다. 교과서를 공급하는 입장에서는 교과서 개발의 규모와 재료비 및 인쇄비 등을 결정짓게 하는 요인으로 작용한다.

국정도서의 경우 판형, 지질, 색도 등의 외형 체제는 교과별 특성을 고려하여 교육부가 편찬상의 유의점을 통해 제시한다. 검·인정도서의 외적인 체제는 발행사가 자율적으로 결정하지만, 본문 용지의 경우는 교육부에서 지정하고 있다. 교육부에서 지정하는 내용은 다음과 같다.[8]

- 판형, 지질, 색도 등 외형 체제는 교과별 특성을 고려하여 자율적으로 구성하되, 본문 용지는 기존 교과서 용지(75g±3g)로 한정한다. 교과 내용과 부합되는 양질의 사진·삽화를 사용하고 다양한 편집 디자인 기법을 활용하여 학습 동기를 유발하고 흥미를 높이도록 한다.
- 미술, 사회과 부도, 지리 부도, 역사 부도 과목의 본문 용지는 S/W 120g/㎡를 사용할 수 있으며, 활동지나 부록으로 사용하는 용지는 자율적으로 정할 수 있다.

본문 용지에 대한 사항은 교육부와 한국교육과정 평가원(수학, 과학은 한국과학창의재단)에서 발간하는 '검정도서 개발을 위한 편찬상의 유의점 및 검정기준'과 각 시·도 교육청이 개발하는 '인정도서 개발을 위한 편찬상의 유의점 및 인정기준'에서도 유지되고 있다. 다만 검정도서와 인정도서의 '편찬상의 유의점'에서는 교과별로 기준 쪽수를 별도로 제시하고 있다. 예시하면 다음과 같다.

[검정도서] 『초등학교 사회』
(9) 교과서의 기준 쪽수는 부록을 포함하여 책별 140쪽이며, 10% 범위 내에서 증감할 수 있다. 지도나 활동 자료를 접는 형태로 구성할 경우 펼친 면 전체를 1쪽으로 간주한다.[9]

[인정도서] 『고등학교 사진의 이해』
(7) 교과서 분량은 부록을 포함하여 200쪽이며, 10% 범위 내에서 증감할 수 있다.[10]

교과서의 외형적 조건은 학생의 눈높이와 흥미가 반영될 수 있도록 함으로써 학생의 심미적인 감각을 충족시킬 수 있어야 한다. 이를 위해서는 교과별 특성을 살리고, 교과 내 단원별 특성을 고려한 교과서의 외형적 조건이 되어야 하는 것이다.

(3) 제도적 조건

교과서의 제도적 조건이란 교과서 개발과 사용 등에 필요한 일정한 방식이나 기준을 법이나 제도로 규정하는 것을 말한다. 우리나라의 교과서 제도는 국정과 검정 및 인정 교과서 제도로 구분되어 있다. 국정과 검정 및 인정 교과서에 대해 「교과용도서에 관한 규정」에서 정의를 하고 있지만, 어떠한 경우에 국정이나 검정 및 인정 교과서를 사용하는지에 대해서는 명확하지 않다. 국정과 검정 및 인정 교과서는 교과서 저작이나 사용에 대해 국가가 관여하는 방식에 대한 설명이 있을 뿐이다. 교과서 내용과 관련해 교과서 제도에 대한 구분은 제대로 되어 있지 않은 것이다.

그러나 국가가 교과서의 저작이나 사용에 대한 관여 정도는 교과서 제도를 설명하는 것은 필요 조건은 될 수 있지만, 충분조건까지 되는 것은 아니다. 초등학교의 국어나 도덕은 왜 국정도서가 되어야 하고, 중학교의 수학과 과학은 왜 검정도서가 되어야 하며, 고등학교의 기본수학1, 기본영어2는 왜 인정도서로 구분 고시가 되는지의 이유나 근거가 설명되어야 하는 것이다. 경우에 따라 동일한 과목이 교육과정 시기별로 국정이 되었다가 검정으로 되는 경우도 있어 이에 대한 혼란이 나타나는 경우도 있다. 따라서 학교급별로 어떠한 교과(목)이 국정이나 검정 및 인정도서로 되어야 하는가에 대한 내용적 설명이 되어야 충분성이 인정될 것이다.

이러한 설명을 위해 교과서 제도에 대해 헌법재판소의 결정이 도움이 된다. 헌법재판소는 「교육법 제157조에 관한 헌법소원」에서 교과서 국정제도는 자유발행제와 비교할 때, 학생들의 창의성 개발의 활성화 저해, 상황변화에 능동적·탄력적 대응의 곤란, 자유민주주의의 기본이념과 모순되거나 역행, 교사와 학생의 교재 선택권의 미보장, 교과서 중심의 주입식 교육의 우려 등의 문제를 제시하고 있다.[11] 이것은 교과서 국정제의 문제를 지적한 것이다. 그렇지만 국가가 국정이나 검·인정으로 할 것인지는 재량권을 갖기 때문에, 국정 교과서 제도는 위헌이 아니라고 결정하였다.

헌법재판소의 결정에서는 사회변화에 대응성을 높여야 하는 교육과정의 내용에 대해서는 자유발행제도가 유용하다는 것을 시사한다. 사회변화에 따른 기술의 발전에 대응하는 내용이나 AI 관련 내용 등은 자유발행제 교과서 제도가 강점이 있는 것이다. 이와 달리 표준화된 내용에 해당되는 사항에서는 국정교과서 제도가 유용할 수 있음을 내포하는 것이기도 하다. 국가안보에 해당되는 사항이나 천재지변 등에 대처하기 위해서는 다양한 내용보다는 통일적인 내용이 더욱 중요한 것이다. 지진 발생 시 대피하는 요령은 다양하게 존재하기 보다는 표준화되는 것이 요청되기 때문이다. 검정과 인정 교과서는 국정과 자유발행제의 내용적 특징을 어떻게 지니고 있느냐에 따라 이들 양 제도의 중간 어느 지점에 위치하게 될 것이다.

5. AI 디지털교과서

1) 추진 배경과 개발 개요

AI 디지털교과서[4]라는 용어는 2023년 교육부가 「AI 디지털교과서 추진방

---

4) AI 디지털 교과서는 서책형 교과서에 대응하는 디지털 교과서의 한 종류이다. 디지털 교과서는 2002년 교육인적자원부가 수립한 '지식정보화사회의 새로운 교수 · 학습 체제 구축 대비 전자 교과서 개발 및 중 · 장기 계획'에서 정책적으로 공식화되었고, 2007년 '디지털 교과서 상용화 추진방안'에서 디지털 교과서 도입을 구체화하였다. 2011년 교육과학기술부는 '스마트 교육 추진 전략'에서 디지털 교과서를 그 자체뿐만 아니라 전반적인 교육환경 개선의 일부로 보는 정책적 변화를 가져왔다. 그리고 2014년부터는 교육현장에서 디지털 교과서가 본격적으로 시범 적용되기 시작하였고, 2015 개정 교육과정 시기에는 서책형 교과서와 동일하게 국 · 검정 도서로 구분 · 개발되어 연차적으로 적용되고 있다. 2022 개정 교육과정 시기에는 AI 디지털 교과서 도입에 따른 디지털 교과서의 정의와 검정 방법의 특례, 합격공고 및 검정 합격 취소 등을 보완하기 위해 「교과용도서에 관한 규정」 일부 개정령(안)이 2023년 6월 28일 입법 예고되었다.

안」을 발표하면서 등장하였다.[12] 여기서 AI 디지털교과서라 함은 학생 개인의 능력과 수준에 맞는 맞춤형 학습 기회를 지원할 수 있도록 인공지능을 포함한 지능정보화 기술을 활용하여 다양한 학습자료 및 학습지원 기능 등을 탑재한 교과서라고 정의하고 있다. 2025년에 수학, 영어, 정보, 국어(특수교육) 교과에 우선 도입하고, 2028년까지 국어, 사회, 역사, 과학, 기술 · 가정 등 전과목 도입을 목표로 단계적으로 확대 · 추진하는 것으로 계획하고 있다.

AI 디지털교과서는 학습분석 결과에 따라 느린 학습자를 위한 보충학습(기본개념, 학습결손 해소용)과 빠른 학습자를 위한 심화학습 제공(토론, 논술 등 심화학습 과제 제공) 등 맞춤 학습지원이 가능하도록 개발하고자 한다. 개발의 방식은 쉬운 웹 접근성을 위해 웹 표준(HTML 등)을 개발하고, 별도 프로그램이 필요 없는 클라우드(SaaS) 기반의 디지털 교과서 플랫폼을 구축하고자 한다. 정부와 공공기관은 통합학습기록저장소(통합로그인, 대시보드 등 포함)를 구축하고, 과목별 디지털교과서는 민간이 개발하는 역할 분담 구조도 고려하고 있다. 이들 내용은 [그림 7-8]과 같다. 그리고 구체적인 개발 방식은 제작 가이드라인에 포함해 추후 발표 예정으로 되어 있다.

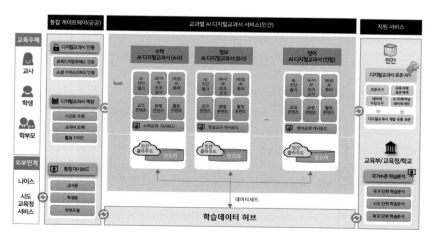

[그림 7-8] AI 디지털교과서 플랫폼 구조(안)

2) 추진 내용

AI 디지털교과서를 위한 추진 내용은 모두를 위한 맞춤 설계, 교원 연수, 신기술 도입 기반 조성, AI 디지털교과서 개발 지원, 안정적 구동 지원 및 제도 개선으로 제시되며, 그 내용은 다음과 같다.

첫째, 모두를 위한 맞춤 설계는 학생·교사의 교과서 디자인 참여를 통해 모든 사용자가 쉽고, 편리하게 사용할 수 있는 기능 및 UI/UX 설계를 말한다. 학생에게는 맞춤형 학습콘텐츠로 학습하고, 교사는 데이터 기반으로 수업을 디자인하며, 학부모는 학생 활동 정보 제공으로 자녀 이해를 지원하게 된다. 특수교육대상 학생 및 장애 교원을 위한 보편적 학습 설계(UDL, Universal Design fo Learning), 다문화 학생을 위한 다국어 기능 지원을 함으로써 접근성을 확보한다. 그리고 디지털 문해교육 특화 단원 개발 및 학생 활동 모니터링과 유해사이트 차단 기능 등 지원으로 디지털 역기능에 대한 우려를 해소하는 내용을 담고 있다.

둘째, 교원연수는 AI 디지털교과서 적용 과목 교사(영어, 수학, 정보)를 대상으로 2025년 도입 전까지 우선적으로 AI 디지털교과서 이해·활용, 수업 혁신 등의 연수의 실시를 추진한다.

셋째, 신기술 도입 기반 조성은 출원 자격, 가격 체계 등에 대한 합리적인 제도의 마련으로 교과서에 지능정보화기술이 적용될 수 있는 환경을 구축하는 것을 말한다. AI 디지털 교과서는 발행사로 제한되었던 자격 기준을 발행사가 에듀테크 기업이 컨소시엄을 맺어 공동으로 참여가 가능(1: n 가능)하도록 개선하였다. 그리고 기존 개발비 보전 방식에서는 양질의 디지털 교과서 개발에 한계가 있다는 현장 및 전문가의 의견을 고려하여 구독형으로 가격 체계를 개편하였다. 2025년 최초 도입시에는 중소발행사의 참여 촉진을 위해 일부 이익을 균등 배분하는 '변형된 구독형'을 한시 적용하는 방안 등도 고려하고 있다.

넷째, AI 디지털 교과서 개발의 지원은 개발사의 수요를 반영하여 공동으로 활용 가능한 데이터세트(Data Set), 콘텐츠 등을 발굴·제공하는 것을 말한다. 여기에는 데이터세트 개발, 공동활용콘텐츠 발굴·제공, 협업 지원, 검정심사 개선에 대해 설명한다. 우선 데이터세트 개발은 과학기술정보통신부 등 유관 기관과 협력해 AI 맞춤학습 서비스 고도화를 위한 AI 학습용 데이터세트 개발을 추진한다. 데이터세트는 'AI 똑똑수학 탐험대' 및 수학·영어·정보 프로토타입을 개발(2024년 상반기) 및 운영을 통해 축적된 학습데이터와 과기부 협업사업을 통해 개발된 데이트세트를 제공하는 것을 말한다.

다음으로 공동활용콘텐츠 개발·제공은 평가 문항, 실감형 콘텐츠 등 이미 개발된 콘텐츠를 AI 디지털교과서 개발에 활용할 수 있도록 제공하는 것이다. 알지오매스·AI 똑똑수학탐험대(수학), AI 펭톡(영어) 등 기존 서비스의 학습도구 및 평가문항, 콘텐츠 등을 모듈화하여 활용 가능하도록 제공하는 것을 추진하고 있다.

그다음으로 협업지원은 AI 디지털교과서 매칭데이 개최 등을 통해 교과서 발행사와 에듀테크 기업의 협력적 동반관계 형성을 지원한다. AI 디지털교과서 매칭데이는 발행사와 에듀테크사가 AI 디지털교과서 개발을 위한 정보를 교류하고, 협력할 수 있는 장으로 발행사 및 에듀테크사 소개, 매칭테이블 등을 운영하는 것이다.

마지막으로 검정 심사의 개선은 학습분석 등 에듀테크 기술의 접목을 고려해 교과별 내용 심사와 기술심사(운영심사 포함)로 심사체제를 이원화하는 방식을 취하게 된다.

다섯째, 안정적 구동 지원에 대한 내용을 알아본다. 안정적 구동 지원은 AI 디지털교과서가 현장에서 오류 없이 작동할 수 있도록 검정심사 및 수정·보완체계 개선 및 운영체계 구축을 하는 것을 말한다. 여기에서는 현장 보급 전에 교과서 기능 및 서비스 안정성 테스트를 위해 현장교사 중심으로 현장 적합성 검토를 실시한다. 그리고 한국교육학술정보원(KERIS)에 AI 디지털교과서 통합지원센터를 설치해 AI 디지털교과서 운영 현황 모니터링 및 상황 대응을 하는 지원체제를 구축한다. AI 디지털교과서 수정·보완 시스템을 구축하여 수정·보완 요청 사항을 즉시 검토·승인해 교과서에 반영하는 수정·보완하는 체제를 정비한다. 그리고 AI 디지털교과서 교사 모니터링단을 신설하여 예비 교원을 통해 모니터링을 실시하고 결과를 정책에 환류하는 질 관리 체제도 구축한다.

여섯째, 제도 개선은 디지털 교과서의 정의 규정의 마련과 검정체제 개선 등을 위해 「교과용도서에 관한 규정」 등 관련 법령의 개정을 추진하는 것을 말한다.

제8장

교육과정 연수

1. 의의

일반적으로 '연수는 다 같지, 교육과정 연수라고 해서 특별한 것이 있느냐' 는 질문을 하기도 한다. 아마 교사가 개인적 차원에서 필요한 사항에 대한 연수를 이수하는 방식에서 그러한 말을 하는 것 같기도 하다. 그러나 교육과정에 대한 연수는 교사의 필요보다는 국가가 주도해 집단적으로 실시하는 방식도 있다. 국가가 주도하는 방식은 교육과정이 수립되거나 변경[1]이 되었을 경우 해당 교육과정의 확산이나 보급을 위해서 실시된다. 전국의 모든 교원과 전문직이 대상이 되고, 다소 의무적 성격으로 전개된다. 교원이나 전문직이 수립이나 변경된 교육과정을 제대로 이해하여야 교육 현장에서 제대로 실천이 될 수 있기 때문이다.

이러한 교육과정의 연수는 수립이나 변경된 교육과정의 적용(운영)의 단계에서 교사가 자기주도적으로 행하는 연수와 차이가 있다. 교육과정의 적용 단계에서는 수립이나 변경된 교육과정의 주요 내용을 운영할 때 고충이 발생할 수 있다. 2022 개정 교육과정에서 신설된 학교 자율시간을 활용해 선택과목(활동)의 개발과 운영을 어떻게 하여야 할 것인지 고민이 있을 수 있다. 이러한 경우에 개별 교사 차원에서 전문성을 강화하기 위한 해당 사항에 대한

---

1) 과거에는 교육과정 개정이라고 표현하였으나, 대통령령 제32627호로 2022년 5월 9일 제정되고, 2022년 7월 21일 시행에 들어간 「국가교육위원회 설치 및 운영에 관한 법률 시행령」 제10조에서는 '국가교육과정 기준과 내용의 수립·변경'이라는 조문 제목을 사용하고, 제1조와 제2조, 제4조, 제6조에서 '국가교육과정의 기준과 내용의 수립 또는 변경'이라는 문구를 사용하고 있다. 그래서 여기서는 기존에 사용하던 교육과정 개정이라는 용어가 아니라, 교육과정의 수립·변경이라는 용어를 사용하고자 한다.

연수를 할 수 있는 것이다.

교육과정 연수는 보급과 확산 단계에서 국가 주도적으로 방식을 택하지만, 적용 단계에서는 교사가 주도하는 양면적 성격의 특성을 지니고 있는 것이다. 그것은 국가교육과정이 확정·고시된 이후 곧바로 학교에 적용되는 것이 아니라, 2년 내외의 시간적 경과 이후에 학교급별 적용 시기에 따라 운영이 되는 것과도 관련이 있다. 교육과정이 적용되기 이전에는 국가 주도적 연수 체제로 운영이 되고, 교육과정이 적용이 되면 교사 주도적 연수를 행하기 때문인 것이다.

교원의 연수는 다양한 학생의 특성에 적합한 교육과정 계획과 운영을 하기 위한 점에서 자율적이고도 교사 중심적이어야 한다. 그럼에도 불구하고 수립이나 변경된 교육과정의 보급과 확산을 위한 단계에서는 해당 교육과정의 주요 내용의 이해를 위해 전달식 교육의 방식으로 국가가 주도한다는 점에서 연수의 원래 의미와 배치되는 현상을 나타내기도 한다. 그러한 점에서 교육과정 연수의 특징이 나타나고 보급과 적용의 단계별로 발생하는 문제를 해결함으로써 교원의 전문성을 향상시킬 필요가 있다.

국가 주도적 보급과 확산을 위한 단계에서는 전달적이고도 표준화된 내용이 중심을 이루어 학교별 특성을 고려하기 어려운 점이 있다. 반면 적용 단계에서는 연수의 내용이 기초나 심화 등의 체계화가 부족해 교사가 자주적으로 연수하는 것이 제한되기도 한다. 따라서 보급과 확산 단계와 적용 단계의 각 특성을 이해하고, 그에 대한 문제를 최소화하기 위한 노력이 요청된다.

2. 교육과정 연수 체계와 성격

교육과정 연수는 국가교육과정의 보급과 확산을 위한 단계와 교육 현장에 적용하는 단계로 구분이 된다. 국가교육과정의 보급과 확산을 위한 단계는 국가교육과정이 고시된 후 각급학교에 적용되기 이전의 시기를 말한다. 국가교육과정은 고시를 한 일자로부터 각급학교에 적용하는 일자까지 공백기가 있으며, 이 시기에 교육과정 개발 후속지원으로 교육과정 보급과 확산을 위한 연수를 수행하는 것이다. 그리고 수립 또는 변경된 교육과정이 각급학교에서 운영이 되는 단계에서 발생하는 사항의 교육과정 연수도 진행이 되는 것이다. 이러한 사항을 도식화 하면 [그림 8-1]과 같다.[1]

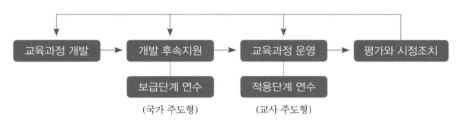

[그림 8-1] 교육과정 개발 · 운영에서 교육과정 연수의 위상

[그림 8-1]은 국가교육과정의 개발과 운영에서 교육과정의 연수가 어떠한 단계에서 이루어지고, 그 성격과 특징적인 면이 무엇인지를 제시한 것이다.

첫째, 교육과정의 개발과 운영의 전반적 과정에서의 연수의 위상에 대해 알아본다. 교육과정 연수는 교육과정의 개발에서 평가에 이르기까지 전반적으로 관여가 된다. 그러나 교육과정 개발 후속지원과 교육과정 운영의 시기에 보다 중점적으로 이루어진다. 교육과정 개발 후속지원은 교육과정이 고시되어 현장에서 실천되기 이전에 여러 지원 방안을 모색하는 것이다.

교육과정 연수 역시 개발 후속지원의 하나로 수립 또는 변경된 교육과정의 보급과 확산을 위해 이루어진다. 교육과정 운영은 개발된 교육과정을 실천에 옮기는 과정에 해당된다. 이 시기에는 수립 또는 변경된 교육과정을 실제에 적용하면서 나타나는 문제해결을 위한 연수를 요청한다. 따라서 개발 후속지원은 수립 또는 변경된 교육과정의 이해를 위한 것에 중점을 두고, 교육과정 운영에서는 실천적 문제해결에 초점을 두고 있다.

둘째, 교육과정 연수의 성격과 특징에 대해 알아본다. 보급 단계와 적용 단계의 교육과정 연수는 그 성격과 특징이 다르게 나타난다. 교육과정 보급 단계는 국가주도적 성격으로 전달중심적이면서도 대규모·일시적인 특징을 나타낸다. 이에 비해 교육과정 적용의 단계에서는 교사주도적 성격을 띠면서 필요중심적이면서 개별적이고도 중·장기적 특징을 나타낸다. 교육과정 보급 단계는 국가와 지자체에서 계획을 수립하여 모든 교원을 대상으로 수립 또는 변경된 교육과정을 이해시키기 위해 전달식으로 이루어게 된다. 수립 또는 변경된 교육과정을 현장에 적용하기 이전에 이루어지기 때문에 대규모로 일시적으로 이루어지는 특징이 있는 것이다.

이에 비해 적용 단계의 교육과정 연수는 수립 또는 변경된 교육과정을 실천하는 단계에서 교사주도적으로 이루어지게 된다. 교사주도적이라 함은 교육과정을 운영하는 과정에서 개별 사안이나 전반적 사안에 대해 전문성을 향상시키기 위해 개별 교사의 필요에 따라 이루어지는 연수를 말한다. 이러한 연수는 개별 교사의 필요에 의해 이루어지기 때문에 단기적인 훈련과 같은 것도 있지만, 비교적 중·장기적인 시간에 걸쳐 이루어지는 것이 일반적이다. 그렇기 때문에 교사의 자주적 연수가 요청된다.

표 8-1 │ 교육과정 연수의 위상과 성격 및 특징

- 교육과정 연수의 위상
  - 교육과정 개발 후속지원: 수립 또는 변경된 교육과정의 이해에 중점
  - 교육과정 적용(운영): 개발된 교육과정의 실천적 문제해결에 초점
- 교육과정 연수의 성격과 특징
  - 보급 단계: 국가주도형, 전달중심, 대규모·일시에 이루어지는 특징
  - 적용 단계: 교사주도형, 필요중심, 개인적(소규모)이고, 중·장기에 걸친 특징

3. 교육과정 보급 단계의 연수

교육과정 보급 단계의 연수는 국가주도형 교육과정 연수에 해당한다. 국가주도형 교육과정 연수라 함은 수립 또는 변경된 교육과정의 이해와 실천력을 높이기 위해 전국의 모든 교원을 대상으로 의무적 성격으로 단기간에 전달식형으로 전개하는 보급 단계의 교육과정 연수를 말한다. 보급 단계의 연수 추진은 교육부와 시·도 교육청 및 단위학교가 역할 분담과 협력하는 체제로 이루어진다. 각 주체별로 추진하는 연수를 도식으로 표현하면 [그림 8-2]와 같다.[2]

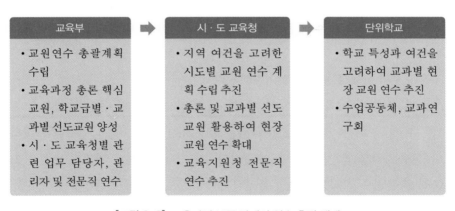

[그림 8-2] 교육과정 보급 단계의 연수 추진 체계

[그림 8-2]와 같이 교육부에서는 총괄계획을 수립하고, 시·도 교육청에서는 시도별 교원 연수 계획의 수립과 추진을 하며, 학교는 교과별로 현장 교원의 연수를 추진하는 것으로 역할을 분담하고 있다.

첫째, 교육부는 교육과정 연수에 대해 총괄계획을 수립하고, 교육과정 총론 핵심교원 양성과 학교급별·교과별 선도교원을 양성하며, 시·도 교육청별 관련 업무 담당자, 관리자 및 전문직 연수를 수행한다. 교육부는 교육과정 연수에 대한 전체적인 계획은 전체 교원을 대상으로 수립·변경된 교육과정에 대한 역량을 강화하기 위한 것에 목적을 두고 있다.

핵심교원은 교육과정 부장, 수석교사, 교감, 교장, 전문직 등으로 구성된다. 핵심교원 연수의 내용은 수립·변경된 교육과정의 이해와 교육과정 편성·운영에 대한 교원의 역량 강화를 위한 것으로 구성된다. 선도교원은 시군별 연수 강사 등으로 활용할 수 있는 역량을 갖춘 교사(수석교사)나 교육과정 연수를 받은 후 학교별 자체 연수를 실시할 수 있는 역량 있는 교원으로 추천하고 있다. 선도교원 연수의 내용은 학교급별로 국어·영어·수학 등의 교과별로 수립·변경된 교육과정에 대한 이해, 교수·학습 및 평가방법 개선 역량의 강화를 위한 것으로 구성해 운영한다. 시·도 교육청별 관련 업무 담당자, 관리자 및 전문직 연수는 연수의 대상별로 세분화함으로써 수립·변경된 교육과정의 효과적 운영을 도모하고 있다. 관리직의 경우는 리더십이나 교육과정 정책의 협력체제 구축 등이 중심이 되고, 일반교원은 수립·변경된 교육과정의 이해를 중심으로 이루어진다.

둘째, 시·도 교육청은 지역 여건을 고려한 시도별 교원연수 계획을 수립·추진, 총론 및 교과별 선도교원을 활용하여 현장교원의 연수를 확대하며, 교육지원청 전문직 연수를 추진한다. 시·도 교육청은 지역의 특성을 고려해 교원연수 계획을 수립·추진한다. 시·도 교육청의 현장교원 연수는 선도교원을 활용하여 교육청 단위의 집합연수와 학교로 찾아가는 연수를 하는 등 해당 지역 내의 모든 교원의 연수를 위한 노력을 기울인다.

현장 교원을 대상으로 하는 연수에서는 수립·변경된 교육과정 이해를 위해 원격 연수 콘텐츠를 만들어 온라인 연수도 하고, 교육과정 강독이나 토론과 실습 중심의 오프라인 연수도 병행함으로써 교육과정 연수의 질을 높이기 위한 노력도 하고 있다. 교육지원청 전문직 연수는 수립·변경된 교육과정에 대한 전문직의 이해 제고와 교육지원청의 역할과 새 교육과정의 현장 안착 방안 논의를 중심으로 운영함으로써 교육부와 시·도 교육청 및 교육지원청의 유기적 협력 체제를 구축하는데 목적을 두고 있다.

　셋째, 단위학교는 학교 특성과 여건을 고려하여 교과별 교원연수를 추진하고, 수업공동체와 교과연구회 등의 활성화를 통해 교사의 자발적 수업 혁신 활동과 교육과정 우수모델을 발굴하는 역할을 한다. 단위학교에서는 학교의 여건을 고려한 자율적 연수를 강화하고, 교육현장의 수요에 기반을 둔 자발적인 수업공동체를 운영함으로써 교육과정 혁신을 도모하도록 한다. 그리고 교육과정의 현장 적용에 따른 피드백을 제공함으로써 시정조치를 위한 노력도 기울인다. 시·도 교육청에서는 교육과정·수업·평가 전문가와 교장·교감 및 수석교사 등으로 구성된 우수 전문가 풀로 구성된 현장 컨설턴트를 구성하고 학교 교육과정 및 수업·평가 설계 체제를 구축·운영함으로써 현장의 지원 체제를 구축하도록 노력하고 있다.

　교육과정 보급 단계의 연수에서는 전문직을 포함한 모든 교원이 수립·변경된 교육과정에 대한 역량을 강화하기 위한 계획을 수립하게 된다. 그리고 핵심교원과 선도교원 등을 통해 전달 요원을 중심으로 하는 다단계 연수의 방법을 활용하고 있다. 연수의 대상은 전문직, 관리직 및 일반 교사 등 교육과정의 현장 적용과 관련된 모든 사람을 대상으로 이루어진다. 그리고 연수의 내용은 연수의 대상별로 차별화함으로써 수립·변경된 교육과정이 현장에 제대로 안착할 수 있도록 지원을 위한 노력을 기울이고 있다. 연수의 방법은 온·오프라인 및 합숙 등 다양한 방법을 병행함으로써 교육과정이 안착을 하기 위한 노력을 기울이고 있다.

표 8-2 　보급 단계의 연수

• 연수의 계획: 전 교원의 수립·변경된 교육과정에 대한 역량 강화
• 연수의 체제: 전달 요원 중심의 다단계 연수를 통한 모든 교원의 연수
• 연수의 대상: 전문직, 관리직 및 모든 교사
• 연수의 내용: 총론 이해, 교과별 교육과정의 토론과 실습 중심의 연수대상별 차별화

4. 교육과정 적용 단계의 연수

교육과정 적용(운영) 단계는 교사 주도형으로 교육과정 연수가 이루어지게 된다. 교사 주도형 교육과정 연수라 함은 수립 또는 변경된 교육과정의 운용을 위해 교사 개인의 필요에 따라 다양한 기간에 걸쳐 자기 주도적 방식으로 전개되는 교육과정 연수를 말한다. 적용 단계의 연수는 교사 수준에서 교육과정을 교실에서 실천에 옮기는 과정에서 사안별로 이루어지는 연수가 되는 것이다. 교사는 교육과정의 적용에서 교육활동의 질적 수준을 높이기 위한 노력을 기울임으로써 수립 또는 변경된 교육과정을 현장에 안착시키는 역할을 하게 된다. 이 단계의 연수의 추진 체계는 보급 단계에서 국가 차원의 계획적인 교육과정 연수와 달리 그 과정이 명확치 않은 것이 그 특징이 된다.

교육과정의 적용 단계에서의 연수는 좁게는 한 시간의 단시 수업에서부터 넓게는 학교의 교육활동 전반에 걸치는 것에 해당한다. 자율활동이나 진로연계학기 등과 같이 새로이 수립 또는 변경된 국가교육과정을 교육활동에서 전개할 때, 이에 대한 전문성을 향상시키기 위한 단기적인 연수와 같은 것은 한 시간의 단시 수업을 위한 것으로 연수를 할 수 있을 것이다. 그러나 해당 교육과정 내용을 적용할 때, 어떠한 시설과 같은 물리적 여건이나 문화와 같은 환경적 요인 및 잠재적인 교육과정까지 고려하게 되면 학교의 교육활동과 관련된 연수를 할 수도 있는 것이다. 그렇기 때문에 교육과정 적용 단계의 연수는 일반적으로 이야기하는 연수와 동일한 범주로 이루어질 수도 있는 것이다.

교육과정 적용을 좁은 의미로 보든 넓은 의미로 보든 교육과정 관련 연수는 교원의 필요에 따라 자율적으로 이루어지는 것이고, 연수의 대상 역시 사안에 따라 전문직, 학교의 관리자에서 일반 교사에 이르기까지 포괄하게 된다. 그리고 그 내용과 시기는 해당 사항이나 내용에 대한 전문성을 향상시키기 위해 교육청의 교육연수원에서 행하는 단기적 성격의 내용도 있지만, 대

학원에서의 학위 취득 과정에 이루어지는 장기적인 성격의 연수에 이르는 다
양성을 지니고 있다. 연수의 방법은 온·오프라인 및 합숙 등의 다양한 방법
으로 이루어지게 될 것이다. 그렇지만 그러한 연수는 교원의 직무와 관련된
것이어야 한다. 교원의 직무는 교육활동과 직접적인 관련성을 지니고 있는
것에 한정이 되는 것이고, 그 밖의 연수는 개인적으로 행하는 것으로 이해되
어야 한다. 이러한 점에서 일반적으로 논의되는 연수와 차별성을 확인하기
어려운 점도 있다.

　그러나 개정 교육과정의 주요 사항을 적용하는 것에 어려움을 겪는 경우가
대부분의 학교에서 발생할 수도 있다. 이러한 경우에는 교육부나 교육청에
서 보다 계획적으로 접근할 수 있다. 현 상태를 유지하는 경우에는 해당 사항
에 대한 연수 방안을 마련할 수 있고, 현 상황의 변경이 필요한 경우에는 교
육과정의 수립 또는 변경을 위한 요구를 할 수도 있게 된다. 현 상황을 유지
하는 것을 가정하게 되면 수립 또는 변경된 교육과정의 현장 안착을 위한 여
러 방안을 모색하는 방향으로 교육과정 연수가 가능할 수 있을 것이다. 이러
한 것은 교육과정 연수를 통한 해결을 할 수도 있지만, 장학이나 컨설팅 등으
로 문제를 해결하는 방법도 고려될 수 있다. 교육과정 적용 단계에서는 교사
의 자율적인 연수가 되어야 하고, 교육청은 이를 지원하는 체제를 확립할 필
요가 있다. 그것은 단위학교의 자율성 확립을 위한 하나의 방법이 될 것이다.

표 8-3 적용 단계의 연수

- 연수의 체제: 연수 대상의 필요에 따른 자율적 연수
- 연수의 대상: 전문직, 관리직 및 모든 교사
- 연수의 내용: 교육과정 운영에 따른 전문성 향상을 위한 내용
- 연수의 방법: 온라인과 오프라인, 합숙 등의 다양성

교육과정 운영

1. 의의

교육과정의 운영은 교육과정 개발과 평가 사이에 위치하는 것으로, 개발된 교육과정을 실천에 옮기는 과정이다. 아무리 잘 만든 교육과정이라고 하더라도 그것이 제대로 실천되지 않게 되면 의미가 없게 된다. 교육과정 운영은 교육과정 내용을 가르치는 수업과 동일한 것으로 이해되기도 한다.

교육과정의 내용이 다양성을 지니고 있는 만큼 여러 가지 수업 모형이 있을 수 있는 것이다. 수업 모형은 교육과정의 내용을 조직하고 제시하는데 있어서 교사의 수업 행동을 이끄는 안내자 역할을 하기 때문이다. 이러한 의미에서 수업 모형은 교육과정의 모든 원리가 녹아들어 교사의 수업 활동이라는 구체적 형태로 표현이 되는 것이다.

그러나 교육과정의 운영은 수업 활동에 한정되는 것은 아니다. 수업 모형을 토대로 교육활동을 전개하는데 있어 수업 매체나 수업 설계 등에 대한 전문성이 요청되는 것이다. 교사는 연수나 컨설팅 등을 통해 전문성을 향상시킨다. 또한 학업 부진아를 위한 대안을 모색하고, 교육활동의 전개를 위해 교육 환경의 조성을 요청하기도 한다. 정규 교육과정 이외의 방과후 활동과 같은 내용까지 고려한다면 교육과정 운영은 학교의 교육활동 전체에 걸치는 개념이 된다.

이들 모두를 교육과정 운영에서 다루게 되면 교육과정 그 자체에 대한 논의가 된다. 따라서 여기에서는 좁은 의미의 교육과정 운영의 개념으로 접근하면서 관련 사항을 다루고자 한다.

2. 교육과정 운영 체제

교육과정 운영은 학교에서 이루어진다. 국가와 교육청은 교육과정 그 자체가 아니라, 교육과정의 기준과 내용의 기본적 사항을 만드는 주체이기 때문이다. 그러나 학교 교육과정의 운영은 국가와 교육청의 교육과정 기준과 내용의 기본적 사항을 토대로 만들어지기 때문에, 이들과의 관계를 고려해 교육과정을 이루게 된다. 교육과정 운영의 체제는 [그림 9-1]과 같다.

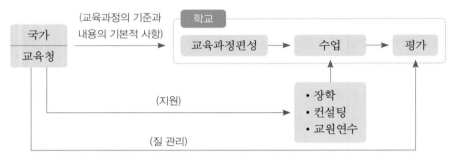

[그림 9-1] 교육과정 운영 체제

1) 교육과정 운영에서 국가와 교육청의 역할

교육과정 운영이라는 용어는 「초·중등교육법」 제23조 교육과정에 대한 규정과 국가교육과정에 제시된 운영 관련 사항을 분석하면 알 수 있다. 「초·중등교육법」 제23조 제1항에서는 "학교는 교육과정을 운영하여야 한다."라고 규정하여 '운영'이라는 용어를 사용한다. 여기서의 운영은 단순히 정해져 있는 것을 실천한다는 것만을 말하는 것이 아니라, 교육과정 편성에 대한 의미도 내포되어 있다고 보아야 한다.

국가와 지역에서는 기준과 내용의 기본적 사항만을 정하고, 학교는 이를 토대로 학교 교육과정을 만들어야 하기 때문이다. 현실적으로도 창의적 체험활동과 학교자율시간과 같은 경우는 학교에서 교육과정을 개발할 수 있는 권한이 있다. 그것은 학교에서 교육과정을 편성하고 운영한다는 것이고, 국가나 교육청의 입장에서는 교육과정의 기준과 내용의 기본적 사항을 실천할 수 있는 형태로 구현한다는 의미를 지니고 있는 것이다.

국가교육과정 문서에서도 교육과정의 운영이라는 용어가 사용되고 있다. 국가교육과정에 규정된 교육과정 운영에 대한 사항은 학교에서 편성하고 운영하여야 하는 기준을 말하고 있다. 그러나 국가와 교육청 수준에서는 교육과정 편성·운영의 기준만을 제시하고 있는 것은 아니다. 학교 교육과정을 지원하는 사항과 질 관리에 대한 내용도 동시에 포함되어 있다. 학교 교육과정의 지원은 교육과정 편성·운영 자료의 개발과 보급 및 교원의 전보를 적기에 시행하는 내용을 포함하고 있다. 그리고 교육과정의 운영에서 나타나는 문제를 해결하기 위해 컨설팅이나 장학 및 교원 연수를 위한 지원을 하고 있다.

학교 교육과정 질 관리는 각급학교의 교육과정 편성·운영 실태를 정기적으로 파악하고, 교육과정 운영 지원실태를 점검함으로써 효과적인 교육과정 운영과 개선에 필요한 지원을 하는 내용으로 되어 있다. 그리고 학업성취도 평가와 학교 교육과정 평가를 실시해 그 결과를 교육과정 개선에 활용하도록 함으로써 학교 교육과정 편성·운영 체계의 적절성과 실효성을 높이기 위해 노력하고 있다.

2) 교육과정 운영에서 학교의 역할

학교에서는 국가와 지역의 교육과정 기준과 내용의 기본적 사항을 토대로 학교 교육과정을 편성하고 운영하게 된다. 학교 교육과정의 편성은 수업으로 실천되고, 그 성과는 평가를 통해 확인된다. 수업과 관련된 사항은 항을 달리하여 설명하고, 평가와 관련된 사항은 장을 달리하여 설명한다.

　이러한 내용을 종합적으로 보면 교육과정 운영이라 함은 학교가 중심적 역할을 하면서 국가와 교육청의 지원과 질 관리가 결합된 교육과정 실천 활동을 말하는 것이다. 교육과정 운영에서는 정규 교육과정 이외의 활동까지 포함할 수 있기 때문에, 넓은 의미에서의 교육과정 운영은 학교 교육활동 전체와 관련이 된다. 그렇지만 일반적으로 좁은 의미의 교육과정은 국가교육과정에 규정된 사항을 수업행위를 통해 실천하는 체제를 일컫는다.

3. 교육과정 운영으로서 수업

1) 수업의 과정

　교육과정 운영을 좁은 의미로 보게 되면 일반적으로 말하는 수업을 말하는 것이다. 복잡하게 전개되는 수업을 설명하는 모형은 교육내용을 보는 관점과 교육활동의 전개 양상을 보는 관점에 따라 다양하게 나타난다. 수업의 일반적인 모형을 이야기 하고 있는 글래이저(Glaser)의 모형, 블룸(Bloom)의 학교학습모형, 가네(Gagné)의 목표별 수업이론 등 많은 수업 모형이 존재한다.

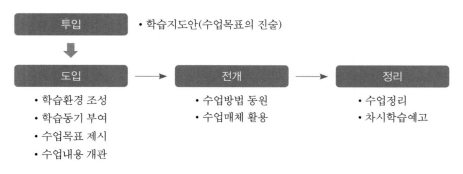

[그림 9-2] 교육과정 운영으로서의 수업 과정

여기에서는 수업 모형에 대한 설명을 하고자 하는 것이 아니라, 교육과정 운영에 대한 개괄적 이해를 도모하려는 의도를 지니고 있다. 그래서 교육현장에서 교수 · 학습 지도안을 만들어 이를 토대로 수업이 전개되는 현실을 설명하고자 한다. 이에 대한 설명은 [그림 9-2]와 같다.

2) 투입

학교 교육목표와 단시수업의 목표와 같은 기본적 방향과 어떠한 내용을 어떠한 방법으로 가르칠 것인지에 대한 방법이 제시된 경우, 그다음의 일을 구체적으로 누가 어떠한 자원을 동원하여 학생의 경험의 질을 높일 것인가의 문제가 제기되는 것이다. 교육과정의 운영은 이러한 문제에 답을 하는 것으로, 계획된 교육과정을 실천하는 과정에 해당된다. 그러나 교육과정 운영은 일반 행정의 경우와 같이 계획된 것을 체계적으로 집행하는 것과는 다른 성격을 지니고 있다.

일반 행정의 경우는 설정된 목표와 이를 달성하기 위한 방법에 따라 효율적으로 집행을 하면 된다. 그러나 교육과정의 운영은 계획된 것이 학생에게 부적합할 경우에 적합화를 위한 다양한 매체와 방법이 동원되고, 계획의 수정과 보완을 통해 학생이 성장하는데 유의미한 장을 마련하기 위한 노력이 지속된다. 교육과정의 운영은 효율적으로 진행되기보다는 학생의 발전가능성과 다양성에 대응하여야 한다는 점에서 복잡성을 띠게 된다.

수업 활동의 투입 요인은 이러한 학생의 성장을 견인할 수 있는 방향성과 방법론을 요청하는 것이다. 방향성은 수업목표가 될 것이고, 방법론은 교육내용에 부합하는 형태가 되어야 할 것이다. 이러한 내용은 교수 · 학습 지도안에서 수업목표와 어떠한 교수 · 학습자료가 필요한 것인지를 제시하는 형태로 나타나게 된다. 여기서는 수업목표의 진술 방법에 대해 설명하고, 교수 · 학습 자료는 수업의 전개 부분에서 설명하고자 한다. 수업목표는 행동목표와 문제해결 목표 및 표현적 결과로 구분이 된다.

(1) 행동목표의 진술

행동목표(behavioral objectives)는 수업목표를 학생의 행동으로 진술하되, 그 행동이 일어나는 조건이나 상황과 학습의 결과로 변화된 행동임을 인정할 수 있는 준거가 명시되는 방식으로 진술하는 것, 즉 '학습내용'과 '도달점 행동'을 명시적으로 진술하는 것을 말한다. 학습의 결과로 변화된 행동인 도달점 행동은 가시적이고 명시적인 용어를 사용할 것을 제안한다. '이해한다' '감상한다'와 같은 의미가 다양하고 묵시적인 용어가 아니라, '설명한다' '구별한다' '지적한다'와 같은 가시적이고도 명시적인 행동 용어를 사용할 것을 요청하고 있는 것이다. 여기서는 타일러와 메이거 및 그룬론드의 진술 방식을 제시한다.

□ 타일러의 진술방식

타일러는 교육목표를 학습자가 학습할 내용과 이를 확인할 수 있는 징표로 행동이 명시적으로 진술되어야 한다고 본다.

학습자는 교육과정 개발 모형을 설명할 수 있다.
(학생)   (내용)   (행동)

□ 메이거의 진술방식

메이거(Mager)는 프로그램 학습에서 프로그램의 틀을 구축하고, 프로그램을 만드는데 적절한 수업목표의 진술방식을 발전시키고자 했다. 수업목표에는 학습자와 도달할 행동, 그 도달할 행동이 일어나는 상황과 조건, 그리고 도달할 행동이 어느 정도 숙련되어야 할 것인지를 밝혀 놓을 준거가 명시되어야 한다고 하였다.

<u>감탄문의 한 문장이 주어지면</u> <u>학습자는</u>
　　　(상황과 조건)　　　　　(학생)

<u>100% 정확하게</u> <u>각 부문의 명칭을 지적할 수 있다.</u>
　　(수락 기준)　　　　　　　(도달할 행동)

□ 그론룬드의 진술방식

그론룬드(Gronlund)는 수업목표를 일반적 수업목표와 명세적 수업목표로 구분하고 있다. 일반적 수업목표를 먼저 진술한 다음, 그것을 기초로 명세적 수업목표를 만들어 내는 것이다. 일반적 수업목표와 명세적 수업목표는 학습자를 주어로 하여 내용과 함께 행동이 빠짐없이 진술되어야 한다는 것이다. 일반적 수업목표는 일반적 수준을 유지하기 위해 '안다' '이해한다'와 같은 내재적 행동으로 진술되고, 명세적 수업목표는 반드시 관찰되고 측정될 수 있는 행위동사로 진술되어야 한다고 한다.

• 교육과정 분야가 전문적 분야로 탄생한 역사적 사실을 이해한다.(일반적
　수업목표)

　　−구체적 연대와 사건, 대표적 인물을 확인한다. ────┐
　　−이 시기에 나타난 교육과정에 대한 특징을 기술한다. ──┤　(명세적
　　−이 시기에 등장한 중요 인물을 시대순으로 열거한다. ──┤　수업목표)
　　−시대적 배경과 교육과정 내용의 주요 사항을 관련짓는다. ─┘

(2) 문제해결 목표와 표현적 결과

문제해결 목표(problem-solving objectives)와 표현적 결과(expressive outcomes)는 아이즈너(Eisner)가 행동 목표를 비판하면서 제시한 것이다. 행동목표는 한 차시의 수업이 끝났을 경우에 나타날 행동을 명확하게 제시함으로써 배워야 할 내용을 명확하게 정해 줄 수 있고, 도달점 행동의 수행 여부

로 평가를 하면 비교적 객관적이고도 공정한 평가를 용이하게 해주는 장점이
있다. 그러나 아이즈너는 행동목표를 비판하면서 문제해결 목표와 표현적
결과라는 대안을 제시하고 있다.[1]

　아이즈너는 행동목표를 다음의 세 가지로 비판하고 있다. 첫째, 행동목표
담론 그 자체의 한계로서 우리가 열망하고 소중히 여기는 것의 대부분을 명
확하게 표현하는 것은 적합하지 않다는 것이다. 언어는 우리의 경험의 많은
부분을 잘 표현하지만, 인간 경험의 미묘함, 인간 감정에 대한 우리의 지식,
질적인 개념과 이해의 방식에 있어 대한 담론은 부족하다. 둘째, 학생의 성취
의 기준을 적용하는 것과 판단하는 것을 구분해야 한다. 학교에서 학생들에
게 강조하는 것은 호기심이나 독창성 등의 계발인데, 이러한 특성이 길러졌
는지는 기준을 정해 측정할 수 있는 것이 아니고, 교사의 질적인 눈으로 판단
할 수 밖에 없다. 셋째, 교육목표는 수업내용을 선정하기 전에 반드시 확정되
어야 하는 것이 아니다. 수업목표가 교육내용을 선정하기 이전에 확정되는
것은 논리적으로는 맞을 수 있다. 그러나 현실의 수업에서는 교사가 교육적
으로 가치 있는 활동을 선정해 학생들에게 적용해 보고 난 후 그 결과를 토대
로 그 활동의 목표나 결과를 확인하는 경우도 있는 것이다.

　아이즈너는 전통적인 행동목표 외에 문제해결 목표와 표현적 결과의 두 가
지가 더 존재할 수 있다고 주장하였다.

　첫째, 문제해결 목표라 함은 문제가 주어지고, 그 문제 해결을 위한 상황에
관한 조건이 주어지면, 학생들은 그 조건 내에서 자유로운 의사 개진을 통해
다양한 해결책을 제시하는 것을 말한다. 예를 들면, 100만 원의 예산으로 2개
의 소인수 학급의 공간을 조성하기와 같이 문제와 따라야 할 조건은 명확하
지만, 해결책은 다양하게 나올 수 있는 경우를 말하는 것이다. 행동목표가 학
생들이 도달하여야 할 행동이 한 가지로 되어 명시되어 있다면, 문제해결 목
표는 주어진 문제 상황에서 나올 수 있는 다양한 해결책들 중에서 학생들이
스스로 찾아낼 수 있도록 하는 것이다.

둘째, 표현적 결과라 함은 구체적인 목표를 미리 정하지 않고 어떠한 활동을 하는 도중이나 종료한 이후에 바람직한 변화를 갖게 되는 결과를 말한다. 표현적 결과라는 용어는 '목표'라는 말은 미리 정해진 것을 의미하고, 미리 정하지 않은 상태를 말하는 경우에는 적절치 않다. 그래서 '목표'라는 용어를 사용하지 않고 '결과'라는 말을 사용하고 있다. 표현적 결과는 주로 예·체능 분야에서 많이 나타난다. 음악 시간에 노래 부르기, 체육 시간에 운동하기와 같은 경우에 학생들은 즐거워서 그러한 활동을 하고, 그 결과로 유익한 무엇인가를 얻는 것과 같은 것이 그 예가 된다.

이제까지 설명한 교육목표의 세 가지 형태를 도표로 제시하면 〈표 9-1〉과 같다.[2]

표 9-1 교육목표의 세 가지 형태

종류	특징	평가방식
행동목표	• 학생의 입장에서 진술 • 행동용어 사용 • 정답이 미리 정해져 있음	• 양적 평가 • 결과의 평가 • 준거지향검사 사용
문제해결 목표	• 일정한 조건 내에서 문제의 해결책을 발견 • 정답이 정해져 있지 않음	• 질적 평가 • 경과 및 과정의 평가 • 교육적 감식안의 사용
표현적 결과	• 조건 없음 • 정답 없음 • 활동의 목표가 사전에 정해지지 않고 행동하는 도중 형성 가능	• 질적 평가 • 결과 및 과정의 평가 • 교육적 감식안 사용

3) 도입 단계

도입 단계는 본 수업이 이루어지기 전에 짧은 시간에 이루어지는 것을 말한다. 도입 단계에서는 학습 환경 조성, 학습 동기 부여, 수업 목표의 제시,

수업의 전개에 대한 개관 등을 포함하고 있다.

첫째, 인사 및 출결 사항의 확인과 어수선한 분위기를 정리하여 학습할 수 있는 분위기를 만드는 것과 같은 학습 환경을 조성한다. 둘째, 이전에 학습한 내용의 제시, 학습할 과제와 관련이 있으면서 학생에게 친숙한 예나 경험담, 시험에 관한 정보의 제시 등 다양한 방법을 활용하여 학습 동기를 부여한다. 셋째, 수업 목표를 제시하는 것으로 다 같이 읽는 방법을 활용할 수 있다. 넷째, 수업의 전반적인 흐름을 설명함으로써 학생들이 수업의 흐름을 인지하도록 한다.

4) 전개 단계

전개단계는 수업의 주된 활동이 되는 것으로 도입 단계와 정리 단계의 활동을 연결한다. 이 단계에서는 학습할 과제의 내용을 학생들에게 제시하고, 다양한 수업방법을 활용하여 교수 · 학습 활동이 이루어진다. 여기서는 학습 내용의 제시, 학습 자료의 제시, 학습자 참여의 유도, 다양한 수업 방법의 활용으로 구분해 살펴본다.

첫째, 학습내용의 제시는 가장 단순하고 쉬운 내용부터 학습하게 하고, 점차 복잡하고 어려운 내용으로 학습하도록 한다. 한 시간에 가르칠 내용을 학생의 수준이나 특성, 수업의 조건과 활동 상황 등을 고려해 적당한 크기로 묶어야 한다. 그리고 수업목표 성취를 위해 학습해야 할 내용과 예를 선정하여 실천한다.

둘째, 학습자료는 수업목표 달성을 위해 요구되는 다양한 프로그램이나 매체를 말하는 것이다. 사진이나 슬라이드, 동영상 등의 시청각 자료들이 사용되고, 이러한 자료는 학생이 수업 내용을 명확하고도 구체적으로 이해할 수 있도록 구성되어야 한다.

셋째, 학습자 참여 유도는 수업의 전 과정을 교사가 주도하는 것이 아니라,

학생 집단이나 개별 학생의 참여를 유도해 교수 · 학습 활동을 역동적이게 만드는 것이다. 학습자의 참여를 위해서는 학생이 학습한 내용을 언어로 표현할 수 있도록 질문을 던지기도 하고, 토론의 기회를 마련하기도 하며, 토론이나 연습 과제 및 노트 필기 등을 하도록 함으로써 학생의 주의 집중과 학습의 강화를 위한 노력을 기울인다.

넷째, 다양한 수업 방법의 활용은 수업목표의 달성을 위해 요구되는 것이다. 강의법, 토의법, 문답법, 문제해결법, 탐구학습, 프로젝트법 등 교육내용을 고려해 그에 부합하는 방법론을 동원하고, 그것이 평가와도 연결이 될 수 있도록 한다.

5) 정리 단계

정리단계는 수업 내용의 정리와 차시학습의 예고와 같은 활동을 말한다. 수업한 내용에서 중요한 사항의 요약 정리, 연습의 기회 제공을 통한 긍정적 강화의 기회 제공, 주변의 삶의 맥락에 적용해 일반화와 전이의 효과 도모, 보충이나 심화자료를 제시하고, 다음 시간에 수업할 내용이나 주제를 수업시간에 배운 것과 관련지어 제시하는 활동을 한다.

6) 학습지도안 예시

표 9-2 교육학 교수·학습지도안 예시

단원	Ⅱ.가르치고 배우는 일	소단원	3. 나의 교육관 3-1. 교육문제에 대한 이해 ② 체벌	지도교사	박교사
학반	1학년 1반	일시	2023년 5월 25일 5교시	교생	김교생
수업목표					

수업목표	• 체벌에 관한 세 가지 입장에 대해 자신의 견해를 말할 수 있다. • 바람직한 체벌 규정을 제시할 수 있다.

교수·학습 자료	교사	학생
	교과서, 교수·학습지도안, 칠판, PPT, 노트북, 동영상 자료	교과서, 학습활동지, PPT

단계	시간	교수·학습 내용	교수·학습과정		수업형태 및 자료	도달점 및 유의사항
			교사	학생		
도입	5 (5)	학습환경 조성	• 인사 및 출결 확인 • 학습분위기 조성	• 인사를 하고, 수업준비를 한다.		• 모둠별 좌석 배치 확인 • 학습환경 정비

		학습동기
		부여
			• 전시학습 확인
			 −교육문제에 대한 이해, 두 번째 시간으로 체벌에 대한 주의를 환기시킨다.
			• 전국 학교 체벌 현황에 대한 동영상 시청
			 −70% 이상의 학교가 체벌을 인정하고 있습니다.
			• 체벌 논쟁에 대한 개관
				• 동영상을 시청한다.	• 동영상
					  자료
						• 동기 유발이
						  학습과 연결
						  되도록 유의

		수업목표	• 수업목표를 제시하고 같이 읽게 한다.	• 다 같이 소리내어 읽으면서 학습 목표 확인	• 설명식,
					  칠판
					  판서
						• 수업 목표를
						  인지하도록
						  유도함

도입	5 (5)	수업전개 설명	• 수업의 흐름을 설명 -체벌에 대한 입장을 살펴보고, 모두의 의 견을 학습활동지에 적어 발표해 봅니다. 이를 바탕으로 학교 의 체벌규정을 만들 어 봅시다.	• 수업의 흐름을 인지	• 설명식, 칠판 판서	
전개	10 (15)	체벌에 관한 세 가지 입장	• 체벌에 대한 세 가지 입장을 간단히 제시한 다(찬성론, 반대론, 절 충론)		• 설명식, 칠판 판서	• 체벌에 관한 세 가지 입장 을 인지한다.
		타인 입장 제시	• 동영상을 통해 사람 들의 입장을 들어본 다.(체벌에 대한 세 사 람의 입장 인터뷰) (이하 생략)	• 자신의 견해가 어떠 한지 생각하면서 동 영상 시청		
평가 및 정리	5 (50)	학습정리	• 오늘 학습한 내용을 정 리한다. • 질문 여부 확인	• 오늘 학습한 내용을 정리한다. • 질문		• 배운 내용과 자 신의 입장 정리
		차시학습 예고	• 차시 학습 내용과 탐구 과제 제시	• 차시 학습 내용과 탐 구 과제 확인		
예상 되는 발전	1. 체벌에 관한 세 가지 입장을 이해하고, 자신의 견해를 정리할 수 있을 것이다. 2. 우리가 바라는 바람직한 체벌 규정을 제시할 수 있을 것이다.					
판서 계획	3. 나의 교육관 3-1. 교육문제에 대한 이해 ② 체벌 1. 체벌에 관한 세 가지 입장 　1) 찬성론 　2) 반대론 　3) 절충론 2. 체벌에 관한 자신의 입장 발표하기 3. 우리가 바라는 바람직한 체벌 규정					

4. 교육과정 장학과 컨설팅

교육과정 장학은 교육과정을 운영하면서 학교 구성원이 요청하거나 부딪히는 문제를 해결하기 위한 조력 활동이다. 그러한 조력 활동을 통해 학교 구성원의 전문성을 신장시켜 학생이 성취하고자 하는 바를 효과적으로 돕는 것이다. 학교의 구성원 가운데 직접적인 교육활동에서 가장 중심적 역할을 하는 주체가 교사이기 때문에, 교육과정 장학은 교원의 전문성을 신장시켜 학생이 성취하고자 하는 바를 더욱 효과적으로 돕는 것을 말한다.

교육과정 장학은 장학이 다루는 여러 분야 가운데 교육과정과 직접적으로 관련된 사항을 말한다. 장학은 수업, 학교나 학급경영, 생활지도, 진로ㆍ진학 및 상담, 교과별 평가 등 여러 분야에 걸쳐 있다. 교육과정 장학은 국가나 교육청에서 교육현장이나 교사중심으로 그 초점이 이동하면서 교육과정 컨설팅, 교육과정 컨설팅 장학 등으로 그 개념의 변화를 가져오고 있다. 여기서는 이들 내용에 대해 개관한다.

1) 교육과정 장학

우리나라의 교육과정 장학은 일제강점기의 감시ㆍ시학적 장학에서 미군정기의 정초기를 거쳐 제6차 교육과정 시기에 지역화의 경향이 강조되고, 그 뒤 교육 현장의 자율성이 강화되면서 국가 중심적 접근에서 교사 중심적 접근이 강화되고 있다.

미국의 경우 장학은 시학 및 감독적 장학의 형태에서 1900년대 과학적 관리 운동의 영향에 의해 장학에서 과학적 관리를 강화하는 장학으로 발전하였다. 과학적 관리 장학은 교사가 교육과정과 수업 체제를 실행에 옮길 수 있다고 보고, 교사가 기대되는 방식으로 가르치면서 지침과 수업 계획안을 잘 따르는지 확인하는 장학이 되었다. 1930년대에 접어들면서 진보주의 교육의 시대로 인간관계론이 중요시되면서 장학의 역할이 변화되었다. 인간관계론 장학에서는 교사의 사기와 직무 만족도를 높여 주는 방식으로 좋은 교수가 일어날 것으로 보았다. 1950년대 후반은 소련의 스푸트니크 충격으로 장학은 전문교과의 담당자로 이루어졌으며, 장학 담당자들은 교육과정을 개발하는 역할을 수행하였다. 1960년대 후반과 1970년대 초반에는 학교의 수업 개선에 초점을 맞추려는 노력이 일어나기도 하였다. 1980년대 초부터는 과학적 경영식 사고에 또 다시 흥미를 가지는 신과학적 경영으로 전개되고 있는 향상을 띠고 있다.[3]

장학에 대한 관점의 변화는 교육과정 분야의 장학에도 영향을 미친다. 과학적 관리와 같이 통제적 입장에서는 교육과정의 운영이 제대로 이루어지고 있는지에 중점을 둔다. 이에 비해 인간관계론의 입장은 통제보다는 지원과 촉진에 보다 많은 비중을 두게 된다. 신과학적 관리론의 입장은 통제적 사항도 있지만, 그것은 교사가 하고 있는 일이나 가르치는 교과와 그에 대한 교수법 등이 무엇인지 살펴보는 것이기 때문에, 개인적이기보다는 개인 외적인 것에 관심을 두는 것이다.

우리나라는 국가와 지역에서 교육과정의 기준과 내용의 기본적 사항을 정하기 때문에, 이것이 제대로 준수되는지의 여부를 살펴보는 통제적 입장이 존재한다. 그러나 학교는 국가와 지역의 교육과정 기준과 내용을 토대로 학교와 학생의 실정에 맞는 교육과정을 편성·운영할 수 있는 자율성이 부여되어 있다. 따라서 학교 교육과정이 제대로 운영될 수 있도록 지원과 촉진 및 질 관리를 통한 통제적 기능도 있는 것이다. 교육과정의 개념적 수준이 국가와 지역의 교육과정 기준과 내용의 기본적 사항, 이에 근거한 학교 교육과정의 운영이 총체적으로 결합되어 있기 때문에, 교육과정 장학은 통제와 지원 및 촉진 등의 요소가 동시에 존재하고 있는 것이다. 국가교육과정에 제시된 내용과 관련해 교육과정 장학을 살펴본다.

우선 교과에 대한 것이다. 교과는 교육과정의 근간을 이루는 것으로 학습해야 할 내용을 영역에 따라 조직한 것이다. 국가교육과정에는 '교과'가 제시되고 있으며, 학교급이 올라가면서 분화되어 '과목'이라는 명칭으로 나타나기도 한다. 이러한 교과는 일정한 시간이 분배되어 있으며, 시수를 증감한 편성과 운영, 집중이수의 실시 등을 할 수 있다. 이들 사항이 학교나 교사가 전문성을 발휘해 제대로 집행하고 있는지에 대한 장학지도를 할 수 있는 것이다.

다음으로 창의적 체험활동이다. 창의적 체험활동은 2009 개정 교육과정에서 만들어진 것으로, 기존의 특별활동과 재량활동을 통합해 지적 영역에 치우친 학교 교육의 문제를 보완하기 위해 성립된 개념이다. 따라서 창의적 체험활동이 취지에 부합하게 운영되는지에 대한 지도를 할 수 있는 것이다. 마지막으로 교과와 창의적 체험활동 이외의 사항이다. 2022 개정 교육과정에서는 학교자율시간과 진로연계교육 등을 실시할 수 있는 근거를 마련하였다. 교육 현장에서 이들 사항의 운영을 위한 장학지도를 할 수 있는 것이다.

시간의 경과에 따라 단위 학교의 자율이 강조되면서 교육 현장을 중심으로 하는 장학으로 사고의 변화가 이루어지고 있다. 이에 따라 교육과정 장학보다는 교육과정 컨설팅 장학으로 보는 개념적 변화를 가져오고 있다.

2) 교육과정 컨설팅

우리나라에서는 2000년대 들어 현장중심의 장학, 교사중심의 장학으로의 발전과 더불어 장학이 교육활동 개선에 직접적으로 도움을 줄 수 있는 지도 · 조언의 성격을 가져야 하는 것으로 인식의 전환이 이루어지고 있다. 장학의 대안으로 학교 컨설팅, 컨설팅 장학, 수업컨설팅 등 새로운 형태의 교원 전문성 개발 이론과 원리로 발전되고 있다.[4]

2009 개정 교육과정 개정 작업을 위한 기초 작업의 하나로 연구된 교육과정 선진화 방안에서는 교육과정 컨설팅에 대한 내용이 직접적으로 제시되고,

국가교육과정 총론 문서에 학년군과 교과군의 도입에 따른 단위학교 교육과정 자율편성과 창의적 체험활동의 효율적 운영을 위해 교육과정 컨설팅 등의 지원 기구를 조직해 각종 자료의 연구와 개발에 대한 보급을 하도록 교육청 수준의 지원을 명시하였다.[5] 교육청 수준에서의 교육과정 컨설팅은 교과활동과 창의적 체험활동에서 이루어져야 함을 명시하고 있는 것이다.

교육과정 장학과 교육과정 컨설팅은 다소 차이가 있다. 궁극적으로는 두 개념 모두 학습자의 학습의 향상을 도모하는 데 있지만, 의뢰의 관계와 직접적으로 대면하는 관계에서 다른 점이 있다.

교육과정 컨설팅은 교육과정 장학과의 차이는 학교의 관리자, 교육과정 담당자, 교사가 교육과정을 개발하거나 운영하는데, 고충이 있는 경우 교육과정 전문가에게 의뢰를 하게 된다. 의뢰를 받은 주체는 문제의 파악과 해결 방안을 강구해 직접적으로 교육현장에서 나가 해결 방안을 실행하며, 종국적으로 교육현장에서 해당 문제를 직접 해결할 수 있도록 지도·조언하는 활동에 해당된다. 한국교육개발원에서는 학교컨설팅에 대한 개념을 정의하고, 이에 대한 다양한 방안을 모색하기도 하고, 학교 평가 후속으로 컨설팅을 지원하였다. 교육과정 컨설팅은 교육현장에서 제대로 해결되지 않는 문제에 대해 의뢰를 하게 되고, 의뢰 과제의 전문가와의 지속적 만남을 통해 의뢰인이 문제를 해결하는 과정을 말한다. 교육과정 장학이 장학사(관)의 입장에서 문제가 규정이 되고, 그 해결 방안을 제시해 문제가 해소되는 과정을 거친다는 점에서 교육과정 컨설팅과는 차이가 있는 것이다. 교육과정 컨설팅 과정을 도

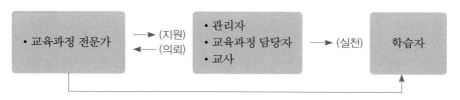

[그림 9-3] 교육과정 컨설팅 과정

식화하면 [그림 9-3]과 같다.

　2022 개정 교육과정에서는 학교 자율시간이 새로이 만들어졌다. 학교 자율시간은 교육 현장에서 선택과목(활동)의 신설을 통해 운영할 수 있다. 학교 자율시간에 대해 선택과목(활동)을 어떻게 신설하고, 그 내용은 무엇을 담을 것인지에 대해 어려움이 있을 수 있다. 이러한 경우 교육과정에 대한 컨설팅을 요청해 문제를 해결할 수 있는 것이다. 개정 교육과정이 직접적으로 적용되는 문제에 대해 수동적으로 대처하기에는 시간적으로나 현실적 대응 능력에 한계가 있다. 그렇기 때문에, 해당 문제에 대해 적극적으로 대처해야 할 필요가 있다. 이러할 경우 학교의 현실에서 어떠한 문제가 있고, 그 문제를 위한 해결 방안을 직접 찾아가는 방안의 모색이 요구된다. 그리고 창의적 체험활동의 경우에도 국가교육과정에서 예시로 들고 있는 주제들에 대해 학교의 개성을 살리는 방안도 제대로 모색해야 할 필요가 있다. 이러한 경우 교육과정 컨설팅은 제 역할을 하게 된다.

3) 교육과정 컨설팅 장학

　컨설팅 장학이라는 용어는 2010년 9월 1일부터 전국의 모든 지역교육청을 교육지원청으로 개편하면서부터 사용되었다.[6] 컨설팅 장학에는 교육과정 분야를 비롯해 수업 및 평가 등 직접적 교육활동뿐만 아니라 학급경영에 이르는 모든 분야를 포괄하고 있다. 여기서 교육과정 분야에 대한 컨설팅 장학을 교육과정 컨설팅 장학이라고 할 수 있는 것이다.

　지역단위의 교육청의 기능이 지도나 감독보다는 지원 중심으로 전환됨에 따라 장학 역시 컨설팅 위주로 바뀌게 되었다. 그렇게 되면서 사용된 컨설팅 장학은 전문성을 갖춘 전문가가 단위학교나 학교 구성원이 요청한 문제와 과제 해결을 위한 컨설팅 중심의 조력 활동을 하는 것으로 이해되고 있다. 전문성을 갖춘 전문가는 컨설턴트로 불린다. 컨설턴트는 장학사뿐만 아니라 해

당 분야별로 전문성을 인정받은 사람이다. 그렇기 때문에 컨설턴트는 장학
사(관)과 같은 전문직뿐만 아니라, 교사나 교감 및 교장, 건축이나 시설 전문
가, 연구기관 종사자, 법조나 의료인 등 다양할 수밖에 없는 것이다.

컨설팅 장학에서는 분야별로 전문가가 다양하게 등장하기 때문에, 컨설팅
장학에 대한 의뢰나 요청 건에 대해서 장학사가 해결하기 어려운 경우에는
해당 분야의 전문가를 연결해 주면 된다. 교육청에서는 다양한 분야의 전문
가 풀을 구축해 놓을 필요가 있는 것이다. 컨설팅 장소는 교육과정 장학에서
처럼 반드시 학교를 방문할 필요도 없다. 의뢰측과의 협의를 통해 전화나 이
메일, 학교나 그 외의 장소에서도 이루어질 수 있다.

그러나 장학의 개념이 컨설팅 장학으로 전환이 되었다고 하더라도, 교육
청이나 교육지원청에서 행하는 장학이 금지된 것은 아니다. 교육청이 필요
하다고 인정될 경우에는 대상 학교에 대한 장학지도에 대한 계획을 수립하여
추진할 수 있다. 이에 대한 근거는 「초ㆍ중등교육법」과 법 시행령에 제시되
어 있다.[1]

교육과정 분야의 컨설팅 장학은 [그림 9-4]와 같은 절차에 따라 이루어진
다.[7]

---

1) 「초ㆍ중등교육법」 제7조(장학지도) 교육감은 관할 구역의 학교를 대상으로 교육과정 운영과
   교수(敎授)ㆍ학습방법 등에 대한 장학지도를 할 수 있다.
   「초ㆍ중등교육법시행령」 제8조(장학지도) 교육감은 법 제7조에 따라 장학지도를 하는 경우
   매학년도 장학지도의 대상ㆍ절차ㆍ항목ㆍ방법 및 결과처리 등에 관한 세부계획을 수립하여
   이를 장학지도 대상학교에 미리 통보하여야 한다.

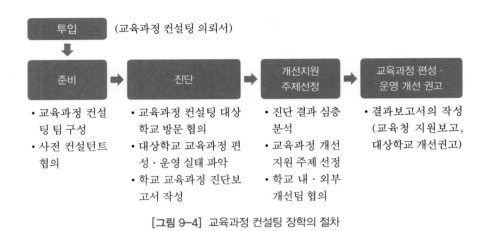

[그림 9-4] 교육과정 컨설팅 장학의 절차

첫째, 투입 단계는 컨설팅을 받고자 하는 대상 학교가 요청하는 문제를 토대로 컨설팅 의뢰서를 작성하고, 교육청은 해당 학교의 컨설팅 의뢰 내용이 컨설팅 주제로 적합해 컨설팅 실시를 결정하는 것을 말한다. 예컨대, 창의ㆍ인성 교육에 유효한 것이어서 블록 타임을 도입하고자 하였는데, 교육과정 재구성이나 시수 관리의 문제 등 학년 협력에서 적정한 방안을 마련하지 못한 경우, 이 문제를 해결하기 위해 학교가 교육청에 컨설팅을 요청하는 것이다. 교육청은 해당 학교의 컨설팅 의뢰 내용을 검토해 컨설팅 주제로 적합하고 지원이 필요하다고 인정이 되면, 해당 학교에 대해 컨설팅을 결정하게 된다.

둘째, 준비 단계는 교육청이 교육과정 컨설팅 지원단을 중심으로 교육과정 컨설팅 팀을 구성하고, 사전 컨설턴트 협의를 진행하게 된다. 우선 교육과정 컨설팅 팀은 대상학교의 컨설팅 의뢰 내용을 검토하고, 이를 해결하기 위한 컨설팅 시행 계획서를 작성하게 된다. 계획서에는 컨설팅 시행의 기간, 팀원의 인적 사항, 컨설팅 영역과 추진계획 등이 포함된다. 다음으로 사전 컨설턴트 협의를 한다. 사전 협의에서는 대상 학교의 전반적인 특징을 파악하고, 대상 학교가 교육과정을 운영할 때 고충을 파악하기 위해 바람직한 질문 목록을 작성하게 된다. 질문은 사전에 온라인이나 오프라인 등 방법을 정해 질문

내용을 대상 학교의 담당자와 교장이나 교감에게 전달하게 된다.

셋째, 진단 단계는 교육과정 컨설팅 대상 학교를 방문 협의, 대상 학교의 교육과정 편성·운영 실태 파악, 학교 교육과정 진단보고서를 작성하는 단계로 이루어진다. 교육과정 컨설팅 대상 학교 방문 협의는 학교 교육활동을 둘러싼 여러 환경을 직접적으로 확인하고, 담당자와의 대면을 통해 신뢰감을 형성하고 문제를 심층적으로 파악하기 위해 이루어지는 것이다. 대상 학교의 교육과정 편성·운영 실태 파악은 사전 협의된 내용을 바탕으로 대상학교 교원과의 대면을 통해 확인하고 추가적 질문을 하는 것이다. 그리고 보다 심층적인 학교 교육과정 실태 파악을 위해 컨설팅 내용을 보다 초점화하는 것이다. 마지막으로 교육과정 컨설팅 팀은 방문 협의된 내용을 중심으로 내부 협의를 통해 대상학교의 교육과정 진단보고서를 작성하게 된다.

넷째, 교육과정 개선 지원 주제의 선정은 진단 결과 심층 분석, 교육과정 개선 지원 주제 선정, 그리고 학교 내·외부 개선팀 협의의 과정을 거친다. 진단 결과 심층 분석은 진단 보고서의 각 항목에 대해 일일이 의견을 제시함으로써 학교에서 구체적으로 무엇을 어떻게 해야 하는지가 명확히 드러나도록 한다. 교육과정 개선 지원 주제 선정은 교육과정 운영 보고서와 관련 내용의 면담 등을 통해 대상 학교의 개선 지원 주제를 보다 명확하게 하는 것이다. 그리고 명료화된 주제는 학교 내부 개선 팀과의 협의를 통하여 실제적 교육과정 개선이 이루어질 수 있도록 하게 된다.

다섯째, 교육과정 편성·운영 개선 권고는 결과보고서에 제시된다. 결과보고서는 교육과정 컨설팅이 종료되면 작성하는 것으로, 교육과정 컨설팅 영역을 구체적으로 명기하고, 현재까지의 컨설팅 활동 내용의 요약·기술을 하고, 보고서 내용을 대상 학교에 통보해 교육과정 대상 학교에 통보해 교육과정 편성·운영 개선 자료로 활용이 될 수 있도록 한다.

교육과정에 대한 장학, 컨설팅, 컨설팅 장학의 내용을 정리하면 〈표 9-3〉과 같다.[8]

표 9-3 │ 교육과정 장학, 컨설팅, 컨설팅 장학의 비교

구분	교육과정 장학	교육과정 컨설팅	교육과정 컨설팅 장학
성격	상급 기관의 지도·감독이나 평가 중심	의뢰 측이 요청한 문제나 과제 해결 위한 조력	의뢰 측이 요청한 문제나 과제 해결 위한 조언
장학의 실시 주체	교육청에 의한 타율적 장학	의뢰 측(학교나 교원 등)이 컨설턴트와 대등한 위치에서 문제 해결을 위한 조력의 요구	의뢰 측(학교나 교원 등)이 결정한 문제를 장학사(필요시 해당 분야 전문가 연결)가 주체가 되어 문제해결 조언
장학의 영역과 방법의 결정	교육청이 장학의 영역과 방법 설정	의뢰 측(학교나 교원 등)이 원하는 영역과 방법 결정	의뢰 측(학교나 교원 등)이 원하는 영역과 방법 결정
정기 유무	정기적	의뢰 측이 요청하는 기간	의뢰 측이 요청하는 기간

5. 교육과정 운영의 접근방식과 모형

교육과정 운영에 대한 접근과 그 모형은 다양하게 나타나고 있다. 수많은 접근방식과 모형을 제한된 지면에 다 소개할 수도 없으며, 그렇게 해야 할 뚜렷한 이유도 없다. 여기서는 교육과정 운영과 관련해 국가교육과정이 존재하고, 이를 통해 교육과정의 변화를 가져오기 위한 노력이 지속적으로 일어나고 있다는 점을 감안하여 모형을 제시하였다.

1) 교육과정 운영의 접근 방식

교육과정 운영과 관련해 교육현장에서 어떻게 실천이 되는지 여러 전문가에 의해 제시되었다. 여기서는 스나이더(Snyder)와 그 동료가 제안하고 있는

충실도 관점, 상호적응 관점, 생성 관점으로 구분해 살펴보고자 한다. 스나이더와 그 동료는 1990년대 초 지난 20여년 간의 교육과정 운영과 관련된 연구를 종합적으로 분석해 그 접근 방식을 세 가지로 분류했다.[9]

(1) 충실도 관점

충실도(fidelity) 관점은 원래 계획된 교육과정이 존재하고, 그 교육과정을 교육현장에서 일치되게 실천하는 것을 말한다. 충실도 관점에서는 교육과정은 외부의 전문가에 의해 개발이 되고, 교사는 전문가에 의해 개발된 교육과정을 제대로 실천하기만 하면 되는 것이다. 학교 교육과정의 변화와 혁신은 교사가 의도된 교육과정에 따라 실행하면서 교사의 의식과 교수에 필요한 기능과 태도 등이 변하게 되어 실제 교수행위가 변화됨으로써 이루어진다는 것이다.

이 관점에서 보면 교사는 외부의 전문가가 개발한 교육과정을 수용하고, 이를 잘 활용하기 위해 연수를 제대로 받으면 된다는 것이다. 교사의 교육과정에 대한 소양이 낮기 때문에, 교육과정을 매우 구체적이고도 체계적으로 잘 계획하는 것은 매우 중요하게 여겨진다. 이러한 이유로 교사는 교육과정 개발에 참여를 제대로 하지 못하게 되는 결과를 초래하는 약점을 지니게 된다.

(2) 상호적응 관점

교육과정 실행의 과정 접근이라고도 불리는 상호적응(mutual) 관점은 교육과정 개발자에 의해 만들어진 교육과정이 학교나 교실 상황에서 실제 사용하는 사람에 의해 조정이 될 수 있다고 보는 것이다. 상호적응 관점은 교육과정 개발자와 교육과정 운영자 간의 상호작용에 기초한 역동적 변화의 과정을 강조한다. 교육과정 운영은 다양한 수준과 맥락에서 일어나는 복잡한 과정이기 때문에, 그러한 상황을 밝히고, 이들의 상호관련성을 분석할 필요가 있는 것이다.

이 관점은 외부에서 개발된 교육과정의 보급보다는 교육과정 개발자와 사용자 간의 상호작용에 기초한 역동적인 변화의 과정을 설명하고, 교육현장의 특수성이나 다양성을 고려한 실제 교육과정 활용을 조정하는 과정을 중시한 다는 장점을 지닐 수 있다. 스나이더와 그 동료는 상호적응 관점에는 실제적 관점, 실제적 · 비판적 관점, 비판적 관점이 있다고 한다.[10]

실제적 관점은 교육과정 운영이 이루어지는 과정과 이에 영향을 미치는 요 인과 이를 측정하기 위한 방법적 문제는 무엇인가와 같이 비교적 교육과정 운영의 과정 그 자체에 관심을 두고 있다. 실제적 · 비판적 관점은 특정 교육 과정 프로그램이 이를 운영하는 사람들에게 미치는 효과가 무엇인지에 관심 을 갖는다. 교육과정 설계자나 운영자가 이 프로그램을 보는 시각과 그들 간 의 상호작용 등에 관심을 갖고 주의깊게 관찰하고 분석하려는 입장이다. 비 판적 관점은 교육과정 운영에 참여하는 모든 사람들의 지각과 행동에 관련된 의미를 시대적, 사회적, 정치적 상황에 비추어 분석하려는 입장이다. 교육과 정 운영에서는 제반 상황적 조건들의 영향을 고려해야 한다는 것이다.

(3) 교육과정 생성 관점

교육과정 생성 관점(curriculum enactment perspectives)은 교사와 학습자가 점진적으로 만들어 가는 과정을 강조한다. 교육과정 생성적 접근은 교육과 정 운영에 영향을 미치는 학습자의 주관적 지각과 느낌, 교사와 학습자의 상 호작용 과정을 분석하고 해석함으로써 교육과정 운영에 대한 교사와 학습자 의 적극적 이해를 강조하고 있다. 교육적 변화는 단순히 관찰되는 행동의 변 화가 아니라, 교사와 학습자 양자의 개인적 발달 과정으로 여기는 것이다. 교 사는 학습자와 함께 교육과정을 만들어 가는 개발자인 것이다.

이 관점에서 가장 중요한 교육과정 운영 요인은 교사이다. 교육과정의 성공 적 운영을 위해서는 교사의 주관적 느낌과 생각 등을 이해하고 수용하는 것이 중요하다. 이 관점에서의 교육과정은 교사와 학습자의 개인적 성장 과정을 의 미하기 때문이다. 이들 세 관점을 비교하여 제시하면 〈표 9-4〉와 같다.[11]

표 9-4 교육과정 운영에 대한 세 가지 접근 방식의 비교

구분	충실도 접근	상호작용 접근	교육과정 생성 접근
교육과정 운영의 개념	계획된 교육과정	조정된 교육과정	창조된 교육과정
교육과정 구성 방식	학교 외부 전문가	외부 전문가와 학교 내부의 교육과정 운영 담당자 간의 상호작용	학교 내·외 교사와 학생
평가 영역	계획과 결과 간의 일치 정도	상호작용의 변화 과정	교사의 이해와 해석 수준

2) 관심기반 채택모형

관심기반 채택모형(concern-based adaption mode, CBAM)은 1970~1980년대 교육혁신을 설명하는 널리 알려진 이론 모형 중의 하나이다. 이 모형은 교육과정의 개발이나 설계에 초점을 둔 것이 아니다. 교육과정은 교육관계자와 교사에 의해 이미 만들어져 있다는 가정을 한다. 교사는 만들어져 있는 교육과정을 자신의 것으로 채택 하는 데 있다. 교육과정에 대한 교사의 관심이 성공적으로 일어나게 되면, 그 교육과정은 제대로 운영이 된다.

교사가 교육과정을 제대로 가르칠 준비를 하기 위해서, 교육과정 운영에 책임을 지고 있는 사람은 교사의 관심사를 찾아내야 하고, 그것을 부각시켜야 하는 것이다. 홀(Hall)과 그 동료는 교사의 관심수준과 실제 이용 수준의 계열을 알아보기 위해 관심단계와 실행수준을 고안해 냈다.[12] 관심단계(Stage of Concern)는 교사가 새로운 교육과정을 실행할 때, 거쳐가는 관심 수준을 추적하기 위한 것이다. 실행수준(Levels of Use)은 교사가 실행 과정에서 실제로 수행한 일을 추적하는 것을 말한다.

(1) 관심 수준

관심 수준은 교사가 교육과정을 실행하면서 느끼는 감정에 초점을 맞춘다. 관심은 교사가 변화를 실행해 나가는 과정에서 교육과정의 변화와 혁신에 대해 갖는 감정이나 생각과 같은 반응을 의미한다. 교사는 교육과정의 운영에 관여하는 정도가 높아질수록 더 높은 단계로 이동하게 된다. 이 모형에서는 모든 변화의 바탕을 개인에 두고 있기 때문에, 개인의 변화된 행동에 따라 제도적 변화까지 수반하게 되는 것으로 본다. 따라서 교육과정 운영에 책임을 지고 있는 관리자나 담당 교사들에게는 개인의 관심 수준을 확인하고, 그에 적절한 자료를 제공함으로써 교육과정의 혁신을 이룰 수 있는 것이다. 관심 수준은 〈표 9-5〉와 같다.

표 9-5 관심의 수준

	관심 단계	정의
0	지각적 관심 (awareness)	혁신안에 대한 관심이나 관여가 '거의 없음'으로 나타난다.
1	정보적 관심 (informatonal)	혁신안에 대해 전반적으로 각성하고 조금 더 자세한 사항을 배우려는 학습 흥미가 나타난다. 혁신안과 관련하여 자신에 대해 걱정하지 않는 표정이다. 아무런 사심 없이, 혁신안의 전반적인 특성, 효과, 이용 요건 등과 같은 실질적인 측면에 관심을 갖는다.
2	개인적 관심 (personal)	개인적으로 혁신의 요구에 관하여 확신감이 없고, 더군다나 그 요구에 자신이 부합하는 지와 어떤 역할을 해야 할 지에 대해 잘 모르고 있는 상태이다. 이는 조직의 보상 구조, 의사결정, 기존 구조나 개인적 관여로 인하여 생겨날 수 있는 잠재적인 갈등을 고려하는 일 등과 관련하여 자신의 역할을 분석하는 정도이다. 자신이나 동료들에 대해 프로그램이 시사하고 있는 재정적, 지위상의 암시도 포함된다.

〈계속〉

3	운영적 관심 (management)	혁신안을 활용하거나 정보와 자원을 가장 잘 활용할 수 있는 과정과 과업에 관심의 초점이 집중된다. 효율성, 조직, 관리, 시간계획, 시간요구 등과 관련한 쟁점들이 가장 중요하다.
4	결과적 관심 (consequences)	교사의 직접적인 영향권 안에서 혁신안이 학생에게 어떤 영향을 미쳤는지에 대해 관심이 쏠린다. 혁신안이 학생에게 적절한지, 수행이나 역량을 포함한 학생의 성과를 평가하는 일, 그리고 학생의 성과를 높이기 위해 필요한 변화가 무엇인지 등에 초점을 맞추게 된다.
5	협동의 관심 (collaboration)	이 단계에서는 혁신안의 활용과 관련하여 다른 사람들과 어떻게 조정하고 협력하는지에 초점을 맞춘다.
6	강화적 관심 (refocusing)	중요한 변화 혹은 훨씬 더 강력한 대안으로 대체될 가능성을 포함하여 혁신안으로부터 얻을 수 있는 보다 일반적인 혜택에 관심의 초점이 모인다. 새롭게 제안된 혁신안이나 아니면 기존의 혁신안에 대한 새로운 대안들에 대하여 구체적인 생각을 가지고 있다.

(2) 실행 수준

실행의 수준은 새로운 교육과정을 운영하는 과정에서 교사가 실제 행동을 나타내는데 사용이 된다. 교사의 실행 수준이 어느 단계에 있는지 정확하게 파악한다면, 새로운 교육과정의 운영에 도움을 줄 수 있다. 실행의 단계에 따라 관리자나 담당 교사는 해당 교사에 대해 더 많은 정보와 자료를 제공해 줄 수 있고, 그러한 정보와 자료를 잘 실행한 교사는 교육과정의 성공적 혁신을 이룰 수 있을 것이다. 실행의 수준에 대한 내용은 〈표 9-6〉과 같다.

표 9-6 실행 수준

	실행 수준	실행의 정의
0	실행하지 않는 단계 (nonuse)	사용자가 혁신안에 대해 거의 알고 있지 못하거나 전혀 지식이 없어서 제대로 참여하고 있지 못하며 앞으로 관여하기 위해 필요한 일도 전혀 하고 있지 않은 상태를 말한다.

〈계속〉

1	오리엔테이션 단계 (orientation)	최근에 이용자는 혁신안에 관한 정보를 얻었거나 얻고 있는 상태이다. 혁신안의 지향이 무엇이며, 또한 그것이 이용자나 이용자 체계에 대해 요구하는 바가 무엇인지를 탐색하였거나 탐색하고 있는 상태이다.
2	준비 단계 (preparation)	이용자가 혁신안을 처음으로 활용할 준비를 하는 상태이다.
3	기계적 실행 단계 (mechanical use)	이용자는 혁신안에 대해 별도로 성찰할 시간을 가지지도 못한 채 그것의 단기적인 쓰임새에 주로 초점을 맞추는 수준이다. 의뢰인의 요구보다는 이용자의 요구에 더 잘 부합할 수 있도록 이용의 변화가 생겨났다. 이용자는 혁신안을 이용하기 위해 요구되는 과업을 숙달하려고 계단식 시도 방법을 적용하게 되는데 그 결과 단절적이고 피상적인 이용에 거칠 수도 있다.
4	A 일상화 단계 (routine)	혁신안의 이용이 비교적 안정된다. 지속적으로 이용하는 가운데 거의 변화가 일어나지 않는다. 설사 있다고 해도 극히 드문 변화이다. 혁신안의 이용이나 그 결과에 대해 개선하려는 준비나 고민을 거의 하지 않는다.
	B 정교화 단계 (refinement)	이용자가 직접적인 영향권 내에서 의뢰인에 미치는 영향이나 효과를 높이기 위하여 혁신안의 이용을 변화시키는 상태이다. 그 변화의 정도나 양상은 의뢰인에게 미치는 단기적 혹은 장기적 결과에 대한 지식에 근거한다.
5	통합 단계 (integration)	이용자가 혁신안을 이용하려는 자신의 노력을 동료들의 관련 활동과 결합하려고 노력하는 상태이다. 그 목적은 공통적인 영향권 내에서 의뢰인에게 미치는 전체 영향이나 효과를 성취하려는 것이다.
6	갱신 단계 (renewal)	이용자가 의뢰인에 미치는 영향을 증가시킬 목적으로 혁신안을 이용하였던 질을 재평가하고, 현재의 혁신안을 대폭 수정하거나 대체안을 모색하는 상태이다. 또한 그 분야의 새로운 개발안을 검토하며 자신과 체계를 위한 새로운 목표를 탐색한다.

　새로이 개정된 교육과정의 최종 실천은 교사의 손에 달려있다. 교사가 관심도 적고 실천도 제대로 하지 않는다면, 개정 교육과정은 의미를 갖지 못하게 된다. 반면 교사의 관심과 실행에 대한 수준이 높을수록 개정 교육과정의 의도가 교육현장에 제대로 반영될 수 있다. 우리나라의 경우 국가에서 교육과정의 기준과 내용이 만들어지기 때문에 현장 교원의 적극적 관심을 기울이는데 취약할 수 있다. 관심기반 채택 모형을 통해 교육과정 운영에서 관심의 수준과 실행의 정도를 밝혀내고, 현재 상태에서 관심과 실행의 수준을 높이기 위한 방안을 모색한다면 보다 효과적인 교육과정 운영이 가능할 것이다.

제**10**장

교육과정 평가

1. 의의

교육과정 평가는 교육평가에서 중요한 위치를 차지하고 있다. 교육평가라고 하면 흔히 학생들의 학업성취도를 평가하는 것으로 이해하는 경향이 있다. 일반인들이나 학부모 및 학생은 학생들이 중간고사나 기말고사를 치르고 난 후 그들의 점수를 확인하는 것에 보다 많은 관심을 기울인다. 일반인들이나 학부모 및 학생에게 교육과정 평가나 학교 평가를 이야기 한다면 그것이 무엇인지 이해를 제대로 하지 못하거나 관심이 없는 것이 일반적일 것이다. 교육평가에 대한 개념적인 이해의 결여뿐만 아니라 그와 관련된 하위 요소에 대한 평가의 종류에 대한 오개념이 존재하고 있는 것이다. 그래서 교육과정 평가라고 하는 용어는 생소할 뿐만 아니라 체계적 평가 역시 제대로 이루어지지 않고 있다.

이러한 현상은 교육과정 평가에 대한 개념의 규정이나 교육평가와의 관계를 규정하는 것을 쉽지 않게 한다. 그러나 이들의 관계에 대해서는 타일러의 평가의 과정에 대한 개념적 정의에서 확인할 수 있다. 타일러는 '평가의 과정이라는 것은 본질적으로 교육과정 및 수업 프로그램에 의해 교육목표가 어느 정도 실현되었는지를 밝히는 과정'[1]으로 규정하고 있다. 이 정의에서 교육평가라는 것은 교육과정이나 수업 프로그램의 질이나 효과성에 대한 것이지, 학생의 학업성취도를 직접적으로 말하는 것은 아니다. 학생의 학업성취도는 교육목표의 실현 정도를 말하는 것이지 그 자체가 목적은 아닌 것이다. 그리고 교육의 평가를 위해서는 교육과정과 수업 프로그램의 존재를 전제로 하는 것임을 말해주는 것이기도 하다.

이러한 것에 의하면 교육과정 평가는 교육평가의 중요한 요소임을 말해 주는 것이다. 그것은 교육과정이라고 하는 것이 교육현장에서 학생들이 배울

목표와 내용을 결정하는 것이기 때문이다. 그래서 교육과정을 평가한다는
것은 교육의 목표와 내용을 평가하는 것이 된다. 또한 교육과정에 제시된 교
육의 목표와 내용을 평가하는 것은 교육과정의 질이나 효과를 평가하는 것이
된다. 교육과정에 있는 목표와 내용은 미리 정해져 있는 것이 아니라, 이를
개발하고 운영을 하며, 그에 대한 성과를 점검함으로써 지속적으로 새롭게
하는 노력을 기울인다. 이러한 과정은 평가와 밀접하게 관련되어 있고, 평가
를 위해 어떠한 모형이 적절한 것인지에 대한 요청을 하게 된다. 여기에서는
교육과정 평가의 성격과 관점에 대해 살펴보고, 교육과정의 개발·운영 단계
와 평가의 관계, 그리고 평가의 모형에 대해 알아보고자 한다.

표 10-1   교육평가와 교육과정 평가

• 교육평가
 −학생의 학업성취도를 포함해 교육과정과 수업이 교육목표를 어느 정도 실현했는
  지 밝히는 과정
• 교육과정 평가
 −교육목표와 내용에 대한 평가로, 교육평가의 중요한 요소로 작용하는 것

2. 교육과정 평가의 성격과 관점

교육과정 평가는 교육과정의 질이나 효과를 평가하는 것으로, 여기에는 교
육과정을 개발하는 과정과 그것의 운영에 따른 교육목표의 달성 정도를 살펴
보는 것이 포함되어 있다. 교육과정 평가는 교육과정의 개발과 운영에서 교
육과정과 관련된 자료의 수집과 이를 처리하는 과정이다.[2] 수집된 자료를 바
탕으로 교육과정과 수업 프로그램에 대한 여러 가지 결정을 할 수 있게 된다.
교육과정 평가에서 자료를 수집하는 것은 교육과정의 개발 단계와 운영 단계

를 포괄하는 것이다.

　교육과정의 개발 단계는 주로 교육과정 목적의 설정이나 절차가 충실하게 실천이 되고 있는지를 평가하게 된다. 그것은 교육과정을 구성하는 중에 일어나는 것이고 형성적 평가에 해당한다. 교육과정 개발 단계에서는 개발 중인 교육과정에 대한 자료가 수집되도록 한다. 그렇게 함으로써 교육과정 개발자에게 조언이 되도록 빈번하면서도 구체적인 정보를 제공하게 된다. 형성평가는 프로그램의 개발 과정의 여러 시점에서 이루어지고, 교육과정의 구체적 내용이 개발됨에 따라 그에 대한 수정이나 삭제 및 보완을 할 수 있는 기회를 제공하게 된다. 형성평가는 교육과정의 개발 단계에서 초점이 있다고 하더라도, 교육과정 운영의 단계에서도 이루어진다.

　이에 비해 교육과정의 운영 단계는 교육과정을 전국적으로 실천에 옮김으로써 그 질이나 효과를 전반적으로 확인하는 평가에 해당된다. 그것은 교육과정의 구성 후 최종적인 평가로 총괄평가에 해당된다. 총괄평가는 일반적으로 교육과정 개발이 완료되고, 이것이 모든 학교에 적용이 된 후에 수행이 되며, 교육과정 전체의 효과성에 초점을 두게 된다. 총괄평가는 교육과정이 잘 운영되었는지에 대한 물음에 답을 하는 것이다.

　교육과정 평가에서 형성평가와 총괄평가는 주로 양적인 평가 방법인 과학적인 평가 방법이 활용이 되는 경향이 있다. 그러나 양적 평가 방법에 대한 비판으로 질적인 평가 방법이 등장하였다. 양적인 평가 방법은 무작위적인 실험, 다양한 통계적 분석, 샘플 조사 등의 기법을 사용하는 것을 말한다. 이러한 방법은 전통적인 접근법으로 여전히 교육자들이 자료를 수집하는 주요한 수단으로 활용한다. 많은 교육과정 프로그램의 질이나 학생에 대한 이해를 위해 표준화 검사를 통한 점수로 판단을 하고 있다.

　이에 비해 질적인 교육과정 평가는 양적인 평가에 의해서만 이루어지는 것은 아니라고 한다. 교육과정 내의 교육목표는 과학적인 준거로만 이루어지지 않는다. 현대 사회와 같이 변화의 속도가 빠른 경우 학교에서 가르칠 가치가 있는 것이 무엇인가를 결정하는 일은 가치 판단에 속하는 것이다. 인간의 성장에 관한 목표와 사회발전에 필요한 목표는 과학적 방법에 의해서도 설정할 수 있다. 그러나 그러한 목표의 결정은 기본적으로 철학적 가치 판단에 의존하게 된다. 교육과정의 목표가 옳거나 달성해야만 한다는 것은 과학적인 방법으로 정당화될 수 없는 것이다.

교육과정의 개발과 운영에서 경험적이거나 실증적 탐구의 입장을 취해 평가 대상을 수량화하고, 수량화된 자료를 통계적 방법을 활용해 분석하는 것은 신뢰도와 객관성을 확보하는 데 유용하다. 그렇지만 교육과정에 제시된 교육목적과 같은 가치 판단이나 교육과정을 사용하는 교사의 입장보다는 연구자나 행정가의 입장이 강조되는 한계도 있다. 이러한 관계로 교육과정 평가에서는 양적 평가와 더불어 질적 평가에 의해 이루어져야 함을 알 수 있다.

표 10-2 | 교육과정 평가의 성격, 시기와 방법 및 관점

- 교육과정 평가
  - 교육과정의 개발과 운영에서 교육과정과 관련된 자료의 수집과 이를 처리하는 과정
- 평가의 시기와 방법
  - 교육과정 개발 단계: 주로 프로그램을 개선하기 위해 취해지는 모든 활동을 포함하는 것으로, 의도하는 프로그램의 개선에 초점을 두는 형성평가 활용
  - 교육과정 운영 단계: 일반적으로 개발된 교육과정이 모든 학교에 적용이 된 후에 수행이 되며, 교육과정 전체의 효과성에 초점을 두는 총괄평가 활용
- 평가의 관점

양적 평가(과학적 접근법)	질적 평가(비과학적 접근법)
• 실험이나 다양한 통계적 분석 등을 통한 과학적 사고 방식의 연구	• 사례나 참여관찰 등을 포함한 가치 판단과 관련된 연구

3. 교육과정의 개발 · 운영과 평가

1) 교육과정 개발·운영 단계와 평가

교육과정의 평가는 교육과정의 개발과 운영 및 협의의 질 관리라는 측면에서 다소 상이한 내용을 포함하고 있다. 여기에서는 교육과정의 개발 단계, 교육과정의 운영 단계, 협의의 교육과정의 질 관리 단계로 구분하여 살펴보고자 한다.

(1) 교육과정 개발 단계

교육과정 개발은 교육현장에서 실천할 교육과정 계획을 수립하는 것으로, 교육과정의 목적과 방향 등과 같은 일반적인 원칙을 설정하고, 이에 따라 교과별 교육과정을 만드는 구체적인 계획 수립의 작업을 한다.

첫째, 교육과정의 목적과 방향 등을 만드는 작업과 평가에 대해 알아본다. 교육과정 개발에서는 국가 · 사회적 요구에 따른 정책이나 이념의 변화, 교육현장의 요구, 지식관이나 교과의 변화에 대한 요구 등에 따라 목표와 내용이 영향을 받는다. 그래서 교육과정 개발의 행정에 참여하는 사람들은 다양한 영향 요인에 대한 자료를 수집하고, 교육과정 개발의 목표와 내용에 적절한 결정을 내릴 때 책임을 져야 할 위치에 있다.

교육과정 개발 단계의 평가는 반드시 평가 전문가에 의해서 이루어지는 것은 아니다. 국가나 지역 및 학교의 요구, 직업의 변화나 가치의 변화 및 경제의 동향 등 교육과정의 목적과 목표 결정에 사용될 정보를 제출하고 표현할 수 있는 사람이 이 단계에서는 더 많이 동원된다. 교육과정은 사회 구성원이 함께 공동으로 소유하고 있는 경험적 내용이 있다는 것을 가정하여 사회적 합의를 통해 만들어지기 때문이다.

평가 전문가는 정책의 변화나 사회구조의 변화, 가치관 변화 등 교육과정에 영향을 주는 여러 요소에 대한 자료를 체계적으로 수집하고, 이의 분석을 통해 교육과정의 수립이나 변경 등을 결정하도록 교육과정 개발 책임자에게 요구하는 것이다. 그리고 평가 전문가는 조사나 분석에 대한 결과를 체계적으로 종합하는 작업도 수행하게 된다.

둘째, 이와 같은 작업을 거쳐 교육과정 개발의 목적이나 방향 등이 설정되면, 교과별로 성격이나 목표, 내용, 교수 · 학습 및 평가에 대한 결정을 하게 된다. 이 단계에서는 교육과정의 일반적인 목적과 목표를 보다 상세화하는 작업을 거쳐 수업 활동에 제대로 반영되도록 자료를 준비한다. 계획의 단계에서는 교수 · 학습의 자료의 개발까지 포함된다. 우리나라는 교육과정 문서를 개발한 이후 교과서와 교수 · 학습 자료를 개발함으로써 교육과정 개발 후속지원으로 다루고 있다.

이러한 단계의 평가는 여러 방면에서 이루어지는 성격을 띤다. 교과별 교육과정의 경우 목표와 내용에 해당되는 사항을 학생이 학습할 수 있고, 의도한 지식이나 기능의 습득이나 역량을 함양할 수 있는 것인지 등에 대한 가능성을 평가해야 한다. 개발 후속지원에서는 교과서의 자료의 질을 과학적으로 평가하고, 교육과정의 내용을 잘 반영하고 있는지, 최근 동향을 잘 반영하고 있는지, 저작권에 위배되는 것이 없는지 등을 평가하는 일이 계획 단계에서의 평가활동에 포함이 된다. 그러나 이러한 분야에서의 판단은 일반적인 평가 전문가보다는 해당 분야의 전문가만이 할 수 있는 것임을 유의해야 한다.

(2) 교육과정 운영 단계

교육과정의 운영이라고 하는 것은 개발된 교육과정이 교육 현장에서 실천함으로써 개발된 교육과정을 보급하고 확산하는 것을 의미한다. 우리나라는 외형상으로 국가의 기준과 내용의 기본적 사항의 범위 내에서 지역의 기준과 내용을 정할 수 있고, 이를 토대로 단위 학교에서는 학교의 특성을 고려해 교육과정을 운영하도록 되어 있다.

그러나 국가교육과정 문서에는 지역 교육과정에서 무엇을 어떻게 할 수 있는지에 대한 내용은 제대로 나타나 있지 않다. 그러한 이유로 지역 교육과정의 역할이 무엇인지 현실적으로 명확치 않은 상황이어서 실질적으로 국가중심적으로 교육과정이 개발되고 교육현장에서 운영이 되고 있는 실정이라고 하겠다. 단위학교에서 교육과정의 자율성이 부여된다고 하더라도, 그것은 국가에서 부여하는 제한적 자율성으로 개념화되는 것이다.

교육과정의 운영에서는 국가교육과정모니터링단이 조사 · 분석과 점검 업무를 지원하도록되어 있다. 국가교육과정모니터링단은 국가교육과정 관련 현장의 자료를 수집하는 과정에서 조사 문항의 개발과 학교의 방문이나 면담을 통해 자료를 수집하고, 수집된 자료를 체계적으로 분석 · 정리하여 분석된 내용에 대한 교육 현장의 의견과 개선 사항을 도출하여 국가교육위원회를 지원하는 역할을 맡고 있다.

이러한 의견은 국가교육과정 연구센터의 전문적 지원을 받아 이루어지게 된다. 국가교육과정모니터링단은 교육과정 운영에 대한 평가를 지원하는 역할을 함으로써 개발된 교육과정이 효과적으로 운영이 되고 있는지를 검토한다. 교육과정 운영의 단계에서 평가의 일정 부분을 담당하고 있는 것이다. 교육과정 운영 단계에서 평가자가 하여야 하는 일은 교육과정이 교육현장의 변화와 적용에 효율적이었는지를 검토하는 것이다.

교육과정이 충실하게 운영이 되기 위해서는 교육 관계자의 새로운 교육과정의 이해, 교사의 연수, 교육청이나 지원청의 적극적인 지지와 협력 등이 뒤따라야 한다. 그것은 교육과정 운영 단계에서의 평가를 위해서는 교육현장의 운영의 현황 분석, 교사의 연수 프로그램과 운영에 대한 관찰, 전문가의 판단과 의견을 수집하여 평가하는 것을 제안할 수 있다.

(3) 협의의 교육과정 질 관리 단계

질 관리는 교육과정의 개발과 운영 및 평가의 전 단계에 걸쳐 이루어지는 것이다. 그러나 협의로 보게 되면 교육과정이 제대로 운영되는지의 여부를 보는 것으로 한정할 수 있다. 교육과정의 질 관리는 교육과정 운영을 하면서 의도한 교육과정이 시간의 경과에 따라 질적인 변화가 일어나는 것과 교육과정 정책이나 사회의 변동 및 새로운 내용의 필요 등 시간의 경과에 따라 변화가 일어나는 것을 모두 포함하는 것이다. 전자는 의도한 교육과정의 질적 변화에 따른 소극적인 것을 말하고, 후자는 교육과정의 개정까지 고려되는 보다 적극적인 것을 말한다. 여기서 말하는 질 관리는 소극적 입장의 것으로 시간의 변화에 따라 의도한 교육과정의 질적 변화가 나타나 확인하여 조정하는 것을 말한다.

소극적인 변화는 교육과정의 질적인 퇴화를 의미하는 것으로, 교육과정 전반에 일어나는 경우와 부분적으로 일어나는 경우로 구분이 된다.[3] 국가교육과정에 제시된 '학교자율시간'의 활용에서 지역과 연계한 교육과정 운영 및 학교 여건과 필요에 맞춘 선택과목(활동)의 신설하여 운영할 수 있다. 여기서 전국의 모든 학교에서 학교자율시간이 제대로 운영이 되지 않게 되면 전반적인 질적 퇴화가 일어난 것으로 볼 수 있다. 그러나 일부 학교나 일부 학생에게서 시간의 경과에 따라 효율성의 저하가 일어났다면 부분적인 질적 퇴화가 되는 것이다.

질적인 변화를 위한 평가 전문가는 교육목적과 목표가 지속적으로 유지되는지의 여부를 판단하기 위해 적절한 자료의 수집과 분석을 통해 질적 퇴화의 원인을 확인하는 작업이 요청된다. 그리고 그러한 퇴화의 원인에 대한 대안이 마련되면 그것이 효과적인지를 검토하는 과정에 대한 역할을 수행하게 된다. 평가 전문가는 교육과정의 질을 보장하기 위해 질적인 관리를 위한 조치를 정책결정자와 교육과정 개발 담당자에게 제공할 수 있어야 한다. 국가교육위원회의 국가교육과정모니터링단과 전문위원회는 이러한 역할을 수행하는 역할을 담당하고 있다.

2) 교육과정 평가의 수준

교육과정 평가의 목적은 의사결정을 내리기 위해 사용하며, 그 수준은 다양하게 나타난다. 우리나라 국가교육과정 총론에 제시된 평가와 관련된 사항을 분석해 보면, 교육과정 평가에 따른 수준은 학업성취도 평가, 교육과정 편성·운영에 대한 평가, 학교와 교육기관의 평가의 세 가지로 구분을 하고 있다.

국가 차원에서는 교육과정 질 관리를 위해 학업성취도 평가, 학교와 교육기관 평가, 교육과정 편성·운영에 대한 평가를 실시하고, 그 결과를 교육과정 개선에 활용하도록 하고 있다. 교육청에서는 학업성취도 평가와 학교 교육과정 평가를 실시하고 그 결과를 교육과정 개선에 활용하도록 하고 있다. 국가와 교육청은 학업성취도 평가와 교육과정 평가에 대한 실시를 규정하고 있으며, 국가는 기관평가로서 교육청 평가에 대한 사항이 추가적으로 더 존재하고 있는 것이다.

국가교육과정에 제시되어 있는 평가의 수준과 영역은 학교 교육에서 질적 수준을 유지하기 위해 학습자의 교육목표 도달도를 확인하고, 교수·학습의 질을 개선하는데 주안점을 두는 교육과정 평가의 목적과 부합된다. 평가의 수준에서 기관평가, 교육과정 평가, 학업성취도 평가는 정도에서 다르지만, 모두 교육과정 평가를 확인할 수 있는 중요한 지표가 된다. 범주로 따진다면 기관평가가 가장 넓고, 교육과정 평가가 그다음이며, 학업성취도 평가가 가장 협소하다. 학업성취도 평가는 교육과정의 적용에 대한 간접적 성과를 제시하기 때문에 교육과정 평가의 징표로 간주된다.

(1) 학교 평가

학교평가는 학생 개개인에 대한 결정을 위한 사항이 아니라, 학교 전체에 대한 행정적 지도와 조언 및 통제를 위한 것이다. 학교평가는 교육과정 평가를 포함하는 광의의 평가에 해당된다. 학교평가는 1995년 교육개혁위원회가 「신교육체제 수립을 위한 교육개혁 방안」의 일환으로 제안한 것으로 학교 간 선의의 경쟁 유도를 통한 학교 발전의 도모와 학교교육의 책무성 강화를 통한 체계적인 교육의 질 관리에 그 도입 배경을 두고 있다. 학교평가의 역사는 학교평가 도입기(1996~1999), 국가수준 학교평가 실시기(2000~2003), 공통지표에 의한 국가수준 학교평가 실시기(2004~2010), 시·도 자율실시기(2011~현재)로 구분된다.[4]

1996년에 교육부가 시·도 교육청 평가 항목의 하나로 학교평가 실시 여부를 평가하면서 시·도 교육청에서 학교평가를 실시하였고, 2000년에 들어 한국교육개발원에서 국가수준 학교평가 실행을 위한 모형을 개발하고, 관련 기초 연구를 실시하면서 국가수준 학교평가가 구체화되기 시작하였다. 2004년에는 국가수준에서 공통지표를 제공하고, 시·도 수준에서 이를 근거로 학교평가를 실시하였다. 2011년부터는 학교평가의 실시권한이 교육부 장관에서 시·도 교육청 교육감으로 이양되어 실시되고 있다. 한국교육개발원에서는 학교평가의 결과에 따른 후속컨설팅을 실시해 학교 교육과정 개선에 많은 기여를 했다.

학교평가에는 교육과정 평가, 학업성취도 평가가 포함되어 있으며, 학교, 교육과정, 교수자료, 수업 등의 실적을 사정하는 데 목적을 두고 있다. 교육과정 중심의 학교 운영을 확인하고자 하는 것이다.

(2) 학교 교육과정 평가

학교 교육과정 평가는 학교 교육과정의 질 관리를 위한 수단으로 활용된다. 질 관리는 추상적 의미의 질을 구체적으로 결정하고, 평가하며, 개선책을 모색하는 과정을 말한다. 교육과정 분야에서 질 관리는 국가와 지역, 학교 교육과정 및 교사 수준의 교육과정에서도 일어나는 다차원적 성격을 띠고 있다.[5] 여러 가지 차원에서의 교육과정 평가는 총체적으로 이루어져야 하겠지만, 여기서 구체적인 문제로 삼고 있는 것은 학교 교육과정과 관련된 것이다. 학교 교육과정은 학습자의 성장이나 발달에 얼마나 적합하고, 타당하며, 효과가 있는지에 대한 자료를 수집해 평가하고, 문제에 대해서는 차년도 교육과정 편성과 운영에 반영해 보완하면 된다.

교육과정 평가는 목표에 기초한 평가와 그렇지 않은 평가가 있다. 목표에 기초한 평가는 국가교육과정에 기초해 만들어진 학교 교육과정의 운영에서 각 교과별 구체적 프로그램 목표가 국가교육과정의 성취기준과 교과 목표에 어느 정도 도달하였는지에 초점을 두고 자료와 정보를 수집하는 것과 같은 것이다. 이에 비해 탈 목표 평가는 각 교과별 교육과정의 단원이나 이보다 긴 코스를 하나의 교육적인 처치로 보고, 진술된 목표와 관계없이 처치를 통해 생겨날 결과에 기초해 자료를 수집하는 접근 방식을 말한다.

교육과정의 효과는 구체적인 목표에서 성취기준 등을 작성해 그것에 도달되었는지 확인하는 것에 기초하고, 의도하지 않았지만 발생하는 효과를 고려한 정보도 수집해 교육과정 개선을 위한 의사결정을 하는 것도 가능한 것이다. 학업성취도와 같이 결과론적인 것 이외의 과정을 고려한 평가, 즉 형성평가도 필요한 것이다. 형성평가에서 설계된 교육과정의 각 교과 내용에 대한 수정이나 삭제 또는 보완되어야 할 사항이 밝혀져야 한다. 그래야 교육과정의 내용은 항상 개선될 수 있는 것이다.

(3) 학업성취도 평가

학업성취도 평가는 교육과정 평가에 대한 하나의 자료로 교육과정에 대한 효과를 검증할 수 있는 주요 사항이 된다. 학업성취도 평가는 국가에서 한국교육과정 평가원에 위탁해 실시하고 있다. 학업성취도 평가의 결과는 각급 학교별 '학교알리미'에서 정보 공시되고 있다. 다만 초등학교에서는 학업성취도에 대한 검사를 실시하지 않고 있어 결과적인 정보보다는 평가의 계획

위주로 탑재되어 있다.

학업성취도 평가는 국가교육과정의 성취기준에 근거해 이루어진다. 그러나 학성성취도 평가에 대한 구체적인 평가의 기준과 내용은 비공개로 되어 있어 확인하기 어렵다.

4. 교육과정 평가의 방법

1) 주요 효과의 평가

교육과정 개선을 위한 의사결정을 내리기 위해서는 수집된 증거와 교육과정의 여러 가지 구성요소들(교사의 행동이나 수업 초점 등) 간의 관련성을 살펴보는 것이 요청된다. 무엇보다도 중요한 것은 학습자의 학습에 대한 증거를 수집하는 일이다. 학습의 증거를 수집하는 전통적인 방법은 지필 검사가 주된 것이었다. 여기서는 지필검사의 종류에 대해 설명하고자 하는 것은 아니다. 전통적인 교육목표 분류와 같이 지적, 정의적, 심동적 영역의 성과를 어떻게 확인할 수 있는지 그 증거를 수집하는 행동 증거에 대해 살펴보고자 한다.

(1) 지적 성과

지적인 측면에 대해서 직접적으로 관찰 가능한 증거를 찾는다는 것은 쉽지 않다. 일반적으로 지필 검사를 통해 서술형의 형태로 학습자가 이해한 내용에 대한 증거를 확인하는 것에도 신중을 기해야 한다. 학습자가 제대로 이해하지 못하였다고 하더라도 단순 암기를 통해 개념의 정의를 할 수 있는 것이다. 그러나 그러한 정의를 언어적으로 표현하면서 이와 관련된 사례를 제시하거나 비교하게 하는 것은 학습자의 사고에 대한 많은 것을 확인하게 한다. 교육과정의 개념을 정의하고, 그 개념에 포함되어 있는 속성을 진술하며, 그

속성의 관련성을 확인하는 것은 지적 성과의 한 증거로 볼 수 있는 것이다. 지적 성과는 단순한 암기나 이해 및 정당한 신념 가운데 어느 것이냐에 따라 수집해야 할 증거가 달라진다. 아래에 그러한 증거는 다음과 같은 것이 될 수 있다.[6]

- 기억을 나타내 줄 관찰 가능한 행동으로는 아이디어의 진술(전체적으로나 부분적으로) 및 인식을 들 수 있다.
- 이해를 나타내 주는 행동에는 번역, 부연, 설명들이 포함된다. 그 밖에 사용할 수 있는 행동으로는 비교, 기술, 구분 등이 있다.
- 정당한 신념을 나타내는 행동에는 말로 정당화하고, 반박하며, 증거를 제시하고, 논증하고, 구체적 정보에 입각하여 적절한 행동을 선택하는 일 등이 포함되어 있다.

지적 측면의 성과를 위해서는 특정 인지에 어떠한 속성이 관련되어 있는가를 파악하는 것이 증거를 구체화하는 가장 우선적인 단계가 된다. 교육과정 계획에서는 별도의 종이에 지적 성과에 대한 제목을 붙이고, 그 이후 교육목표 각각에 대해 학습자가 성취하였다는 증거가 될 수 있는 행동 증거를 두 가지 이상 기록해 나간다.

(2) 정의적 성과

정의적 성과는 시간이 걸리기도 하지만, 상황이나 맥락에 따라 크게 달라지기 때문에 적절한 증거를 수집하는 것은 쉽지 않다. 정의적 성과를 수집하기 위해 관찰법, 질문지법, 의미 분석법, 사회성 측정법 등 여러 가지가 있다. 다양한 방법 중에서도 관찰법은 과학적 연구에서 가장 오랜 역사를 가지고 있으면서 인간행동을 이해하는 기본적 절차가 되고 있다. 여기서는 정의성 성과의 자료 수집에서 주의를 기울이면서 자연스럽게 관찰하는 방법이 유용하기 때문에 이와 관련된 내용을 제시한다. 관찰에는 통제적 관찰과 비통제적 관찰, 조직적 관찰과 자연 관찰, 참여관찰과 비참여 관찰 등 방법이 다양하다. 이들 방법들은 정의적 성과를 측정하는 데 매우 유용한 방법에 해당된다. 관찰의 방법을 사용하는 데 유용한 전략은 다음과 같다.[7]

- 개인이 특정한 정의적 기능이나 이해력을 지니고 있다는 증거가 되는 행동들을 기술한다.
- 이러한 행동들이 다시 일어날 맥락이나 상황을 충분히 고려한다. 다시 말해 어떤 경우에, 어느 장소 혹은 장면에서, 개인이 애당초 기대된 방식으로 행동하는가?
- 그러한 맥락이나 상황 가운데, 교육의 장면 속에서 발생하는 것은 무엇이며, 여러분이 정의적 성과와 관련된 학생의 행동을 관찰할 수 있게 해 주는 상황이나 여건이 무엇인지를 충분히 고려한다.

포스너와 루드니츠키(Posner & Rudnitsky)는 정의적 성과를 위한 교육과정 계획에서는 정의적 성과에 대한 교육목표를 진술하고, 정의적 성과를 획득하였다는 증거가 될 수 있는 관찰 가능한 행동을 기록한다. 그리고 마지막에 그러한 행동을 가장 잘 관찰할 수 있을 것 같은 환경과 맥락을 기술하는 방식을 제안하고 있다. 예를 들면 다음과 같다.[8]

- 의도된 학습성과: 학생은 환경을 보호하려는 올바른 방식으로 행동해야 한다(정의적 기능).
- 정의적 성과의 증거: 학생은 환경을 의도적으로 훼손하지 않는다. 학생은 자연경관을 있는 그래로 유지한다. 학생은 다른 사람에게 적절한 행동방식을 가르쳐 주고 상기시켜 준다. 학생은 자연경관을 조금이라도 손상시켰을 경우 그 타당한 이유를 설명한다.
- 상황이나 장면: 학교 운동장, 현장답사(자연으로의 여행)

(3) 심동적 기능

심동적 기능은 직접적으로 관찰이 비교적 가능한 행동의 성격을 띤 기능과 능력을 말하는 것이다. 여기서의 행동 증거는 지적이거나 정의적인 것에 비해 보다 용이하게 해석이 된다. 심동적 기능에서도 다른 영역의 성과와 마찬가지로 수락할 만한 증거를 명세화하려는 관심은 그 행동의 맥락에 있어야 한다. 학습자에게는 그러한 행동을 나타낼 수 있는 충분한 기회가 부여되어야 한다. 포스너와 루드니츠키는 심동적 기능에 대한 증거를 수집하기 위한 예를 다음과 같이 들고 있다.[9]

- 의도된 학습성과: 학습자는 협연 악기들의 음을 분별할 수 있어야 한다.
- 심동적-지각 기능의 증거(청각적 구별): 학생은 15가지 악기의 소리를 듣고 각 소리에 맞는 악기를 짝지을 수 있어야 한다(학습자는 이미 악기의 이름을 기억하고 있다고 가정한다). 학습자는 특정 곡을 연주할 때 사용된 악기의 이름을 지적할 수 있어야 한다(곡을 지적하거나 그 곡을 설정한 기준을 지적한다.).

심동적 기능의 교육과정 계획에서는 별도의 종이에 교육목표에 이들의 기능에 해당되는 제목으로 기록을 하고, 각 교육목표의 행동증거나 징표를 두 가지 이상 기록해 두도록 한다.

하나의 교과는 그 교과의 목표가 있고, 하위 목표로 단원목표가 있으며, 실제 수업에 임하는 수업목표로 세분화된다. 교과에 대한 학습 성과는 수업 장면에서 실제로 학습한 성과가 누적되며, 실제 수업을 진행하면서 학습자에게 작용한 다른 요소들의 복합적이면서도 누적된 결과로 나타나게 된다. 일반적으로 기대하는 교육의 성과는 교과의 목표에 제시되어 있다. 각 교과의 목표는 단시간에 확인이 가능하거나 쉽게 관찰할 수도 없다. 해당 교과를 다 가르친 후에도 교육의 결과는 쉽게 확인되거나 구체화되지 않는다. 교과의 학습에 대한 결과를 평가한다는 것은 그러한 효과의 증거를 수집하는 것이다.

교육의 성과나 결과에 대한 증거를 수집할 수 있는 한 많이 수집하는 것이 교
과나 교육과정 평가에 얼마나 중요한 것인지 이해할 수 있다. 전통적인 방식
으로 단답형이나 선다형 평가는 가르치는 내용이나 학습자에게 작용하는 복
잡한 관계의 제한된 부분이므로, 이들이 학습의 전체적 증거라고 보는 것은
한계가 있다.

2) 실제적 평가

실제적 평가는 현실 세계의 맥락에서 여러 가지 문제와 과제의 소재를 파
악하려는 것으로 전통적 평가 방식이 인위적이고 매우 제한적인 과제에 한정
되는 문제를 극복하기 위해 등장하고 있다. 일반적으로 설정한 교육목표를
달성하였다고 판단하는 평가의 결과는 실제 유사한 생활 장면이나 맥락에서
그 학생이 할 수 있는 것을 진정으로 보여줄 수 있는지에 대해 명확하게 답하
기 어렵다.

운동경기나 음악과 미술 등 사회·문화적 생활이 요청하는 가치 기준에 의
해 성립된 교과의 경우는 실제적 평가를 통해 이루어지는 경우가 많다. 그러
나 학문적 체계에 의해 성립된 교과의 경우에는 이러한 실제적 평가가 제대
로 이루어지지 않고 있다. 실제적 평가는 대안적 평가, 참평가, 수행평가 등
으로 불리고 있다. 수행평가는 20세기 이래 교사 제작 검사나 표준화 검사를
통해 의사결정을 위한 자료를 수집하였지만, 교육개혁 운동에서는 진정한 형
태의 평가를 요구하는 대안적 형태의 평가로 등장하였다.

수행평가는 주어진 과제에 대해 학습자가 실제적인 수행을 확인하고 판단
하는 방법으로 그 종류는 다양하다. 수행평가에 대한 본질을 구현하는 정도
에 따라 구분하면 〈표 10-3〉과 같다.[10]

표 10-3 수행평가의 본질을 구현하는 정도에 따른 평가방법의 종류

수행평가의 본질의 구현 정도	평가방법	비고
매우 높음 ↑	실제상황에서의 평가	널리 사용되고 있는 수행평가 방법들
	실기시험, 실험 · 실습법, 관찰법	
	면접법, 구두시험, 토론법	
	자기평가 및 동료평가보고서	
	포트폴리오	
	연구보고서	
	논술형	
매우 낮음 ↓	서술형	보통 수행평가 방법에 포함시키지 않음
	단답형	
	완성형(괄호형)	
	선다형	
	연결형(줄긋기형)	
	진위형(○ × 형)	

　수행평가에서는 학습자가 수행한 모든 자료를 평가의 자료로 활용할 수 있다. 여기서는 수행평가 중 지필평가인 논술형 평가, 장시간 연구 활동의 포트폴리오 평가에 대해 각각 알아보고자 한다. 우선 논술형 평가이다. 논술형 평가는 전통적인 평가 방법과 유사하다. 논술형은 개인이 자신의 생각이나 주장을 논리적이면서 설득력있게 조직해 작성하는 것이다. 논술형이 실제성을 띠는지의 여부는 학교 밖에서 과제를 수행할 때, 자신의 지식과 기능을 얼마나 잘 활용할 수 있는 기회가 제공되는지에 달려있다. 교육과정과 관련된 예를 들면 다음과 같다.

- 교육과정의 다양한 정의를 찾으시오.
- 그런 다음 다양한 정의에서 주요한 특징과 차이점을 기술하시오.

- 그런 다음 다양한 정의 가운데 우리나라 현실에 가장 적합하다고 생각되는 정의를 기술하고, 그 이유를 제시하시오.

다음으로 포트폴리오 평가이다. 포트폴리오는 폴더나 보관함에 들어있는 서류나 수집한 작품을 말하지만, 단순히 학생의 작품을 모아놓은 것을 의미하는 것은 아니다. 포트폴리오는 글로 쓴 작품, 비디오 제작, 그림과 구성 등 다양한 형태의 기록물을 포함하고 있다. 이러한 것들은 그냥 나열되어 있는 것이 아니라, 학습자가 포함시키고자 하는 작품을 선정하고, 자신의 진전 상황에 대한 평가 기록도 포함하고 있다. 교사는 이러한 것에 대한 방향을 제시하여 학습자가 이러한 것을 제대로 수행할 수 있도록 안내하여야 한다. 포스너와 루드니츠키는 9학년 지구과학 과목의 지침을 제시하고 있다.[11]

학생 개개인은 자신의 작품 중 가장 좋은 것 4개를 선택한다. 학생은 1년 동안 그것을 제거하고 대체하거나 향상시킬 수 있다. 초고도 포함시켜야 한다. 각각의 작품은 일관되고 다차원적이며 창의적인 노력이 될 것이다. 그래서 선택된 작품은 교실에서 수행하는 활동이나 행위와 결부될 수 있을 것이다. 각 작품은 다음 요소들 중의 하나 혹은 그 이상을 포함할 것이다.

- 교실 활동에서 획득한 실제 시계의 이해를 적용할 수 있는 상세한 설명
- 교실 활동에서 보여지는 유형에 대한 학생의 인식이나 유형에 대한 논의
- 다이어그램과 그림
- 활동에서 끌어낼 수 있는 주요 함의
- 개별 학생이나 학생들의 집단이 수행한 관련 연구
- 연결 예술, 이야기 하기, 내러티브, 시, 문학 혹은 음악
- 컴퓨터 작업이나 간단한 악기의 제작과 같은 영역의 확장
- 연결된 작문과 작업: 다른 수업이나 학교외 경험으로부터

이와 같은 교사의 지침과 더불어 포트폴리오 작품에는 학습자의 수행과 반성에 대한 내용을 포함하여야 한다. 여기에는 시간의 경과에 따른 성장, 학습자의 관점, 문제 해결의 과정을 나타내는 내용 등이 그것이다. 포트폴리오는 교육 프로그램의 주요 효과에 대한 충분한 증거를 제공할 수 있다.

5. 교육과정 평가 모형

1) 양적 평가–과학적 접근법

⑴ 목표중심의 평가모형

목표중심의 평가모형(objective-oriented evaluation model)은 교육평가의 모형을 대표하고 있을 정도로 교육현장에 직·간접적인 영향을 미치고 있다. 목표중심의 평가는 타일러의『교육과정과 수업의 기본원리』라는 책에서의 기본 입장, 그리고 8년 연구(1932~1940)의 연구 설계의 논리와 1942년의 연구 결과 보고서에 근원을 두고 있다. 8년 연구는 진보주의 교육운동의 일환으로, 30개 실험학교를 선정해 그 프로그램을 운영하고 새로운 교육과정의 효과를 평가하기 위한 방안으로 실시된 것이다. 그 결과는 기존의 고등학교 졸업생과 비교해 실험학교 학생이 크게 뒤지지 않는다는 것을 반증하는 데 초점을 두고 연구를 설계하였다. 이 연구 설계의 강조점은 교육목표의 설정과 그 목표의 성취 정도를 측정하는 것이었고, 그것은 학교의 교육목표 달성의 정도를 결정하고 비교하는 일이 평가라는 인식으로 널리 인정을 받게 되었다.

[그림 10-1] 타일러의 목표중심 평가 모형

타일러의 목표중심의 평가모형의 중심적인 내용은 교육목표의 설정, 학습경험의 선정, 학습경험의 조직 및 학습경험의 평가이고, 가장 교사들의 관심을 끄는 것은 학습경험의 평가에 관한 것이었다. 교육목표의 달성 정도를 측정하는 일이 이 평가모형에서 핵심이 되고, 이러한 측정활동에 이어서 목표하는 바와 측정한 바를 비교하는 일이 평가활동의 중심이 된다. 타일러는 평가에 대한 접근에서 측정활동과 평가활동을 구분시키고, 두 활동 간의 관계와 절차를 명료하게 제시하고 있는 것이다.

타일러의 목표중심 평가는 교육목표가 평가에서 핵심적인 역할을 하고 있다. 그리고 교육목표를 행동적으로 진술함으로써 측정 및 평가가 용이성 및 효율성을 증대시키는 것이다. 교육목표와 평가를 통한 학생의 학업성취 간의 합치 여부에 대한 검증이 가능하기 때문에 논리적이고도 과학적인 것으로 교육현장에서의 실천이 용이하다. 그렇지만 행동적으로 표현이 되지 않고 측정되기 어려운 경험과 태도 등에 대한 교육적 성과를 평가하는 데 어려움을 나타내기도 한다.

(2) 의사결정지향적 평가모형

스터플빔(Stufflebeam)은 평가에 대한 접근은 CIPP(context, input, process, product) 모형으로 알려져 있다. 이 모형은 의사결정 지향 평가에서 중요한 기여를 했으며, 평가는 피드백을 통해 계속적인 과정이 되어야 하는 것을 강조하고 있다. 평가를 개선을 목적으로 활용하여야 한다는 것이다. 이 모형은 타일러나 크론바흐(Cronbach), 스테이크(Stake)등의 영향을 받았고, 당시의 사회적 상황에 부합하는 새로운 평가 방안을 만들었다. 1965년의 「초 · 중등교육법」을 만든 이래 교육에 많은 연방정부의 예산이 투입되었고, 예산을 받아 수행되는 프로그램에 대한 평가를 수행하게 되었다. 이러한 여러 프로젝트를 평가하는 과정에서 타일러의 목표중심 평가 모형이 아닌 새로운 평가 방안을 모색하였다. 그래서 평가를 의사결정자에게 적절한 정보를 기술, 획득 및 제공하는 과정으로 보는 것으로 규정하였다. 의사결정의 내용과 성격에 관심을 두고 그에 대응하는 평가의 역할을 강조한 점이 다른 평가 모형들과 색다른 것으로 지목받고 있다.[12]

프로그램을 개선하기 위해서는 네 가지 종류의 결정, 즉 계획 결정(planning decision), 구조화 결정(structuring decision), 실행 결정(implementation decision), 그리고 순환 결정(recycling decision)이 이루어져야 한다. 그리고 이들 결정의 성격과 내용에 적합한 평가의 형식이 필요하다는 것이 평가 모형의 핵심 내용이 된다. 이를 구체적으로 보면 다음과 같다.

계획 결정은 프로그램의 목표를 결정하기 위한 의사결정과 관계된 것으로, 그에 부합하기 위해서는 상황평가(context evaluation)가 필요하다. 구조화 결정은 설정된 목표와 사정된 요구를 성취하기 위해 필요한 수단을 구체화하기 위한 결정으로, 이에 부응하기 위해서는 투입평가(input evaluation)가 요청된다. 실행 결정은 프로젝트의 수행과정에서 어떠한 활동을 어떻게 실천을 하고, 어떠한 자원을 언제 어디에 어떻게 활용할 것인가에 대한 결정을 하는 것으로, 이를 위해서는 과정평가(process evaluation) 필요하다. 그리고 순환 결정은 특정 프로그램을 종료 시킬지의 여부와 기금의 증·감액 여부에 대한 결정과 같은 것을 말하며, 이를 위해서는 산출평가(product evaluation)가 요청된다.

이와 같이 의사결정의 네 가지 유형, 즉 계획 결정, 구조화 결정, 실행 결정, 순환 결정은 각 단계의 의사결정을 도와주기 위한 네 가지 평가 형식을 요청한다. 평가의 네 가지 유형을 제시하면 다음과 같다.

- 계획 단계의 의사결정을 위한 **상황평가**: 상황(맥락)평가는 상황분석에 해당되는 것으로 프로그램의 문제와 요구를 확인해 목표 설정에 도움을 주기 위한 평가를 말한다. 평가를 실시할 때 요구되는 인적·물적 여건에 대한 문제, 교수·학습이 이루어지는 과정에서 작용하는 환경적인 요인을 총칭하는 것이다.
- 구조화 단계의 의사결정을 위한 **투입평가**: 목표를 달성하기 위해 필요한 전략과 자원에 관한 정보를 제공하는 평가에 해당된다. 평가자는 의사결정자에게 목표 달성에 필요한 수업체제의 활용 가능한 자원, 최적의 잠재적 전략을 제공하는 것이다.
- 실행 단계의 의사결정을 위한 **과정평가**: 과정 평가는 프로그램의 목적 달성을 프로그램이 실시되는 교수·학습 활동의 정보를 수집해 의사결정자에게 제공하는 것이다. 평가자는 교육 프로그램이 제대로 실행되는지의 여부, 실행의 장애요인과 개선 필요성 등의 수행적 의사결정에 필요한 정보를 제공하는 것이다.
- 순환 단계의 의사결정을 위한 **산출평가**: 프로그램의 성과를 측정하고 해석해 순환 의사결정에 도움을 주기 위해 실시되는 것이다. 평가자는 의사결정자에게 획득된 결과나 요구 충족의 정도와 후속 프로그램에 반영할 수 있는 정보를 제공해 재순환 여부를 결정할 수 있도록 한다.

(3) 불일치 평가모형

프로버스(Provus, 1969)가 제안한 불일치 평가 모형(discrepancy evaluation model)은 교육을 통해 달성하여야 할 기준과 실제 수행 간의 차이나 불일치를 분석하는 데 주안을 두는 모형이다. 프로버스는 타일러, 스테이크, 스터플빔, 스크리븐 등의 영향을 받았고, 그들의 평가에 대한 견해 가운데 바람직한 것을 선정해 평가 모형을 구성하였다. 프로그램의 목표를 중시하는 것은 타일러의 목표중심 평가모형에서, 기준의 설정과 활용에 대해서는 스테이크의 안모모형에서, 불일치를 발견하여 프로그램과 기준을 개선해 나가는 형성평가의 기능은 스크리븐에서, 프로그램에 관한 의사결정의 보조 기능은 스터플빔에서 영향을 받았다.[13]

불일치 평가 모형에서는 평가를 프로그램 기준(standard)에 관하여 동의하고(기준 설정), 프로그램 성취(performance) 결과와 기준 간의 불일치(discrepancy: 차이)를 파악하고 결정하며(불일치의 확인), 그 불일치에 관한 정보를 프로그램의 약점을 파악하는 데 활용하는 과정(불일치를 이용한 문제의 파악)이라고 정의하고 있다.[14] 프로그램의 기준을 결정하고 성취 결과를 확인해 불일치를 확인하는 것이 평가의 핵심적인 활동이라고 할 수 있다. 평가 활동은 프로그램의 정의나 설계(definition or design), 프로그램의 개설(installation), 프로그램의 실행 과정(process[interim products]), 프로그램의 결과(product), 그리고 비용효과분석(cost-benefit analysis)의 다섯 단계로 이루어진다.[15]

첫 번째 정의나 설계 단계에서는 프로그램에 투입되는 투입, 과정, 결과 변인을 각각 명시적으로 기술한다. 두 번째 단계인 개설 단계에서 평가자는 의도한 바와 같이 프로그램의 실제 운영 사이의 불일치를 확인하기 위한 테스트를 수행한다. 세 번째 프로그램의 실행 과정 단계에서는 프로그램에서 계획된 변화가 일어났는지를 확인하기 위한 자료를 수집한다. 네 번째 프로그램의 결과 단계에서는 프로그램의 최종 목표를 실제로 어느 정도 성취하였는지를 측정하고, 그 결과를 예상했던 바와 비교하는 일을 한다. 다섯 번째 비용효과분석 단계에서는 유사한 산출 결과를 낸 다른 프로그램들과의 비용과 비교하는 일을 주로 하게 되며, 적은 비용으로 동일한 결과를 낼 수 있는 프로그램을 선정하는 결정이 뒤따르게 된다.

불일치 평가 모형은 지속적인 피드백 과정을 거쳐 프로그램의 운영자와 평가자 사이에 의사소통을 촉진하고, 계속적인 평가를 가능하게 하여 프로그램의 개선에 도움을 준다. 그러한 의미에서 불일치 평가 모형이 목표중심 평가

모형에 근원이 있다고 하더라도, 지향하는 바는 의사결정 중심 평가 모형에 가깝다고 하겠다. 이 모형은 프로그램의 개발이나 운영과 관련해 프로그램의 운영자의 의사결정을 도와주기 위해 불일치에 대한 정보를 제공한다는 점이다. 그래서 프로그램 개발·운영팀과 평가 팀 간의 지속적인 의사소통이 가능하게 하였다. 그러나 이러한 과정은 상당한 시간과 비용이 초래될 수 있고, 전반적인 평가를 전제로 하기 때문에, 부분적으로 이루어지는 프로그램 평가의 중요성이 간과되는 제한도 따르고 있다.

(4) 탈 목표 평가 모형

교육활동에서는 목표에 기초해 의도된 학습 성과가 일어났는지의 여부에 대한 평가에 초점을 두고 있다. 그러나 의도하거나 고려하지 않았던 결과나 효과도 야기된다. 교육과정 강좌를 수강하면서 해당 전공 분야의 교과서 내용이 활동 중심으로 되어 있는 것이 적절한 것인지 알아보기 위해 교과서 내용 분석을 하려고 할 수도 있다. 부수적으로 야기되는 효과가 바람직하지 못할 경우에는 학습자가 그로부터 벗어날 수 있도록 강좌의 일부를 수정할 수도 있을 것이다. 스크리븐(scirven, 1972)이 제안한 탈 목표 평가는 프로그램이 의도했던 평가뿐만 아니라, 부수 효과까지 포함한 실제 효과를 평가하는 방식인 것이다.

교육 프로그램의 성과를 확인하기 위해서 탈 목표적 접근방식과 목표중심의 접근방식을 결합하면 프로그램을 개선하는 데 더욱 유용할 수 있다. 의도된 학습성과가 실제로 어느 정도 실현되었는지를 보는 것이 주요 효과라고 한다면, 의도하거나 고려하지 않았지만 실현된 성과는 부수 효과라고 한다. 주요 효과와 부수 효과에 대한 정보가 제대로 있으면, 그 정보를 활용해 교육 프로그램을 개선하기 위한 보다 합리적인 의사결정을 할 수 있는 것이다. 탈 목표 평가에서는 부수 효과를 판단할 때, 목표 대신에 표적 집단(target group)의 요구를 평가의 준거로 사용하기 때문에 요구기반평가(need-based evaluation)라고 부르기도 한다. 이 모형의 주요 평가절차는 다음과 같다.[16]

① 프로그램 시행과 관찰: 프로그램을 운영하면서 목표를 의식하지 않고, 프로그램의 운영과정과 성과를 다각적으로 광범위하게 관찰·기록한다.

② 일차적 효과의 분석: 관찰된 성과 중에서 프로그램을 통해 획득하려고 의도했던 성과를 분석·정리해서 목표를 준거로 하여 그 가치를 판단한다.

③ 이차적 효과의 분석: 프로그램을 운영해서 실제로 관찰한 성과 중에 목표에 진술하지 않았거나 전혀 의도하지 않았거나 예상외의 부수 효과를 가져온 것을 추출하여 긍정적인 것과 부정적인 것으로 분류·정리한다.

④ 표적집단의 요구분석: 프로그램 참가자의 이해 관계 당사자들의 프로그램에 대한 요구나 기대를 폭넓게 조사하여 항목별로 열거한다.

⑤ 사실상의 효과분석: 표적 집단의 요구와 프로그램에 대한 만족도를 준거로 하여 이차적 효과를 판단한 다음 일차적 효과와 함께 프로그램의 실제 효과를 종합적으로 판단한다.

2) 질적 평가–비과학적 접근법

(1) 반응적 평가 모형

반응적 평가(responsive evaluation)는 스테이크(Stake, 1972)에 의해 제안되었다. 스테이크는 반응적 평가를 제안하기 이전인 1967년에 「교육평가의 안모(顏貌)」(countenance of educational evaluation)라는 논문을 통해 안모 모형(countenance model)을 제안하였다. 스테이크는 평가에 관한 전반적인 견해나 평가의 얼굴이라는 견해를 밝히는 데 관심을 두었다. 평가는 의뢰인을 중심으로 이루어져 의뢰인의 요구에 답하는 데 중점을 두어야 하고, 평가자는 평가 대상 프로그램 관련자들의 판단을 수집·분석·반영하는 데 비중을 두며, 표준화검사의 사용이 부적절할 경우도 있어 주관적이고 기술 묘사한 다

양한 자료를 활용할 필요가 있음을 주장하고 있다.[17]

1972년에는 자신이 제안한 안모 모형을 더욱 발전시켜 자연주의적 참여 중심의 평가 모형인 반응적 평가 모형을 제안하였다. 그 이후 스테이크는 안모 평가 모형 대신에 반응 평가 모형으로 더욱 알려지게 된다. 초기에 제안한 안모 평가 모형은 평가를 실시하기 전에 평가 계획에 의거해 자료를 체계적으로 수집하지만, 반응적 평가 모형은 평가를 진행하는 동안 관련 인사와 의논해 그들의 반응에 따라 정보를 수집·분석할 것인지 정하여 관찰한 그대로 기술하는 측면에서 차이가 있다. 반응적 평가에서 평가와 관련된 직·간접적 인사의 참여를 중시하기 때문에, 평가자와 관련 인사들의 지속적인 상호작용이 필요한 것이다. 관련 인사와의 지속적인 상호작용을 위해서는 문서의 분석뿐만 아니라, 관찰, 면접, 비언어적 단서 등 질적 연구 방법을 많이 활용하게 된다.

반응적 평가의 목적이나 초점은 사전에 결정된 것은 아니고, 구성요소와의 상호작용을 통해서 파악되고 등장하고 그 상호작용과 관찰을 통해서만 핵심 문제에 진보적으로 초점을 맞추게 된다. 그러므로 평가자는 다양한 이해 관계자 집단의 구성원들이 원하는 정보가 무엇인지, 그러한 정보를 어떠한 형태로 보고 받기를 원하는지를 확인하기 위해서 부단히 핵심 관련자 집단과 상호작용해야 하는 것이다.[18] 프로그램이 실시되는 현장에서 관련자들이 인시하고 있는 핵심 문제에 반응이나 대응하는 것이 이 평가 모형의 특징이라고 할 수 있다.

반응적 평가에서 사용하는 평가 절차는 다음과 같이 요약된다.[19]

① 관련자의 관심확인: 프로그램의 목적, 내용, 절차, 결과에 대한 관련 인사들의 입장과 견해를 청취한다.
② 관련자의 반응수집: 대화, 토의 등과 같은 방법을 이용하여 평가 과정에서 프로그램과 평가방법에 대한 관련 인사들의 반응을 계속 수집한다.

③ 관심사 확인: 관련 인사들의 반응을 분석, 종합하여 프로그램에 대한 주
   요 관심사와 쟁점을 확인 · 결정한다.
④ 수정과 점검: 평가내용과 절차에 대한 의견이 있을 때에는 조정과 합의를
   통해 평가절차를 수정하고 보완한다.
⑤ 보고서 작성: 프로그램의 전체적인 특징과 함께 관련 인사들의 관심사를
   중심으로 평가결과를 질적으로 기술한다.

(2) 감식안 모형

아이즈너는 행동주의 심리학에 의해 발전된 과학적 · 기술적인 교육평가
에 대한 비판적 입장에 있다. 아이즈너는 모든 교육적 현상의 수량화와 객관
화는 개성을 무시한 수업과 교육을 비인간화해 교육평가를 단순히 교육실제
를 측정하거나 진단하며 통제하는 수단으로 전락시켰다고 비판한다.

아이즈너의 교육비평과 감식안 모형은 예술에 기반을 두고 있다. 우리가
영화나 연극, 와인을 비평하고자 한다면 자신이 감정평가사가 되어야 하는
것이다. 감정평가사로서 영화나 연극 및 와인을 감별하기 위해서는 이 분야
에 대한 해박한 지식과 더불어 이를 비평할 만한 기술도 동시에 겸비해야 한
다. 마찬가지로 교육과정과 수업에서도 교사는 이에 대한 정확한 지식을 가
지고, 가치 판단을 할 수 있는 기술을 소유하고 있어야 한다. 아이즈너는 이
를 위해 새로운 형태의 학생 평가 기술이 필요하고, 그것은 교육적 감식안
(educational connoisseurship)과 교육비평(educational criticism)이라는 방법을
제안하고 있다.

감식안은 교사가 자신이 가르치는 교과에 대해서 학생들의 수행들 간의 미
묘한 차이를 구분하는 것을 말한다. 포도주 전문가가 오랜 기간의 경험에 의
해 포도주들 간의 미묘한 질의 차이를 구분해 내듯이, 감식안을 가진 교사도
오랜 기간의 경험에 의해 학생들의 성취 형태들 사이의 미묘한 차이를 알아
낼 수 있다. 비평은 이러한 미묘한 차이를 일반인이 알아볼 수 있도록 언어적

으로 표현한 것이 된다. 학생이나 학부모가 알아볼 수 있도록 언어적으로 표현하는 것이 이에 해당한다.

감식안이 학습자가 수행한 것에 대해 식별하는 개인적인 차원의 것이라면, 비평은 가치 판단을 밖으로 표현해 남에게 전달하는 공적인 차원의 것에 해당된다. 비평이 없이 감식은 진행될 수 있지만, 감식이 없는 비평은 존재할 수 없는 것이다. 아이즈너는 교육적 비평이 구현되는 측면이나 차원은 기술, 해석, 평가, 주제의 네 가지로 제시하고 있다. 1979년의 초기 저서에서는 묘사, 해석, 평가의 세 가지가 교육 비평의 구조를 이루고 있었으나, 이후 교육 비평의 활용이 첨가되면서 주제 측면이 추가되었다. 그 내용은 다음과 같다.[20]

첫째, 교육 비평의 기술적 측면(descriptive aspect)은 교육 현상의 모습을 사실 그대로 기술하는 것과 관련된다. 평가의 목적과 내용, 절차, 결과 등에 대한 세밀한 관찰과 특징 및 질을 기술하는 것을 말한다. 여기서의 질은 표면적으로 드러나는 것뿐만 아니라, 숨겨져 있는 미세한 단위의 특징들까지 포함하는 것이다.

둘째, 해석적 측면(interpretive aspect)은 기술된 것을 해석하는 기능을 가지고 있다. 기술적 측면에서 나타난 양상에 대해 교육적 의미를 부여하는 것에 해당된다. 교육 현상에 대한 이해와 감상의 과정 및 방법을 보다 정교화하는 것이다. 해석적 노력은 다양한 사회과학적 지식과 교육적 경험을 통한 실제적 지혜를 활용한다.

셋째, 평가적 측면(evaluative aspect)은 관찰이나 기술되고, 해석한 현상에 대해 교육적 중요성이나 의미를 평가하는 것과 관련된다. 교육 실제를 기술·해석한 것에 대해 교육적 의미와 가치를 종합하고 판단하는 것으로, 감식가의 한계를 벗어나 노출시키는 수준으로 이행한다.

넷째, 주제적 측면(thematic aspect)은 교육 비평의 활용과 관련된 측면으로 교육 비평이 나타내고자 하는 핵심 요소에 대한 요약이다. 교육 비평의 핵심 내용을 요약하고, 이를 통해 독자들에게 교훈을 주는 데 관심이 있다. 주제적 측면은 의미 있는 교육 비평이 독자를 배려하여 중요한 점을 찾아내고 다른 교육 현상도 이해할 수 있도록 하는 작업인 것이다.

1. 의의

교육과정의 질 관리는 국가와 지역에서 만든 교육과정이 교육현장에서 제대로 실천되고 있는지를 조사 · 분석 및 점검하여 학생이 교육적 경험을 제대로 할 수 있도록 관리하는 일련의 작업을 말한다. 교육과정의 질 관리는 국가나 지역 교육과정에서 계획한 내용이 학교에서 제대로 편성 · 운영되고 있는지를 점검하는 경향으로 이해되고 있는 것이다. 이러한 이해 방식은 국가중심적 사고로, 국가나 지역의 교육과정이 교육현장에서 얼마나 충실히 이행되는지에 대한 관리를 하는 것으로 보는 관점이다.

그러나 교육과정의 질 관리는 수요자 중심의 입장도 고려되어야 한다. 교육과정의 수요자인 학생에게 교육과정이 부합하지 않게 되면, 교육과정의 의도한 의미가 제대로 살아날 수 없게 된다. 교육과정에 대한 서비스의 질을 고객인 학생에 부합하도록 국가의 교육행정이 관리되는 방식이 되어야한다. 그것은 기업에서 제품 및 서비스의 질을 향상시켜 장기적으로 경쟁 우위를 확보하기 위해 조직의 문화 경영의 관행을 새로이 구축하는 것과 같다.

교육과정은 교육을 받는 대상인 학생에게 초점을 두고 그에 부합하는 내용이 제대로 제공될 수 있는 것에 초점을 두어야 한다. 교육과정이 대상 학생에게 부적합하면 소외집단이 발생하게 되고, 그것은 교육 기회의 불평등을 야기하는 원인이 된다. 일상생활에서의 사용하는 상품이라고 하면 대체재를 당장 선택할 수 있지만, 교육과정은 그렇게 할 수 없다. 현재의 교육과정을 새로운 교육과정으로 대체하는 데 시간이 걸리기 때문이다. 그렇기 때문에 교육과정 운영에 대한 질 관리는 수요자인 학생의 입장에서 적합성 여부에 대한 관리를 하는 새로운 관점이 요청이 되는 것이다. 여기서 교육과정 국가중심적 질 관리와 사용자 중심의 질 관리를 어떻게 조화시켜야 할 것인지

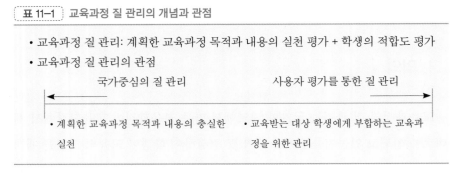

표 11-1 교육과정 질 관리의 개념과 관점

- 교육과정 질 관리: 계획한 교육과정 목적과 내용의 실천 평가 + 학생의 적합도 평가
- 교육과정 질 관리의 관점

국가중심의 질 관리	사용자 평가를 통한 질 관리
• 계획한 교육과정 목적과 내용의 충실한 실천	• 교육받는 대상 학생에게 부합하는 교육과정을 위한 관리

의 문제가 제기되고, 이에 대한 합리적 방안이 요청된다.

2. 교육과정 질 관리의 대상

교육과정의 질 관리를 하는 방식은 국가와 교육청 및 학교의 권한 배분을 어떻게 할 것인지와 관련이 된다. 국가중심적인 관점에서 보게 되면, 국가와 교육청은 교육의 설치·관리의 주체로 학교 운영에 대해 포괄적인 지배권을 가지고 교장 이하 교직원을 지휘하고 감독하는 위치에 있다고 본다. 학교의 내부에서는 교장이 교무를 총괄하고 소속 직원을 지휘하고 감독할 수 있으며, 학교 운영에서 최종 결정권을 가지고 있다고 여기는 것이다.

일반적인 사회조직은 개인보다는 조직의 목표를 위해 인력을 배치하고 이를 지도·감독하는 방식으로 이루어진다. 그러나 학교라는 조직은 학생의 성장을 위해 유의미한 장을 어떻게 마련할 것인가에 보다 많은 관심이 있다. 표준화된 방식으로 조직을 운영하기보다는 학생의 성장을 위한 지원을 하는 방향으로 교육활동이 전개되는 특수성이 존재하는 것이다. 그렇기 때문에 학교를 사회 일반의 조직과 마찬가지 방식으로 이해하는 것은 적절치 않을 수 있다.

학교는 학생들에게 적합한 교육과정을 제공하고, 적절한 방법과 평가를 행함으로써 개인의 성장을 도모하도록 학교의 자율에 맡기는 것이 합리적이다. 그러나 교육활동을 위해 필요한 교원의 충원과 시설 등은 교사나 학교가 감당하기 어렵다. 국가나 교육청이 이러한 지원을 하는 방향이 되어야 할 것이다. 그렇기 때문에 교육과정 질 관리에서 직접적인 교육활동과 관련된 사항은 학교의 전문적 자율에 맡기고, 인적ㆍ물적 사항과 학교 이용의 원칙에 관한 사항 등의 교육 조건을 정비하는 사항은 국가와 교육청에 있다고 보는 것이 합리적이다.[1]

교육이 학생의 다양한 발달과 성장 가능성을 고려한다면, 이를 가장 잘 아는 사람은 교사이고, 교사는 학생에 적합한 교육과정을 계획하고, 적절한 수업방법을 동원하고 평가함으로써 학생이 성장할 수 있도록 도울 수 있는 것이다. 직접적인 교육활동과 관련된 교육과정 계획, 교육과정 실천, 교육과정의 성과 등은 교사의 전문적 자율을 통해 이루어질 수 있는 것이다. 이들 사항에 대한 질 관리는 교육과정의 사용자 평가를 중심으로 이루어져야 한다. 그래야만 교육을 받는 대상인 학생에게 적합한 교육과정이 만들어질 수 있을 것이다.

특정의 교과 교육과정의 내용적 수준, 내용을 고려한 수업의 방법, 내용과 방법에 일관된 평가 방법 등은 교육을 받는 대상인 학생을 기준으로 만들어질 필요가 있는 것이다. 학생에게 교육과정이나 수업방법 및 평가가 제대로 맞지 않게 되면 교육에서 소외가 나타나고, 그것은 결과적으로 교육의 기회를 불평등하게 만드는 원인이 된다. 그렇기 때문에 직접적인 교육활동과 관련된 사항은 교육과정을 직접적으로 사용하는 사람에 의한 평가를 토대로 질 관리가 이루어지는 것이 바람직하다.

이에 비해 교육과정을 운영하는 데 필요한 교원이나 직원 및 시설과 예산 등은 국가나 교육청이 중심이 되어 관리하여야 한다. 인적ㆍ물적인 자원은 교육과정의 운영을 지원하는 방식으로 이루어져야 한다. 고교학점제 시행을

위해 소인수 집단 수업을 위한 소규모 교실이나 가변형 교실 마련, 실험·실
습을 위한 공간과 기자재의 구비 등을 하는 것이 예가 된다. 그것은 행정을
중심으로 하는 학교 운영이 아니라, 교육과정 중심의 학교 운영을 위한 것이
기도 한 것이다.

> 표 11-2 교육과정 질 관리의 대상
>
> • 교육과정 실천으로서 직접적 교육활동: 사용자 평가를 중심으로 한 질 관리
> • 교육과정 지원으로서 간접적 교육활동: 국가나 교육청의 인적·물적 조건의 평가
>   와 정비를 통한 질 관리

3. 질 관리의 방법

교육과정의 질 관리를 위한 실천적 전략으로 교육과정 평가가 주요한 도구
로 활용된다. 그러나 교육과정 운영의 질 관리는 직접적인 평가에 한정되는
것은 아니다. 언론이나 이익단체 및 지식인 등과 같은 여론이나 입법과 사법
적 판단 및 내부적인 통제 등 다양한 방법으로 이루어진다. 여기서는 이들에
대해 살펴본다.

1) 교육과정 평가

교육과정 평가는 교육과정의 질 관리를 위해 중요한 요인으로 작용하고 있
다. 그것은 교육과정에 대한 평가가 체계적으로 이루어지고, 평가한 결과는
피드백되어 교육과정의 질 개선으로 이어지기 때문이다. 교육과정 평가는
제7차 교육과정에서 질 관리 중심의 교육과정의 방향을 제시하였다.

질 관리 중심의 교육과정은 교육의 국가 경쟁력을 높이기 위해 교육과정

평가를 시도하고 있는 세계적 흐름에 맞추어 교육과정 개편에서 추구하는 변화가 문서 수준에 머무르지 않고, 교육현장에서의 실질적 변화를 가져올 수 있도록 하는 것으로 설명하고 있다.[2] 이를 위해 국가수준에서 주기적으로 학생의 학력 평가, 학교와 교육기관의 평가, 교육과정 편성 · 운영에 대한 평가를 실시토록 하고 있다.

제7차 교육과정에서 제시된 교육과정 평가의 주목적은 교육과정의 파행적 운영을 예방하고, 교육과정 운영에 대한 실태 파악과 그것을 토대로 한 교육과정의 부분 수정을 위한 것으로 제시하고 있다.[3] 현재 국가교육위원회는 국가교육과정모니터링단을 통해 국가교육과정이 교육현장에서 충실하게 운영이 되고 있는지를 조사 · 분석 및 점검을 지원받아 교육과정에 대한 질 관리를 하고 있다. 이러한 교육과정 평가에 대한 사항은 앞에서 설명하였으므로, 구체적인 내용은 교육과정 평가에 대한 내용을 살펴보기 바란다.

2) 사용자 평가

교육과정에 대한 사용자 평가라 함은 교육과정을 사용하는 교사와 학생이 교육활동을 전개하는 데 적합한지를 판단함으로써 교육에서의 소외 현상이 최소화되는 방향으로 여러 가지 조치를 취하는 상태를 말한다. 교육과정의 직접적 사용자를 교사와 학생으로 한정하였지만, 넓게는 학부모와 지역사회 인사 등이 포함된다. 그것은 교육의 장과 교육과정 관련 주체가 확장되기 때문이다. 이제까지 국가교육과정을 중심으로 논의가 되면서 질 관리의 주체 역시 국가중심적으로 이루어졌다. 그러나 교육과정을 사용하는 입장에서 그것이 부적합하게 되면 국가에서 의도하는 목적이나 내용이 제대로 구현될 수 없게 된다. 그렇기 때문에 사용자 입장에서의 평가는 국가적 차원에서 의도하는 질 관리를 보완하는 역할을 수행하는 것이다.

교육과정에 대한 사용자 평가를 고려한다면, 평가의 대상과 방법이 문제가 된다.

첫째, 평가의 대상을 보면, 교육과정 사용자의 평가 대상은 교육과정만이 아니라 교과서와 같은 교육용 자료, 수업매체 및 교육환경 등에 대한 전반적 사항이 고려되어야 한다. 교육과정 중심의 학교 운영이 되고자 하면 이들 사항의 전반적 내용이 검토되어야 하는 것이다. 그러나 이들 모두를 검토하는 것은 불가능하기도 하고, 그럴 필요도 없다. 교육과정에 한정하여도 교육과정의 운영에서 어떠한 여건이 제대로 정비되지 않아 만족도가 떨어지는 것인지 알 수 있기 때문이다.

둘째, 평가의 방법은 사용자 평가 체제의 구축을 통해 가능할 것이다. 사용자 평가를 위해서는 평가를 위한 도구를 만들고, 이러한 평가를 할 수 있는 시스템을 개발하여 운영할 필요가 있을 것이다. 교과서와 같은 경우 한국교과서연구재단에서 「교과서민원바로처리센터」를 온라인 시스템으로 만들어 민원신청이나 제안 등을 하는 내용을 둠으로써 교과서의 오류나 개선에 관한 사항, 그리고 학습자료나 평가자료 등에 대한 사용자 요청에 대응을 하고 있다. 이러한 제도는 교과서에 대한 사용자 평가와 관련된 전반적 사항을 포괄하고 있다고 보기는 어렵다. 그렇지만 교육현장에서 사용자에 의한 교과서 평가를 행한다는 점에서 의미를 지니고, 교육과정에 대한 사용자 평가를 위한 이해에 도움을 줄 수 있는 것이다.

3) 일반 국민의 요구

일반 국민은 입법이나 사법적 판단을 하는 사람과 교육전문직 및 교육과정 행정 관련 종사자를 제외한 것으로, 이들로부터 교육과정에 대한 질 관리는 주로 이익단체, 지식인, 주민참여, 여론·매스컴 등의 방식으로 이루어진다.

첫째, 교육과정은 사회적 합의에 의해 만들어지기 때문에 이익단체는 직·간접적으로 교육과정의 개발과 운영에 영향을 미친다. 이익단체는 교육과정의 계획이나 운영을 하는 과정보다는 결과론적 사항에 대해 그들의 특수 이익을 주장하는 경향이 강하다. 교육과정 개정 작업에서 특정 역사적 관점이나 사건에 대한 이해 등에서 이익집단 간의 충돌이 생기기도 한다. 교육과정 결정 주체는 특정의 이익집단의 영향력에 좌우되기 보다는 교육의 자주성과 전문성의 입장에서 조정하여야 할 것이다.

둘째, 지식인은 고등교육을 받아 현재에도 지식산업에 종사하는 사람과 교육현장의 교사 및 대학생을 포함해 넓은 범위로 이해하고자 한다. 교육과정 분야의 개정에서 지식인은 지속적으로 교육과정 개정에 주도적 역할을 담당하였다. 교육과정을 결정과 운영을 하는 주체들은 이들 지식인의 건설적이거나 비판적인 역할을 기피하기 보다는 교육과정에 대한 올바른 정보를 가지고 책임감있게 교육과정 질 관리에 임해야 될 것이다.

셋째, 주민참여는 국가교육과정 이외에 지역 교육과정이 있고, 이들을 토대로 학교 교육과정을 편성하고 운영하게 된다. 지역의 주민은 지역 교육과정을 만드는데 참여하여 의견을 개진하고, 학교 교육과정의 운영을 위한 강사로서 활동하거나 지역 자원 및 시설 등을 활용할 수 있도록 지원을 하고 있다. 그렇기 때문에 지역 교육과정의 마련과 학교의 교육과정이 제대로 이루어지기 위해서는 주민참여를 강화하는 방향으로 검토되어야 할 것이다.

넷째, 교육과정의 개정과 운영이 전문적 판단에 의해 이루어지기 때문에, 여론·매스컴의 영향은 제한적으로 될 수도 있다. 그러나 일단 여론화되면 그 문제를 해결하기 위한 여러 가지 방안의 모색과 교육과정의 조정을 하는데 영향을 미친다. 교육과정 개정과 관련해 사실적 내용을 제시함으로써 이해와 홍보의 역할을 하기도 한다. 그러나 대학입시와 관련된 교육과정의 운영에 대한 문제, 이익단체의 교육과정 비판에 대한 보도 등을 통해 역기능적인 면을 부각시키기도 한다. 따라서 언론은 중립성을 확보하기 위한 노력을 기울일 필요가 있다.

4) 입법과 사법적 판단

법이라는 것은 강제성을 수반하기에 자율성을 요청하는 교육과정과 조화를 이루기 어렵다. 그러나 교육과정을 제대로 운영하기 위해 지원하는 방향으로 입법이 작용한다면 의미가 달라진다. 시간의 경과에 따라 법령으로 부과하는 범교과 학습주제가 증가함으로써 정규 교육과정의 운영에 영향을 미치고 있다. 2014년 3월에 교육부에서 조사한 범교과 학습 주제는 119시간으로 나타났고, 교육청 차원에서는 173시간으로 늘어났다. 교육청 차원에서 요구하는 시수가 있기 때문이다.⁴ 2022 개정 교육과정의 초등 3~4학년군의 136시간의 기준 시수를 가지고 있는 점을 감안하면, 상당히 많은 분량의 시간이다. 학교의 정규 교육과정에 영향을 미치는 것이다.

이 문제를 해결하기 위해 정책연구나 교육부와의 소통 등 여러 방면의 노력이 전개되었다. 그 결과 2022년 10월에 「초·중등교육법」 제23조의 2(교육과정 영향 사전협의)가 신설되었다.¹⁾ 교육과정 영향에 대해 사전 '협의'라는 개념을 사용함으로써 법적 효력에서 논란이 있다고 하더라도, 이러한 조항이 신설되었다는 것은 향후 법령으로 부과하는 범교과 학습 주제를 추가하는 것을 어렵게 만들었다는 것이다. 그러한 점에서 입법적 측면의 통제가 되는 것이다.

교육과정에 대한 사법적인 판단도 교육과정의 질 관리에 영향을 미친다. 「교육법 제157조에 관한 헌법 소원」⁵에서 국가가 국정이나 검정 및 인정 교과

---

1) 「초·중등교육법」 제23조의 2는 2022년 10월 18일자로 신설되었고, 그 내용은 다음과 같다.
   제23조의 2(교육과정 영향 사전협의) ① 중앙행정기관의 장은 제23조에 따른 교육과정에 소관 법령에 따라 교육실시, 교육횟수, 교육시간, 결과보고 등이 의무적으로 부과되는 법정교육을 반영하는 내용의 법령을 제정하거나 개정하려는 경우에는 사전에 국가교육위원회와 협의하여야 한다.
   ② 제1항에 따른 사전협의의 범위 및 방법 등에 필요한 사항은 대통령령으로 정한다.

서 제도로 할 것인지에 대해서는 재량권을 갖는 것이므로, 원고 측 주장은 기각[2]되었다. 이에 따라 국정 교과서 제도는 유지되고 있다. 종교 교육과 관련해 종교 재단 사학에서 특정 종교 의식을 강제하는 것은 학생의 종교 자유를 침해하는 것이며, 선교보다 학습권이 우선한다는 서울중앙지방법원의 판결이 있다.[6] 이러한 판결은 종교단체가 선교 목적으로 학교를 설립하였다고 하더라도, 공교육 체제 속의 학교로 존재하는 한 선교보다는 교육을 일차적 기능으로 본 것이다. 이러한 법원의 결정은 교육과정의 운영에 영향을 미치는 것이다.

입법과 사법은 교육과정과 관련해 빈번한 논의가 이루어지지 않는다고 하더라도, 결정된 입법과 사법적 판단은 교육과정의 운영과 질 관리에 상당한 영향력을 미친다.

5) 국가의 자체 평가

교육과정 질 관리는 외부에서만 이루어지는 것은 아니다. 오히려 교육과정의 개발과 운영의 주체가 스스로의 통제를 통해 질 관리를 할 필요가 있다. 우리나라는 교육과정 개발을 통한 고시는 국가교육위원회가 하고, 교육부는 운영을 지원하는 방향으로 이원화되어 있다.

국가교육위원회는 교육과정의 개정과 운영의 질 관리를 위해 국가교육과정모니터링단의 조사·분석 및 점검 업무의 지원을 받고, 전문위원회의 사전 검토, 필요시 국민참여위원회의 국가교육과정의 기준과 내용에 대한 사항에 대한 국민의견 수렴과 관련된 자문 등을 거쳐 국가교육과정의 기준과 내용을

---

2) 기각은 소송을 수리한 법원이 그 심리가 종료된 후 소송이 이유가 없거나 적법하지 않다고 판단하여 무효를 선고하는 판결(헌법재판소는 판결이 아니라 결정).

정하여 고시하도록 규정하고 있다. 국가교육과정과 관련된 여러 기구와 절차를 거침으로써 교육과정의 질 관리를 하는 방식을 취하고 있다. 이러한 것은 교육과정 질 관리에서 자체적인 평가를 행하는 것으로 의미를 지닌다.

교육부의 교육과정 운영의 지원은 이와 관련된 정책 및 기획에서 대통령실에서부터 국무회의 등을 거치는 방법으로 통제를 할 수 있다. 교육과정과 관련된 조직을 전문 분야에 따라 재편하고 인사를 단행함으로써 교육과정에 대한 질 관리를 할 수도 있다. 교육과정과 교과서와 관련 업무 부서를 별도로 하여 관리하는 것은 이에 해당한다. 그리고 합법성과 책무성을 높이기 위한 행정 절차 등의 마련도 요청이 된다. 교육과정과 관련해서는 교육 현장의 요구나 의견 등이 어떠한 절차를 거쳐 반영되는 것인지가 제대로 보장되지 않고 있는 것으로 보이기 때문이다.

이상 검토된 교육과정 질 관리의 방법은 외부에서 이루어지는 질 관리의 방식의 개선을 통한 진전과 더불어 내부적인 질 관리의 방식을 통해 자율성을 가지는 것이 요청된다. 그러나 외부에서의 질 관리를 배제하고 내부적인 방식의 질 관리를 강화하려고 해서는 아니 될 것이다. 교육과정에 대한 책무성을 확보하기 위해서는 기본적으로 참여와 공개를 선행할 필요가 있으며, 교육과정 개발과 운영자의 전문성을 기반으로 한 자율성을 신장할 필요가 있다.

275

1. 의의

교육과정 분야에서 법과 행정이라는 용어가 등장하는 것은 생소할 것이다. 여기서는 왜 이러한 용어와 논의가 필요한 것인지, 그리고 교육과정과 관련된 법과 행정에 대한 사례를 제시하면서 이에 대한 논의를 전개하고자 한다.

한 나라의 통치기구를 입법, 사법, 행정으로 구분하는 이유는 국가 권력을 성질에 따라 여러 국가기관에 분산시킴으로써 권력의 상호견제와 균형을 통해 국민의 자유와 권리를 보호하고자 하는 데 있다. 권력의 분립은 입법, 사법, 행정과 같이 수평적 분립과 국가와 지방자치단체로 역할을 분담하는 수직적 분립도 있다. 수평적 분립에서 입법은 국회에서 담당하고 법을 제정하는 행위를 하고, 행정은 정부에서 법을 집행하는 역할을 한다. 사법은 법원에서 집행한 법에 대한 판단 작용을 하는 것이다. 수직적 분립은 국가와 교육청

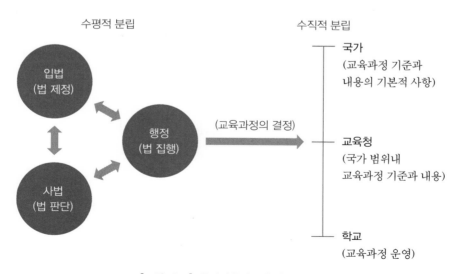

[그림 12-1] 통치작용과 교육과정의 관계

은 교육과정의 기준과 내용의 기본적 사항을 정하며, 학교는 교육과정을 운영을 하는 구조로 되어 있다.

이러한 구조를 본다면 법과 행정은 구분이 되어 있으며, 그 성격과 기능도 상이하다. 그런데 이러한 통치 작용에 관한 내용이 교육과정과의 관련성과 그에 따른 모종의 역할을 한다는 것을 선뜻 이해하기 어렵다. 교육은 자유로운 분위기에서 학습자와의 상호작용에 의해 이루어져야 하는데, 법과 행정은 강제성과 권력성을 수반하고 있어 조화되기 어려운 것이다. 그러나 공적인 교육체제에서 국가는 교육의 일정수준 유지와 교육의 기회 균등을 위해 교육과정에 일정한 개입을 하게 된다. 그 개입은 법이라는 공식적 통로를 통해 교육과정에 관여를 하게 된다.

국가는 법적인 통로로 교육과정에 개입하면서, 행정력을 발휘해 직·간접적으로 교육현장에 영향을 미치게 된다. 이러한 관계에서 법과 행정은 교육과정과 관계를 맺게 된다. 이들 관계에서 통제와 권력을 지닌 법과 행정이 교육에 절대적이고도 무제한적인 관여를 하게 되는 것은 아니다. 교육과정 내용에 대해 어느 정도의 범위까지 법과 행정이 관여하는 것이 정당한 것이냐에 대해서는 명확하게 제시하기 어렵다. 그러나 교육법학과 행정에 관여하는 전문가는 직접적 교육활동에 대해서는 국가의 관여를 최소화하고, 교육활동을 지원하는 여건의 정비에서는 보다 적극적 역할을 주문하고 있다.

비교교육학자인 칸델(Kandel)은 교육행정은 학습자의 성장을 위해 교사의 전문적 자율성을 촉진하기 위해 최선의 여건을 정비하여야 한다는 것을 주장하면서, 교육을 내적 사항(interna)과 외적 사항(externa)으로 구분하여 행정의 원리를 설명하였다.[1] 내적 사항은 교육과정, 교육방법, 교과서 및 평가의 기준 등 직접적인 교육활동과 관련된 것이고, 외적 사항은 학교시설, 학교보건, 취학규모, 교사의 자격과 급여 등 교육활동을 지원하기 위한 인적·물적 여건을 정비하는 것으로 제시하고 있다.

내적 사항의 경우 교원의 전문적 자율성이 보장되어야 하기 때문에 법적으

로 규정하거나 규율할 수 없는 교육적 측면으로 보고 있다. 그리고 외적 사항
은 개인의 소질과 적성에 따른 교육을 하기 위해서는 교육을 직접 담당하는
교사에게 보다 많은 자율을 주고, 이를 지원하는 여건을 제대로 정비함으로
써 교육의 효과를 향상시키는 조건을 마련하는 것으로 이해하고 있다.

교육과정과 관련된 법규는 교육과정의 결정과 운영을 위한 최소한의 외적
윤곽을 결정해 주고, 행정은 이러한 내용을 형성·집행하는 관계에 있다. 우
리가 논의하는 교육과정은 이러한 외형적 틀 내에서 작동하게 된다. 교육과
정 분야에서 법과 행정이 논의의 대상이 되는 것은 이러한 외형적 틀을 규정
하기 때문이다. 외형적 틀이 어떻게 규정되어 있느냐에 따라 교육과정과 관
련된 연구나 활동의 범위는 달라질 수 있으며, 교육에서의 자율성의 정도도
달라질 수 있는 것이다.

교육과정과 관련된 법과 행정에 대한 몇 가지 사례를 제시하면 이들 분야
에 대한 논의의 중요성을 제대로 이해할 수 있다. 우리는 국가교육과정 문서
에서 교과와 그 교과의 시간배당을 하고 있다. 교과는 「초·중등교육법」에
근거를 두고 있지만, 같은 법 시행령에서 개별 교과를 열거하면서, 그 외 국
가교육위원회가 필요하다고 인정하는 교과를 정할 수 있는 내용을 담고 있
다. 이에 근거해 국가교육과정에서는 교과를 제시하고, 그에 대한 시간을 배
당할 수 있는 것이다. 그러나 교과에 대한 법적 규정이 법에 마련되어 있지
않다면, 어떤 교과를 학교에서 가르쳐야 할 것인지 사회적 합의의 어려운 과
정을 거쳐야 할 것이다. 반면 법에 특정 교과만을 사용할 수 있다고 규정 한
다면, 사회 변화에 대응해 신설 교과나 융합적 교과를 만들기 어려울 것이다.

다른 예로, 「초·중등교육법」에서는 학년, 학기, 수업일수 등을 규정해 놓고,
국가교육과정에서는 1시간 수업원칙으로 초등학교는 40분, 중학교는 45분, 고
등학교는 50분의 원칙을 정해 놓고 있다. 그러나 기후 및 계절, 학생의 발달 진
도, 학습 내용의 성격, 학교 실정 등을 고려하여 탄력적으로 편성·운영할 수
있음도 제시하고 있다. 이러한 예외적 운영에 대한 내용이 제시되어 있지않다

면, 블록 타임과 같은 형태의 수업을 할 수 없어 교육활동에 제한을 줄 수 있다. 교육현장에서는 법적 테두리 내에서 행정 지도가 세세한 부분까지 관여하고 있는 것이다. 교육의 자율성을 들어 법과 행정에 대한 관계를 외면하거나 이해하지 않으려고 하는 경우가 있지만, 법과 행정은 교육활동을 직접적으로 규제하거나 통제하는 중요한 역할을 수행하고 있어 이들에 대한 지속적 관심을 기울일 필요가 있다.

2. 교육과정의 법적 이해

1) 의의[2]

교육과정은 개인의 성장을 위해 그 적합도를 높여야 하는 형태로 구성되어야 함으로 자율성이 부여되어야 하는데, 법은 사회생활의 규율 원리로서 강제성을 띠고 있다. 이들 양자는 상반되는 성격을 지니고 있어 조화가 어렵고, 실제 이들의 관계에 대한 논의가 되어야 하는 이유에 의문도 든다. 교육과정과 법의 관계 대한 논의의 이유는 공적인 교육체제의 정립과 밀접한 관계가 있다.

공교육은 국가나 이에 준하는 조직에 의해 관리·운영·통제되는 교육체제를 말한다. 공교육의 운영자로서 국가가 교육에 관여하는 주요 이유에 대해서는 일반적으로 교육의 일정수준 유지와 교육의 기회균등 보장의 두 가지 원리를 들고 있다. 이들 두 가지 원리는 교육과정과 같은 직접적인 교육활동과 더불어 이를 지원하기 위한 여건을 정비하는 활동에까지 국가의 관여를 인정하는 논리로 등장하고 있다. 교육의 일정수준을 유지하기 위해서는 교육과정에 관여할 수밖에 없고, 교육의 기회를 균등하게 하기 위해서도 교육여건에 적극적으로 개입할 수밖에 없는 것이다. 이렇게 교육에 대해 국가가 개입을 하는 직접적인 근거는 국민의 '교육을 받을 권리'를 보장하기 위한 것에 있다.

공교육은 사적 교육을 보완하는 것으로 사적 교육에서 생기는 여러 가지 왜곡을 시정하기 위해 교육을 사회화하고, 보다 조직화된 형태로 보장하는 것이다. 교육을 사적인 형태로 지속할 경우 부모의 사회 · 경제적 지위에 따라 교육을 받을 기회에 차별이 생기게 되고, 자녀의 발달 단계나 최종적 교육의 수준을 어느 정도로 하여야 할 것인지에 대한 격차가 크게 발생하는 등의 왜곡 현상이 발생할 수 있는 것이다. 이러한 개인 외적인 요소에 따라 교육을 받을 권리가 침해되는 현상을 방지하기 위해서 국가의 개입이 필요하고, 이것이 공적인 교육형태로 나타나고 있는 것이다.

공교육 체제에서는 부모가 교육을 행하는 것이 아니라, 국가나 이에 준하는 기관에서 설립하고 운영하는 학교에서 교사가 교육을 담당함으로써 교육의 기회를 균등하게 하고자 하는 것이다. 그러나 개별 교사가 교육의 기회를 균등하게 하기 위해 모든 역량을 집중시키더라도 한계가 있다. 여기서 국가의 역할이 더욱 중요하게 부각된다. 교육을 받을 권리를 보장하기 위해, 국가는 교원의 정원이나 학교 교사의 면적, 충분한 실험 · 실습실의 제공과 같은 교육여건을 정비하여야 하는 것이다. 이러한 맥락에서 보면 국가는 교육과정에 대해서도 일정한 수준의 유지를 위해 기준을 설정하고, 그 기준 달성을 위해 교육 여건을 정비하여야 하는 것이 정당화된다.

공교육 체제에서 국가의 이러한 역할은 비공식적 통로가 아니라, 법이라는 공식적인 통로를 통해 이루어진다. 우리나라 현행 「초 · 중등교육법」에는 교육과정에 대한 규정뿐만 아니라, 학교의 시설이나 인적인 자원에 대한 사항을 모두 규정해 놓고 있다. 그러나 이들 규정에서 규제적인 성격을 가지고 있는 것인지, 아니면 자율성을 허용하면서 지도 · 조언적인 성격을 지니고 있는 것인지는 상이하게 나타난다. 규제나 통제적 성격과 지도 · 조언적 성격의 구분은 교육을 내적 사항과 외적 사항으로 구분하는 것과 밀접한 관련이 있다.

교육에서의 내적 사항과 외적 사항의 구별은 교육과정과 법의 관계를 이해할 수 있는 단서가 되고, 교육행정의 지도 원리를 파악할 수 있는 기준도 된다. 교육의 내적 사항은 법과 교육행정이 지도·조언을 하는 형태가 되고, 외적 사항은 적극적 개입을 하여야 하는 것으로 구분하여 논의될 수 있다.

교육은 개별 아동의 성장에 의미 있는 장을 마련해 주어 그 대상자에게 적절한 교육을 받을 권리를 보장하고자 하는 데 있다. 이를 위해 교육과정은 융통성 있고, 탄력적으로 대응할 수 있는 구조가 되어야 하며, 단위학교의 자율이 강화되어야 하는 것이다. 반면 그러한 교육을 실천하는 데 최적의 여건을 마련해 주고자 하는 노력은 적극적이고도 의무적으로 이루어져야 한다. 이러한 논리와 달리 현실적으로 국가는 교육과정의 내용에 직접적으로 관여하고 있다. 그러므로 어느 정도의 폭으로 법이 교육과정의 내용에 관여하느냐에 따라 교육과정의 자율성 정도가 달라질 수 있는 것이다.

2) 교육과정과 관련된 법

교육과정과 관련된 법적인 사항을 살펴보는 방법은 다양하게 전개된다. 교육과정에 대한 법적 근거를 토대로 체계화할 수도 있고, 교육과정과 관련된 개별 법 조문을 차례로 제시하는 방법도 있다. 여기에서는 교육과정과 관련된 법이 교육과정의 개발과 운영 및 성과와 시정조치 전반에 걸친다는 점에서 교육과정의 개발·운영 과정 및 질 관리를 중심으로 알아보고자 한다. 이러한 과정 전반에 대해 알아보고자 해도 너무 많은 법 조문이 유기적으로 연결되어 있기 때문에, 이들을 모두 살펴보는 것은 어렵다. 따라서 교육과정 개발·운영 과정별로 예시적 차원에서 제시하고자 한다. 다만 교육과정 지원 부분은 운영에서 다루는 것이 합리적일 수 있으나, 질 관리와 밀접하게 관련된 내용이 존재하고, 이 글의 항목별 분량도 고려할 필요가 있었다. 그래서 여기에서는 교육과정 지원을 질 관리와 함께 다루고자 한다.

교육과정 개발 · 운영 과정별로 법적인 내용을 살펴보기 전에 헌법과의 관계 및 교육과정의 법적 의미를 먼저 살펴보고자 한다. 교육과정은 헌법에 제시되어 있는 교육을 받을 권리를 구현하기 위한 것이기 때문에, 교육과정과 교육을 받을 권리에 대해 살펴본다. 그리고 교육과정 분야에서 사용하는 것과 달리 법적으로 어떠한 개념으로 사용되는지, 그리고 그러한 개념은 어떠한 수준으로 나타나는지에 대해 살펴봄으로써 교육 현장에서 사용하는 교육과정의 의미를 명료화하고자 한다.

(1) 교육과정과 교육을 받을 권리

교육과정이 학생이 배울 내용을 조직해 놓은 것이기는 하지만, 이러한 교육과정에 학생이 접근할 수 없게 되면 의미가 없어지게 된다. 여기서 학생이 교육과정에 접근할 수 없다는 것은 학교에 입학하지 못해서 교육과정에 접근할 수 없는 상황인 것은 물론, 학교에서 입학해서도 자신에게 적합한 교육과정이 되지 못하게 되는 것을 의미한다. 전자는 취학의 기회와 관련된 것으로 의무교육이 이루어지고 있는 현 상황에서는 이에 대한 문제는 대부분 해소되고 있다. 그러므로 여기에서는 후자의 경우가 주된 논의의 대상이 될 것이다. 교육을 받을 권리는 헌법 제31조에 규정되어 있다.

교육을 받을 권리라는 용어는 「교육기본법」 제2조에서 '학습권'이라고 규정하고 있고, 헌법재판소에서는 '수학권'(修學權)이라고 약칭하고 있다. 교육을 받을 권리는 통상 국가에 의한 교육 조건의 개선 · 정비와 교육 기회의 균등한 보장을 적극적으로 요구할 수 있는 권리로 이해되고 있다.[3] 헌법 제31조에서는 교육을 받을 권리와 관련해 "모든 국민은 능력에 따라 균등하게 교육을 받을 권리를 가진다."라고 규정하고 있다. 여기서 '능력에 따라 균등하게'라고 하고 있어, '능력'이 무엇인지를 구체적으로 검토할 필요가 있다.

헌법학계에서는 '능력'을 일반적으로 정신적 · 육체적 능력을 말하며 재산 · 가정 · 성별 · 인종 기타에 의한 불합리한 차별은 허용되지 않는 것으로 보고, 능력에 따른 교육을 정신적 · 육체적 능력에 상응한 교육으로 보고 있다. 이러한 서술이 틀린 것은 아니지만, 능력이나 교육에 대한 본질 분석이 더 요청된다. 학력을 기준으로 능력을 보게 될 경우, 학력이 높은 학생은 높은 교육을 하고, 낮은 학생은 낮은 교육을 하게 되면 능력별 반편성과 같은 것이 정당화된다. 따라서 능력의 다양성과 발전성을 고려해 설명할 필요가 있다.

인간의 능력에는 다양성이 있어, 지적 능력의 빠르고 늦은 것만으로 전체적 능력의 기준 삼을 수는 없다. 그리고 지적인 능력을 기준으로 삼는다고 하더라도 그것을 재는 척도 역시 다양하기 때문에, 특정 학과의 성적을 기준으로 능력을 판단하여 능력별로 학급을 편성하는 것은 적절치 않다. 또한 발전성이라는 것을 고려한다면 성장이 빠른 학생과 느린 학생이 있을 것이다. 긴 안목에서 보았을 경우에는 어느 쪽의 능력이 우수한가를 판단하는 것은 어려운 문제인 것이다. 그렇기 때문에 '능력에 따른 교육'이라는 것은 학생의 능력의 다양성과 발전성에 따라 그 능력을 최대한으로 발전시킬 수 있는 교육이라고 해야 되는 것이다.[4]

이러한 교육을 위해서는 교육과정이 학생의 다양성과 발전성을 고려해 조직되어야 한다. 그것은 교육을 받는 대상인 학생에게 적합한 교육과정이 되어야 한다는 것을 의미하게 된다. 그러나 교육과정은 개인적 소질이나 적성 및 개인적 필요에 의해서만 만들어지지 않는다. 한 사회의 구성원으로 살아가기 위해 필요한 공통적인 사항도 요청되기 때문이다. 그래서 교육과정에서 공통성과 차별성에 따른 요구를 조화시키기 위해, 사회 구성 집단의 의견을 조율하는 과정을 거치는 현실적 어려움을 가지고 있는 것이다.

(2) 교육과정의 법적 의미와 개념적 수준

교육과정은 학교에서 배울 그 무엇을 말하는 것이기 때문에, 교육과정 연구에서는 어떠한 내용을 가져와 어떻게 조직할 것인지에 대한 논의가 중심을 이루고 있다. 법적인 의미에서의 교육과정은 이와 다른 성격을 지니고 있다. 교육과정을 결정하는 주체가 누구인가에 대해 보다 많은 관심이 있다. 일반적으로 교육내용을 전면적 내지 구체적으로 결정할 수 있는 권능을 교육권이라고 부른다.[5] 국가가 교육내용의 결정에 관여할 수 있다는 것이 국가교육권설이고, 국민이 국가권력에 대해 교육의 자유가 있다는 것은 국민교육권설이다. 국민교육권설은 국민이라는 개념 그 자체가 추상적이면서 교육의 장도 가정교육, 학교교육, 가정교육 등으로 범위가 넓어 학부모, 교사, 교과서 집필자, 기타의 일반 국민 등 다양하게 나뉘지만, 교육의 본질에서부터 교육의 자유를 설명한다는 점이 국민교육권설과의 공통점이다.

교육과정의 결정이 어떻게 되어 있는지는 법에 교육과정이 어떻게 규정되어 있는지 살펴보면 알 수 있다. 우리나라에서 법률에 교육과정이라는 용어가 등장한 것은 1981년 「교육법」 제155조 제1항에서 "교육과정은 문교부장관이 정한다."라고 언급한 때부터다. 그 이전에는 "각 교과의 교수요지, 요목급 시간수는 문교부령으로써 정한다."라고 되어 있었다. 1998년에 「초·중등교육법」이 제정되면서 제23조 제2항에서 "교육부장관은 제1항에 따른 교육과정의 기준과 내용의 기본적 사항을 정하며, 교육감은 국가교육위원회가 정한 교육과정의 범위에서 지역의 실정에 맞는 기준과 내용을 정할 수 있다."라고 하였고, 제1항은 "학교는 교육과정을 운영하여야 한다."라고 변화를 가져왔다.

2022년에는 국가교육위원회가 출범하면서, 「국가교육위원회 설치 및 운영에 관한 법률」 제12조에서 국가교육위원회가 국가교육과정의 기준과 내용의 기본적 사항을 정하여 고시하도록 규정하였고, 「초·중등교육법」 제23조 제2항은 국가교육위원회가 학교 교육과정의 교육과정의 기준과 내용의 기본적인 사항을 정하고, 교육감은 국가교육위원회가 정한 교육과정의 범위에서 지역의 실정에 맞는 기준과 내용을 정할 수 있도록 하였다. 학교가 교육과정을 운영하도록 한 제1항은 그대로 유지되었다. 그리고 교육부는 교육과정이 안정적으로 운영될 수 있도록 지원하는 방향으로 역할이 변경되었다.

    현재의 교육과정에 대한 의미를 보면, 국가교육위원회가 국가교육과정의
기준과 내용의 기본적 사항을 정하고(국가교육과정), 교육감은 국가교육위원
회가 정한 교육과정의 범위에서 지역의 실정에 맞는 기준과 내용을 정하며
(지역 교육과정), 학교는 이를 토대로 교육과정을 운영하는 구조가 된다(학교
교육과정). 그래서 교육과정이라고 함은 국가교육과정, 지역 교육과정, 학교
교육과정을 모두 포괄하는 방식으로 이해되어야 한다. 넓은 의미에서 국가
와 지역의 교육과정 기준과 내용에 기초해 학교는 교육과정을 운영하도록 되
어 있는 것이다.

표 12-1 교육과정 결정 주체와 개념적 수준의 변천

구분	「교육법」 제정 이후 (1949~1998)	「초·중등교육법」 제정 이후 (1998~2022)	「국가교육위원회 설치 및 운영에 관한 법률」 제정 이후 (2022~)
교육과정 결정의 주체	문교부(교육부)장관	• 교육부장관 • 교육감 • 학교	• 국가교육위원회 • 교육감 • 학교
교육과정의 개념적 수준	• 교육과정	• 국가교육과정 • 지역 교육과정 • 학교 교육과정	• 국가교육과정 • 지역 교육과정 • 학교 교육과정

(3) 교육과정의 개발과 법

    교육과정 개발이라는 용어는 학술적으로 사용이 되지만, 법적으로는 명문
화되어 있는 것을 확인하기는 어렵다. 그렇다고 해서 교육과정 개발과 관련
된 내용이 법적으로 전혀 배제되어 있는 것은 아니다. 이와 관련해 여기서는
교육과정 개발, 교육과정 개발 후속지원, 그리고 교육과정 영향의 사전협의
에 대해 알아보고자 한다.

    첫째, 교육과정 개발과 관련된 사항에 대해 알아본다. 「국가교육위원회 설
치 및 운영에 관한 법률」 제12조에서 국가교육과정에 대해 조사·분석 및 점

검을 할 수 있고, 그 결과를 국가교육과정에 반영하도록 노력하고, 그 밖에 국가교육과정의 기준과 내용에 관한 기본적인 사항을 정하는데 필요한 사항은 대통령령으로 정하도록 하고 있다. 대통령령인 「국가교육위원회 설치 및 운영에 관한 법률 시행령」 제9조에서는 국가교육과정을 정할 때 고려하여야 하는 사항과 국가교육과정의 기준과 내용에 포함되어야 할 사항을 규정하고 있다.

국가교육과정을 정할 때 고려하여야 하는 사항은 교육의 기회균등 · 자주성 · 중립성을 보장할 것, 교육감이 지역 실정에 적합한 교육과정의 기준과 내용을 마련할 수 있도록 할 것, 학교 교육과정 운영의 자율성을 존중할 것, 국가교육발전계획과 연계할 것, 그리고 국가교육과정의 기준과 내용을 수립하거나 변경할 때 국민 참여를 보장하고 그 과정을 공개할 것 등으로 법 시행령 제9조 제1항에 제시되어 있다.

국가교육과정의 기준과 내용에 포함되어야 할 사항은 국가교육과정의 구성 원칙 및 체계에 관한 사항, 초 · 중등학교의 경우 교육과정 영역 · 내용 · 편제 및 교육시간 분배에 관한 사항으로 제시하고 있다. 교육과정에 포함되어야 할 대상은 과거에 없었기 때문에, 그에 대한 사항을 적시한 것은 교육과정의 기준과 내용의 기본적 사항이 무엇인지 확인할 수 있다는 점에서 진일보한 것으로 생각된다.

국가교육과정의 기준과 내용을 수립 · 변경할 때 국가교육위원회의 심의 · 의결을 거쳐 정하도록 규정하고 있다. 또한 교육부장관, 시 · 도교육감 과반수의 동의, 20만명 이상의 국민동의에 의해 교육과정의 기준과 내용의 수립 · 변경의 요청이 있을 경우에도 그 수립이나 변경의 진행 여부를 심의 · 의결해야 된다. 그리고 국가교육과정에 대한 조사 · 분석 및 점검 업무를 지원하게 하기 위하여 국가교육위원회에 국가교육과정모니터링단을 둘 수 있도록 하고 있다. 이처럼 교육과정 개발에서 이를 지원하기 위한 기구와 포함되어야 할 내용을 정하고 있지만, 교육과정 개발이 어떠한 기구에 의해 어떠한 절차에 따라 이루어지는지에 대해서는 명확히 제시하지는 않고 있다.

둘째, 교육과정 개발 후속 지원에 대한 것이다. 이에 대해서는「초·중등교육법」제23조 제3항에서 교육부장관이 학교의 교육과정이 안정적으로 운영될 수 있도록 대통령령으로 후속지원 계획을 수립하도록 규정하고 있다. 법 시행령 제42조의 2에서는 후속지원 계획으로 학교의 교육과정 운영 지원을 위한 자료 개발 및 보급에 관한 사항, 학교의 교육과정 운영 개선을 위한 관계기관 협력 및 지원에 관한 사항, 교원의 교육과정 이해 제고를 위한 연수에 관한 사항, 그 밖에 후속지원과 관련하여 교육부장관이 필요하다고 인정하는 사항으로 규정하고, 후속 지원계획을 수립한 때에는 지체없이 국가교육위원회 및 교육감에게 통보하도록 규정하고 있다.

셋째, 국가교육과정 개발과 다른 차원의 것이기는 하지만, 교육과정 영향의 사전협의에 관한 규정을 신설하였다. 이 조항의 신설은 2015 개정 교육과정을 만들어 가는 과정에서 2014년에 법령으로 주어지는 범교과 학습주제를 조사·분석하면서 그에 대한 문제가 제기되어 결실을 보게 된 것이다.「아동복지법」「학교보건법」「자살예방 및 생명존중문화조성을 위한 법률」등에서는 교육내용, 교육방법, 실시 시간 등에 대해 규정하고 있다. 개별 법률에 의해 만들어진 법정 수업 시수는 100시간을 훨씬 상회할 정도로 상당히 많다. 이것은 학교 교육과정 운영에 상당한 부담을 주는 것이고, 시간의 경과에 따라 법률 차원의 범교과 학습주제가 증가하는 양상을 나타내기도 한다. 그래서 학교 교육과정에 영향을 미치는 법정교육의 내용은「초·중등교육법 시행령」제43조의 2에서 법정교육 내용 및 방법, 법정교육 횟수 및 시간, 법정교육 결과보고 시기 및 방법 등에 대해 해당 법령을 입법 예고하기 전에 국가교육위원회와 협의하도록 하였다.

(4) 교육과정의 운영과 법

교육과정 운영에 대해서는「초·중등교육법」제23조 제1항에서 "학교는 교육과정을 운영하여야 한다."라고 직접 규정하고 있다. 여기서 '학교'는 교원과 직원 집단의 종합적 의사결정체라고 할 수 있다. 교육과정을 '운영'한다는 것은 직접적인 교육활동에 대한 것으로, 수업활동만을 의미하는 것이 아니라 그 이외의 활동을 포함하는 넓은 의미를 가진다. 이러한 사항과 관련된 것은 「초·중등교육법」에서 제24조에서 수업 등, 제26조에서 학년제, 제27조에서 조기진급 및 조기졸업 등, 제28조에서 학업에 어려움을 겪는 학생에 대한 교육 등에 대해 제시하고 있다. 여기서는 예시한 사항을 중심으로 개관하고자 한다.

우선 제24조의 수업 등에 대해 알아본다. 이 조문에서 말하는 학년이라 함은 학교 교육활동의 단위 기간으로, 3월 1일부터 시작해 다음해 2월말까지로 1년의 기간을 말하는 것으로 규정하고 있다. 수업은 주간이나 전일제를 원칙으로 하되, 법령이나 학칙으로 정하는 바에 따라 야간수업·계절수업·시간제수업을 할 수 있다. 그리고 학교의 장은 원격수업이나 학교 밖에서 이루어지는 활동 등을 교육상 필요한 경우에 할 수 있다. 또한 학기, 수업일수, 학급편성, 휴업일과 반의 편성·운영, 그 밖에 수업에 필요한 사항은 법 시행령에서 규정하고 있다.

둘째, 제26조의 학년제와 제27조의 조기진급 및 조기졸업 등에 대해 알아본다. 학년제라 함은 학교의 수학 연한을 구분하고 편성한 각 1년의 기간으로, 이것을 경계로 해서 입학과 진급 및 졸업 등이 이루어지는 제도를 말하는 것이다. 학년제는 재학생들에 대한 수학 집단의 구분 방법을 말한다. 이러한 학년제는 교육과정상 동일 수준의 학습 단계를 책정함으로써 수업체제의 확립을 도모하기 위하여 마련된 제도이다. 그리고 동일 수준의 학년 집단을 수 개의 학습 집단으로 나누는데, 그것이 바로 학급이다.[6] 조기진급 및 조기졸업은 재능이 우수한 학생을 선정하여 조기진급 또는 조기졸업을 할 수 있도록 하거나 상급학교 조기입학 자격을 주는 데 필요한 사항을 규정하고 있다. 이에 대해서는 대통령령으로 「조기진급 등에 관한 규정」을 별도로 마련하고 있다.

셋째, 제28조에 제시된 학업에 어려움을 겪는 학생에 대한 교육에 대해 알아본다. '학업에 어려움을 겪는 학생'이라 함은 법 제28조 제1항에서 밝히고 있는 학생, 즉 성격장애나 지적 기능의 저하 등으로 인하여 학습에 제약을 받는 학생 중 「장애인 등에 대한 특수교육법」 제15조에 따른 학습장애를 지닌 특수교육대상자로 선정되지 아니한 학생, 학업중단 학생, 학업중단의 징후가 발견되거나 학업 중단의 의사를 밝힌 학생 등 학업 중단 위기에 있는 학생을 말한다. 이러한 학생을 위해서는 대통령령으로 정하는 바에 따라 수업일수와 교육과정을 신축적으로 운영하는 등 교육상 필요한 시책을 마련하여야 한다고 규정하고 있다.

이들 외에도 교육과정과 관련된 규정은 법 제29조의 교과용도서의 사용, 법 제7조의 장학지도 등 많이 존재하고 있다. 이들 규정은 교육과정을 운영하기 위한 법제의 뒷받침에 해당하는 것이다. 이처럼 이미 만들어져 있는 교육과정 운영에 관한 법제의 틀이 존재하기도 하지만, 국가교육과정이 개발되는 과정에서 법제의 뒷받침을 받기 위해 만드는 법제의 내용도 있다.

예를 들어, 2022 개정 교육과정에서는 고교학점제가 도입되어 이를 운영하기 위한 법제의 뒷받침이 필요하였다. 이에 2022년에 「초·중등교육법」 제48조 제3항, 제4항, 제5항을 신설하였다. 제3항에서는 고등학교의 교육과정 이수를 위하여 학점제를 운영할 수 있도록 하였다. 제4항에서는 고교학점제를 운영하는 학교의 학생은 취득 학점 수 등이 일정 기준에 도달하면 고등학교를 졸업한다고 규정하였다. 그리고 제5항에서는 고교학점제의 운영 및 졸업 등에 필요한 사항은 법 시행령에서 정하도록 규정하고 있다.

이러한 사항은 국가교육과정을 만들면서 해당 사항을 운영하기 위해 법적인 근거가 요청될 경우, 교육과정의 개정 작업을 진행하면서 법제를 형성하기도 하는 것이다. 이처럼 법은 교육과정의 개발과 운영에 대한 외형적인 틀을 규정해 주는 것이지만, 내용의 운영을 위해 필요한 법제를 형성함으로써 교육과정 운영의 원활성을 기하기도 하는 것이다. 그것은 헌법 제31조 제6항에서 밝히고 있는 교육제도 법률주의를 규정한 것과 밀접한 관계가 있다. 교육제도의 법률주의는 학생, 더 나아가 국민의 교육을 받을 권리의 차질 없는 실현을 위해 교육제도와 교육재정 및 교원제도 등 기본적인 사항이 법률에 의하여 시행되어야 하는 것을 말한다.

(5) 교육과정의 질 관리 · 지원과 법

교육과정의 질 관리와 관련해서는 모니터링과 평가에 대한 사항이 규정되어 있고, 지원과 관련해서는 물리적인 조건의 정비 및 교원의 자격과 임용 등에 대한 사항이 있다. 첫째, 교육과정 질 관리와 관련된 법 규정을 살펴본다. 우선 「국가교육위원회 설치 및 운영에 관한 법률」 제12조 제2항과 법 시행령 제11조에서 국가교육과정의 조사 · 분석 · 점검을 하는 것이 해당된다. 법 제12조 제2항에서는 "고시한 국가교육과정에 대해 조사 · 분석 및 점검을 할 수 있고, 그 결과를 국가교육과정에 반영하도록 노력하여야 한다."라고 규정하고 있다. 그리고 법 시행령 제12조 제1항에서는 이러한 업무를 지원하게 하기 위해 국가교육위원회에 국가교육과정모니터링단을 둘 수 있도록 규정하고 있다.

다음으로, 「초 · 중등교육법」 제9조에서는 학생 · 기관 · 학교평가에 대해 규정하고 있다. 학교에 재학중인 학생을 대상으로 학업성취도를 측정하기 위한 평가를 실시할 수 있다. 학업성취도 평가가 학생 개인의 학업성취에 관한 자료의 수집에 그 목적이 있다면 교육과정 평가와는 관련성이 다소 떨어진다. 그러나 학업성취도 평가가 교육과정의 계획과 운영 및 성과의 적절성 등을 평가하고, 이를 개선하기 위한 목적으로 실시된다면 학업성취도 평가는 교육과정 평가에 해당이 되는 것이다.[7] 「초 · 중등교육법」 제25조에서는 학교생활기록에 대해 규정하고 있다. 학교의 장은 학업성취도와 인성 등을 종합적으로 관찰 · 평가하여 학생지도 및 상급학교의 학생선발에 활용할 수 있는 자료를 교육부령이 정하는 기준에 따라 작성 · 관리하도록 규정하고 있다.

기관과 학교평가는 교육부장관이 시·도 교육청과 그 관할하는 학교를 평가할 수 있도록 하고 있으며, 교육감은 관할하는 교육행정기관과 학교를 평가할 수 있도록 하고 있다. 법 시행령 제12조에서는 학교평가의 경우는 교육과정 운영 및 교수·학습 방법, 교육활동 및 교육성과, 그 밖에 학교 운영에 관한 사항으로서 교육부장관 또는 교육감이 필요하다고 인정하는 사항을 기준으로 실시하도록 규정하고 있다. 학교평가에서 교육과정 운영에 대한 사항이 적시되어 있다.

둘째, 교육과정 지원에 대해 알아본다. 교육과정의 지원과 관련된 직·간접적 규정은 법에 산재해 있다. 여기서는 보다 직접적으로 규정된 물리적 조건과 인적 조건에 대해 알아본다. 먼저 학교 교육과정을 지원하기 위해 「초·중등교육법」 제30조의 9에서 '시설·설비·교구의 점검 등'에 대해 규정하고 있다. 여기서는 학교의 장이 학교의 시설·설비·교구가 적절하게 관리되고 있는지를 정기적으로 점검하여야 하고, 이들이 노후화되거나 훼손되었을 때에는 지체없이 보수 또는 교체 등의 필요한 조치를 하여야 한다. 그 비용은 국가나 지방자치단체가 필요한 비용을 지원할 수 있도록 하고 있다. 그리고 이들의 점검 대상이나 시기 등은 교육부령으로 정하도록 하고 있다. 교육 시설·설비·교구 등은 교육활동을 전개하는데 필요한 외적인 조건으로 이들이 정비되어 있는 정도에 따라 교육활동의 정도가 결정될 수 있다.

다음으로 교원의 임용이나 교원연수 등에 대한 사항이 있다. 이에 대한 사항은 「교육공무원법」에서 규정하고 있다. 교원의 자격 등은 「초·중등교육법」 제21조 제2항과 제3항, 그리고 제21조 제1항 등에서 정하고 있다. 임용에서는 모든 사람에게 능력에 따른 균등한 임용의 기회가 보장되도록 「교육공무원법」 제10조에서 규정하고 있다. 임용이 된 이후에는 전문성 향상을 위해 연수의 기회를 보장하는 여러 조문들이 「교육공무원법」 제6장의 '연수'에서 규정하고 있다.

3. 교육과정의 행정 작용

1) 의의

교육과정 분야에서 교육과정행정이라는 용어는 익숙하지 않은 편이다. 교육행정 분야에서도 기존 서적에서는 교육목표와 교과서 행정에 대한 내용이 제시되었지만, 최근 서적에서는 이들에 대한 내용이 자취를 감춘 상태이다. 교육과정 학계에서도 드물지만, 교육과정행정이라는 용어를 사용하고, 이에 대한 정의를 시도하기도 하지만 교육과정 개발과 관련된 사항 위주로 제시하고 있는 실정이다. 일본의 경우는 교육과정행정에 대한 논의가 있지만, 법적 규정을 중심으로 부분적으로 논의하고 있는 실정이며, 미국은 교육과정 개발의 원리와 기법 중심으로 일부 제시되고 있다. 이러한 시각은 교육과정행정에 대해 매우 제한적으로 이해하고 방식이다.

그렇다면 교육과정행정이라는 개념은 무엇인가? 교육과정행정이 무엇인지 개념을 정의하기 위해서는 현대 행정의 의미가 무엇인지 살펴볼 필요가 있다. 전통적으로 행정이라고 하는 것은 입법부에서 제정한 법을 집행·관리하는 기능을 주로 하였다. 집행·관리적 기능의 행정에서는 현상의 유지나 질서 유지 및 통제 등의 역할을 담당하는 것이 주된 임무였다. 농업국가적인 단순한 경제체제나 개인주의적인 자유방임주의에서의 입법부인 의회가 모든 사실을 비교적 구체적으로 규율하는 법률을 제정할 수 있었기 때문에, 행정은 관리적 기능을 중심으로 전개되었던 것이다.

그러나 20세기 들어 산업사회의 지속적인 발달과 더불어 법률로 규정할 대상이 복잡·다양해지고, 예측할 수 없는 문제가 빈번히 발생함으로써 비전문적인 의회의 입법적 능력은 사실상 제한되는 결과를 가져왔다. 그것은 행정기관이 입법부의 독점적인 기능인 입법까지 담당하게 되는 것으로 나타났다.[1] 이러한 사회는 입법, 사법, 행정의 삼권이 분립되어 있는 것을 전제로, 이들 중 행정이 제일 우위에 있는 행정국가화된 시기의 행정을 의미한다. 이러한 행정국가에서는 행정이 정책결정(법령의 형성)기능까지 담당하게 되면서 안정의 유지하는 역할만이 아니라, 변화와 발전을 이끌어가는 변화담당자로서의 역할까지 맡게 된 것이다.

행정기능의 변화는 교육과정행정을 유용하게 설명할 수 있다. 교육과정행정은 교육과정과 관련된 법령의 집행이라고 하는 전통적인 행정법상의 의미를 교육과정에 적용하는 것과 같이 제한적으로 이해할 수는 없다. 행정국가화와 더불어 교육과정 분야는 해당 법령의 집행이 아니라, 교육과정의 정책결정과 이를 운영하는 과정을 고려하여야 하는 것이다. 그리고 교육과정은 학생의 성장을 위한 수단으로 작용하는 것이기에, 표준화·규격화를 지향하는 일반행정과 다른 관점이 포함되어야 한다. 여기서 다른 관점이라고 하는 것은 교육의 본질을 고려하고, 교육과정에 대한 국가와 교육청 및 학교의 관계를 이해하는 방식을 말하는 것이다. 이러한 것을 고려하여 정의하면 교육과정행정은 인간의 성장을 위해 지도·조언을 바탕으로 한 교육과정 정책의 형성과 집행이라고 할 수 있다.[8]

여기서 인간의 성장이라고 하는 것은 자연 상태 그대로 이루어지는 것이 아니라, 성장하는 주체의 외부에서 성장의 요소로 제공되는 교육과정이 작용

---

1) 행정기관이 입법부의 독점적 기능인 법을 제정하는 행위를 행정입법이라고 한다. 행정입법은 전문적·기술적 입법사항의 증대, 변화에 대응하는 탄력적 입법 필요성의 증가, 법률의 일반적 규정으로 곤란한 분야별 특수사항 규율의 증가에 대응하기 위해 나타났다. 법률과의 관계를 예를 들어 설명하면, 「초·중등교육법」은 국회에서 제정한 법률에 해당하는 것이다. 그러나 「초·중등교육법 시행령」은 대통령, 「초·중등교육법 시행규칙」은 교육부장관이 만든 행정입법에 속하는 것이다. 대통령령은 '시행령', 각 부 장관이 만들면 '시행규칙'이라는 이름을 주로 붙인다. 행정기관으로서 대통령이나 교육부장관이 법을 만들기 때문에, 그냥 입법이 아닌 행정입법이라고 한다.

한다는 것이다. 신체적 성장을 위해 영양분이 공급되어야 하듯이 정신적 성장을 위해 교육과정과 같은 것이 제공되어야 한다는 것이다. 지도 · 조언은 국가나 교육청이 교육과정과 같이 직접적 교육활동은 지도 · 조언적 내용이 중심이 되고, 인적 · 물적 사항과 같은 간접적 교육활동은 지원적 사항이 중심이 되어야 한다는 것을 말한다.

교육과정 정책의 형성은 교육과정을 수립 · 변경하는 것과 같은 정책을 사회적 합의를 통해 만들어 가는 것을 말하고, 집행은 결정된 정책을 실천에 옮기는 것으로 관리적 성격의 정책 구현의 후속 과정에 해당하는 것이다.

표 12–1 행정의 역할과 교육과정행정의 개념

- 전통적 행정: 입법부에서 제정한 법을 집행 · 관리하는 역할
- 행정국가의 행정: 행정이 정책결정(법령의 형성)기능까지 담당하게 되면서 안정의 유지하는 역할만이 아니라 변화, 발전을 이끌어가는 변화담당자로서의 확대된 역할
- 교육과정행정: 인간의 성장을 위해 지도 · 조언을 바탕으로 한 교육과정 정책의 형성과 집행

---

2) 교육행정과 교육과정행정

교육과정행정의 의미를 보다 명확히 하기 위해서 교육행정을 보는 관점에 대해 알아보고자 한다. 학생의 교육의 권리를 보장하기 위해서 공교육에 따른 교육행정의 적극적인 역할과 그에 대한 교육의 자율성을 명확히 하는 교육제도의 원리로 내적 사항과 외적 사항으로 구별하여야 한다는 주장을 바탕으로 설명하면 다음과 같다.

현대의 교육행정의 목적은 학생의 성장을 조장하고 교사의 전문적 자율성을 고무할 수 있는 최선의 여건을 조성하는 것이다. 법령에서 취급하는 취학의 의무와 의무교육의 연한, 학교의 건물, 학급 규모, 교사의 자격이나 급여

및 연금, 기회균등을 보장하는 학교제도를 정하는 것을 다루지만, 그것은 외적 사항에 해당한다. 이에 비해 내적 사항은 교육과정, 교육방법, 교과서 및 평가 기준 등을 말한다. 그것은 학생을 그러한 환경에 적합하도록 발달시켜 나가는 것이고, 이를 위해서는 교사의 전문적인 자율성이 존중되어야 하는 것이다. 그렇기에 입법으로 규정이 되거나 위에서 규율될 수 없는 교육의 측면이 된다.

올바른 교육행정 제도는 외적 사항의 결정과 내적 사항에서의 내적 사항에서의 지방 분권, 자유 및 자주성의 조장과 관련이 되어야 한다. 외적 사항의 결정은 교육의 기회균등을 보장하는 것이고, 내적 사항은 교사의 자유에 따른 책임 의식을 통해 교사가 전문성을 발달시키도록 조장하는 것이다. 교사의 전문성 발달은 국가가 관료제적 방법의 동원으로는 결코 달성될 수 없다.

국가는 교육과정이 가장 잘 운영되기 위한 제반 여건을 정비하고, 민주적인 교육제도가 갖추어야 할 교육의 기회균등이 모든 교육청에서 이루어지는 것으로 한정되어야 한다. 이러한 조건은 외적 사항 또는 교육제도의 외부 구조라 할 수 있다. 사회의 변화에 따라 학교나 교사의 자율성을 요청하고 있다. 교사가 교육에서 자율성을 요청하는 것은 학생의 적성이나 소질에 부합하는 교육을 하기 위한 것에 있다. 그렇다고 하면 교사의 교육내용과 방법에 대해서는 상세한 법적인 규율로부터 자유로워야 하는 것이다.

교육행정을 교육의 외적 사항의 결정과 내적 사항의 조장으로 구분하는 이러한 관점은 교육과정을 중심으로 하는 학교 운영이나 행정을 위한 조건을 설명하는 것으로 확대하여 이해할 필요가 있다. 교육의 내적 사항에 해당되는 교육과정은 학생들이 학습할 내용을 교과라는 틀에 의해 담기고, 교과의 내용은 교과서를 통해 구체화되어 교육활동의 매개체로 작용하게 된다. 그리고 교육내용은 그 성격에 따른 교육방법을 동원하여 교육받는 대상 학생의 특성에 맞도록 적합화시키는 과정을 거친다.

이러한 활동에서 교과에 제시된 내용의 성격에 따라 활동이나 토론 및 실습 등의 교육방법이 요청이 된다. 그리고 그러한 활동에서 판서나 컴퓨터를 활용하는 기자재, 교육활동을 전개하기 위한 적합한 교실 규모가 갖추어질 필요가 있는 것이다. 좁은 교실에 많은 학생이 있게 되면, 전달식 수업을 중심으로 전개할 수밖에 없게 된다. 토론이 필요한 수업의 경우, 그에 부합하는 교육활동을 전개할 수 없게 된다. 그렇기 때문에 교육의 외적 조건은 교육과정과 같은 내적인 조건을 구현하는 데 알맞은 방식으로 정비되어야 하는 것이다. 그것은 교육과정 중심의 행정 작용이 이루어져야 함을 말하는 것이다. 이제까지 주어진 조건에 맞추어 교육과정을 운영하던 사고방식의 전환을 요청하는 것이다.

표 12-2　교육제도의 원리와 운영 및 교육과정 중심의 행정

- 교육제도의 원리
  - 내적 사항: 교육과정, 교육방법, 교과서 등 입법으로 규정되거나 규율될 수 없는 교육의 측면
  - 외적 사항: 취학의무, 취학연한 교사의 자격과 급여 등, 학교의 시설 등
- 교육행정제도의 운영: 외적 사항의 결정과 내적 사항에서의 지방분권, 자유 및 자주성 조장과 관련
- 교육과정 중심의 행정: 교육과정의 운영을 위해 필요한 여건의 조성 행위

---

3) 교육여건 조성 작용과 행정

우리는 어떠한 부탁받은 일을 하거나 개인에게 주어진 일을 할 때 여건이 허용하는 한도에서 그 일을 할 수 있다. 교육도 역시 교육의 여건이 주어지는 정도에 따라 행할 수 있는 것이다. 교육과정을 아무리 잘 만들었다고 하더라도, 이를 실천할 수 있는 여건이 정비되어 있지 않게 되면 교육활동을 제대로 전개하기 어렵게 된다. 그것은 교육의 질적 수준의 저하로 이어지게 된다. 교육의 여건은 교육활동에 영향을 미치는 물리적이거나 제도적인 조건뿐만 아

니라 심리적이거나 사회적인 환경을 포함하는 것을 일컫는다.[9]

물리적 환경은 교원과 같은 사람과 학교의 건물 등 교육의 외적인 조건을 말하는 것이고, 제도적인 환경은 물리적 조건을 충족시키기 위한 법령과 같은 것의 정비를 일컫는다. 심리적인 환경은 학생의 전반적인 성향이나 태도와 같은 개인적 측면에서의 내용을 말한다. 그리고 사회적 환경은 학교 문화와 지역사회나 학부모의 협력적인 문화 및 경직된 행정 문화와 정책 결정 등을 말하는 것이다. 이들 교육여건(환경)은 교육의 질을 결정하는데 관련이 된다. 교육환경의 다양성에도 불구하고 교육과정의 행정 작용과 관련해서는 물리적 환경과 제도적 환경을 중심으로 좁은 의미로 이해되고 있다.

물리적 환경은 시설 공간과 같은 것을 말한다. 체육 시간에 100m 달리기와 같은 교육활동을 전개하거나 물리나 화학 교과의 실험 실습과 같은 교육활동을 전개하고자 할 때, 운동장의 길이가 100m 이상되어야 하고, 실습실이 구비되어 있어야 제대로 된 교육활동이 전개될 수 있다. 이러한 시설이 부족할 경우 교육활동이 전개될 수 없거나 이론과 같은 경우로 대체하는 방식으로 교육을 운영할 수 밖에 없게 된다.

물리적인 교육여건뿐만 아니라 교원이나 직원과 같은 인적인 교육여건 역시 중요한 요인이 된다. 학생들이 바리스타가 되기를 원하는 학생이 이와 관련된 과목을 선택하고 싶은데, 가르칠 교사가 없어서 해당 과목을 개설하지 못하거나 선택하지 못하게 되는 경우도 교육활동이 제대로 전개될 수 없는 것이다.

교육여건으로서 인적 · 물리적 조건은 국가나 교육청이 임의로 하는 것은 아니다. 법령에 규정된 사항을 근거로 이루어진다. 예컨대 「초 · 중등교육법」 제4조 제1항에서는 학교를 설립하려는 자는 시설 · 설비 등 대통령령으로 정하는 설립 기준을 갖추도록 규정하고 있다. 이에 근거해 「초 · 중등교육법 시행령」 제2조에서는 이에 관한 사항을 따로 대통령령으로 정한다고 하여 「고등학교 이하 각급학교 설립 · 운영 규정」에서 교사(교실, 도서실 등 교수 · 학습

활동에 직·간접적으로 필요한 시설물), 체육장, 교지, 교구, 산업수요 맞춤형 고등학교 등의 실험·실습실 등에 대해 규정하고 있는 것이다.

　법 시행령이나 대통령령은 행정부가 하는 행정 작용의 일환으로 만든 것으로, 교육정책의 형성 작용에 해당한다. 교육활동은 이러한 물리적 환경이 정비되어 있는 범위 내에서 교육과정이 운영이 되는 구조로 전개되고 있다. 그러나 교육활동이 제대로 전개되려면 교육내용이 조직화되어 있는 교육과정의 운영을 중심으로 하는 행정 작용이 이루어져야 한다. 학생이 성장을 위해 경험하여야 할 내용을 조직해 놓은 것이 교육과정이라고 하면, 교육과정에 따라 물리적 조건이 정비되어야 학생의 성장이 제대로 이루어질 수 있을 것이다.

　학생이 관심 있는 과목을 선택하기 위해서는 해당 과목의 개설과 그것이 운영되기 위해 교사가 필요하고, 교과의 성격에 따른 교실당 학생 수, 실험·실습이나 교육 시설 등이 요청된다. 요청되는 과목을 담당할 교사가 없거나 실험·실습실이 없어서 실험을 할 수 없거나 운동장이나 실내 강당 등이 협소해 예·체능 활동을 제대로 행할 수 없게 되면, 교육활동을 전개하지 못하거나 교육활동이 제한될 수 있다. 그래서 교육의 질을 저하시키는 원인이 되는 것이다. 따라서 교육 환경의 정비에서 인적·물리적 여건의 정비가 반드시 필요하고, 그것은 법과 행정과 같은 제도적 측면의 뒷받침으로 이루어지게 된다. 그렇기 때문에 교육과정의 제도적 여건은 그 자체로서 중요한 교육 환경이 되는 것이다.

제13장

결론: 한국 교육과정의 과제

1. 교육과정에 대한 성찰

교육과정은 교육적으로 가치 있는 내용을 조직화한 것이다. 교육내용을 조직화하기 위해서는 교과(학문)의 체계를 중시할 것인지, 경험(생활적응)을 중심으로 할 것인지와 같은 관점을 가지게 된다. 그러한 관점은 교육과정이 존재하는 방식뿐만 아니라 교수·학습 방법과 교육매체의 동원 및 평가 방법 등에서 차이를 가져오게 되고, 결과적으로 학생들의 성장하는 방식에도 영향을 미치게 된다.

이러한 관점은 교육과정에 관련된 주체들이 가지고 있는 것이다. 교육과정과 관련된 주체는 마찰없이 공존하기도 하지만, 교육과정을 보는 관점의 차이로 갈등하는 관계를 유지하기도 한다. 갈등 관계는 교육과정을 개발하는데 있어 합의를 구하는 과정을 거치게 된다. 교육과정은 선험적으로 정해져 있는 것이 아니라, 사회 구성원들이 공유하고 있는 경험적인 내용이 있다는 것을 전제로 공통적인 요인을 만들어 가는 과정이기 때문이다.

이러한 합의를 만들어 가는 과정은 자의적으로 이루어지는 것이 아니라, 일정한 법과 규칙에 의해 이루어진다. 교육과정은 교육현장에서 가르칠 그 무엇에 해당되지만, 그것은 법적인 근거와 이를 매개로 교육현장에서 실천되는 것이다. 이에 따라 이 책은 교육과정이 교육적 가치를 담아내는 틀로서 기능하고, 사회적 합의를 통해 만들어지며, 이러한 것은 제도적 뒷받침이 고려되어야 하는 것으로 시작하였다. 이들에 대한 의의와 한계를 살펴보면 다음과 같다.

첫째, 교육과정이 가치로운 내용을 담는 틀이라고 하면, 교육과정의 구성요소별로 그에 대한 관점을 확립하는 것이 필요하다. 그래서 책 내용의 해당 주제별로 그에 대한 관점을 제시하고자 하였다. 이와 더불어 보편적으로 알아야 할 사항도 제시하여야 하였기에, 해당 주제의 구체적 내용에서는 탈 가치적 내용이 존재하는 제한도 동시에 내포하고 있다. 그렇지만 교육과정에 대한 전반적 이해가 이루어진다면, 교육과정에 대한 관점의 확립이 보다 합리적으로 이루어지게 될 것으로 생각된다.

둘째, 사회적 합의와 관련된 내용이나 사회적 합의에 대한 내용은 주로 교육과정 개발에서 제시하였다. 사회적 합의라는 것은 교육과정의 실천 단계보다는 교육과정의 개발 단계에서 더 강조되는 것이기 때문이다. 그렇다고 하더라도 교육과정 개발 단계에서 어떠한 기구가 어떠한 절차에 걸쳐 이루어지는지 구체적인 설명을 하는데 한계가 있었다. 그것은 국가교육위원회가 설립된 이후 교육과정 개발은 본격적으로 이루어지지 않았고, 그에 따라 법적으로 규정된 사항 이외의 것이 어떻게 운영되는지 제대로 설명하기 어려웠기 때문이다.

셋째, 제도적 지원과 관련해서는 법과 행정으로 설명하고자 하였다. 교육과정의 법적 이해는 교육과정 개발과 운영 및 성과 점검에 대한 법 규정을 제시하고, 행정에서는 법의 집행만이 아니라, 정책을 형성하는 법 시행령의 제정 등 행정국가에 대한 설명과 더불어 교육여건의 정비에 대해 설명하고자 하였다.

그러나 교육과정의 법 체계 정립과 그에 대한 해석을 정교화하지는 않았다. 그것은 교육과정의 개론서 성격의 책에서 교육과정 개발과 운영 절차에 대한 이해를 하는 것만도 의미있는 일이라고 생각되었기 때문이다. 그리고 행정에서는 행정의 의미와 이 분야에 대한 연구가 제대로 실천되지 않는 이유에 대한 설명과 교육환경 조성 작용으로서의 교육과정 중심의 행정을 위한 이해를 돕기 위해 노력하였다. 다만 교육과정행정의 구체적 사항, 예컨대 교육과정을 위한 학급당 적정 학생 수, 필수와 선택교과(목) 운영을 위한 교·강사의 수요, 교과별 수업 및 학생 지원 시설 공간 조성 등에 대한 세밀한 내용까지 제시하는데 한계가 있었다.

교육과정은 교육 현장에서 학습할 '내용'에 관한 것이다. 그것은 사회구성원이 공통적으로 경험하는 교육적 내용을 사회적 합의의 방법을 통해 조직화하는 체제를 제도적 맥락에서 만들고 실천하여야 하는 것이다. 이러한 관점에서 교육과정 분야의 하위 주제별로 관점의 제시, 그리고 그에 따른 내용과 방법을 다루었고, 이들이 제도적 맥락에서 이루어진다는 것을 관련짓고자 하였다.

2. 교육과정의 자율성과 그 한계

우리나라의 교육과정은 형식적인 수준에서 볼 때, 교육과정에 대한 학교의 자율성에 대한 문제는 크게 없는 것처럼 보인다. 「초·중등교육법」 제23조에서는 국가와 교육청에서는 교육과정의 기준과 내용의 기본적 사항을 설정하고, 학교는 이에 기초해 교육과정을 운영하면 되는 구조를 제시하고 있다. 그리고 「초·중등교육법」 제20조에서는 "교사는 법령에 따라 학생을 교육한다."라고 규정함으로써 국가와 지역 교육과정에 기초해 만든 학교 교육과정을 교사가 실천하는 근거도 제시하고 있다. 법적으로 국가수준과 지역수준 및 학교수준의 교육과정에 대한 역할 분담이 명확하고, 실천 근거도 제시되어 있어 형식적 수준의 교육과정은 크게 문제가 되고 있는 사항이 나타나지 않고 있다.

그러나 내용적 수준에서 보면 문제가 있다. 그것은 학교에 교육과정에 대한 자율성이 얼마나 부여되어 있는지에 대한 것과 그 결과로 학생에게 적합한 교육과정이 제공되지 않아 소외 현상이 발생되고 있는 것이다.

첫째, 학교 교육과정의 자율성에 대한 문제이다. 그것은 국가가 교육과정 기준과 내용의 기본적 사항을 설정하는 범주와 관련이 된다. 형식적 구분과 달리 국가교육과정에서 교과를 정할 수 있는 권한과 그에 따른 시간배당의 결정 등이 국가에 있고, 지역과 학교의 교육과정에 대한 자율성은 국가교육 과정에서 어떻게 정하느냐에 달려있다. 국가교육과정 문서를 보면 지역수준 에서 교육과정의 기준과 내용을 설정할 수 있는 권한은 상당히 취약하거나 거의 없는 실정이다. 그리고 학교 교육과정은 국가가 정한 범위 내에서 이루 어지는 제한적 자율성을 띠고 있다.

전국 대부분의 학교 교육과정이 공통적인 측면이 우세하고, 교육과정을 근 거로 만들어진 교과서 역시 지역이나 학교의 특성을 고려한 차별성이 부족하 다고 생각된다. 대도시나 중소도시 및 농산어촌 지역에서 큰 차이가 없는 교 과서를 가지고 교육활동을 전개하고, 학교의 교육과정 역시 몇 가지 특색있 는 방향에서 운영하는 정도이다. 교육과정이 다양한 특성을 지닌 개별 학생 에게 적합하지 않게 되면 교육에서 기회가 제대로 제공되지 못하게 된다. 그 리고 그것은 교육의 획일화로 이어지는 결과를 초래할 수 있다.

또한 교육하는 방식도 가르치는 자는 교육과정의 내용을 전달하고, 학생은 그것을 수용하는 방식으로 운영되고 있는 현실이다. 교육의 성과는 획일적 기준을 설정하고, 그 기준에 도달한 정도로 평가를 하게 된다. 학생이 교육활 동에서 자기인식과 자기발전의 계기로 작용해 학생의 주체적인 자기형성을 하는 평가의 취지와도 배치될 수 있는 것이다.

이러한 사항을 고려한다면 국가교육과정에서 기준과 내용의 기본적 사항 을 어떻게 정해야 하는지는 매우 중요한 요소가 된다. 그러한 점에서 「국가 교육위원회 설치 및 운영에 관한 법률 시행령」 제9조에서 국가교육과정의 기 준과 내용을 정할 때 교육의 기회균등·자주성·전문성 및 중립성을 보장하 고, 교육감이 지역 실정에 적합한 교육과정의 기준과 내용을 마련할 수 있도 록 할 것, 학교의 교육과정 운영의 자율성을 존중할 것, 국민 참여를 보장하 고 그 과정을 공개할 것을 제시한 것은 의미가 있다. 국가교육과정의 기준과 내용을 마련할 때, 지역과 학교 교육과정 운영의 자율성을 보장하기 위한 방 법론에 대한 고민이 요청된다.

둘째, 개인에게 적합한 교육과정이 제공되지 않고 있다는 것이다. 교육과정이 개인에게 적합하게 되면 학생 수에 비례해 교육과정이 존재하여야 한다. 그러나 교육과정은 사회 구성원이 합의를 구하는 방식으로 공통적인 내용도 만들기 때문에, 사회적으로 공유하는 내용도 필요하게 된다. 교육과정이 개인에게 적합하다는 것은 수많은 교육과정이 존재하여야 한다는 것보다는 사회적으로 합의되는 내용이 학생에게 적합한 방식으로 '번역'될 수 있어야 하는 것이고, 개인의 소질이나 적성에 따른 선택을 할 수 있는 여지가 마련되어야 한다는 것으로 이해할 필요가 있다.

이를 위해서는 국가나 지역의 교육과정이 핵심적인 사항을 중심으로 제시됨으로써 학생에게 적합한 형태로 새로이 창조할 수 있는 여지가 있어야 하고, 선택을 할 수 있는 교육과정 체제도 마련하여야 한다. 이러한 것이 제대로 마련되지 않았다면, 교육과정에 대한 사회적 합의를 구하는 과정에서 교사나 학생의 의견이 제대로 반영되었는지 되돌아볼 필요가 있다. 교육 현장의 의견이 제대로 반영되지 못하고, 사회적 합의가 특정 집단의 힘에 의해 이루어지게 되면, 교육과정의 개인적 적합성 제고와는 거리가 생긴다. 그것은 교육과정에 대한 사용자 입장의 평가가 제대로 이루어지지 않은 것을 말하는 것이기도 하다.

국가교육과정에 대한 모니터링과 같이 공급자 입장의 평가에 해당하는 용어는 익숙하지만, 사용자 입장에서 이루어지는 평가라는 용어는 익숙하지 않을 수 있다. 그만큼 공급자 입장에 비해 사용자 입장은 제대로 반영되지 않은 것이라고 할 수도 있다. 교육과정 분야에서 사용자 평가가 의미 있는 것은 학생에 적합한 교육과정을 만드는 것과 밀접한 관계가 있기 때문이다. 교육과정을 사용하는 주체의 입장을 반영하는 방법에 대한 기술적인 문제가 있지만, 이에 대한 사항은 여기서 밝힐 성질은 아니다. 다만, 학생에게 적합한 교육과정을 위해 국가적 차원에서 내용 체계와 교육과정의 영역·내용·편제 및 교육시간 분배기준 등에서 학생의 특수성을 반영할 수 있는 여지를 두는 것은 필요한 것이다.

　　교육과정은 한 사회에서 요구하는 공통적인 내용도 필요하지만, 학생이 그들의 소질이나 적성에 따른 선택적 내용도 요청되는 것이다. 공통적인 내용도 학생에게 적합도를 향상시킬 수 있는 방향으로 번역할 수 있는 여지가 있어야 한다. 이를 통해 교육과정은 학생의 성장에 의미 있는 학습의 장으로 그 역할을 한다. 교육과정이 개인에게 적합하지 않게 되면 교육에서의 기회가 제대로 보장되지 않는 것을 의미한다. 교육의 본질이 인간의 성장에 유의미한 장을 마련하는 데 있다고 하면, 교육과정은 그러한 교육의 본질을 구현하기 위한 중추적인 요인이 된다. 교육과정은 교육의 본질과 관련된 사항에 관한 것으로 교육의 기회균등을 보장하기 위한 하나의 수단이고, 사회구성원의 공통적인 경험적 내용을 어떻게 반영할 것인지에 대한 사회적 합의의 대상과 방법에 대한 관점의 요청이기도 한 것이다.

3. 교육과정 중심의 학교 운영

　　학생에 적합한 교육과정은 법과 규칙에 따른 사회제도의 범위 내에서 이루어지는 것이다. 교육과정의 개발과 운영도 그러한 제도의 범위 내에서 설명 가능한 것이다. 현재 국가교육과정에 대한 조사 · 분석 및 점검을 지원하기 위해 「국가교육위원회 설치 및 운영에 관한 법률 시행령」에는 국가교육과정 모니터링단에 대한 내용이 있다. 국가교육과정모니터링단은 국가교육과정에 대한 조사 · 분석 및 점검업무를 지원함으로써, 국가교육과정의 수립이나 변경 등을 위한 자료를 공식적으로 국가교육위원회에 전달한다. 그러나 국가교육과정모니터링단에 대한 기구와 역할 등이 법적으로 명문화되어 있지 않다면, 교육현장의 의견이 공식적으로 전달되기 어렵고, 그 결과 교육현장의 의견은 제대로 반영되지 않을 수 있다. 이러한 것은 교육과정의 제도적 측면과 관련이 되는 것이다.

이제까지 교육과정은 교육할 가치가 있는 내용을 조직하는 것에만 관심을 집중하는 데 비해, 그것이 제대로 구현되기 위한 제도적 측면에 대한 관심은 제대로 이루어지지 않았다고 생각된다. 그렇지만 교육과정은 그와 관련된 제도가 어떻게 되어 있느냐에 따라 교육과정의 수립이나 변경의 모습 및 학교에서의 자율적 운영의 모습이 달라질 수 있다. 학생에게 적합한 교육과정이 만들어졌다고 하더라도, 이를 지원하는 여건이 정비되어 있지 않게 되면 그 교육과정은 의미가 없다. 학생이 원하는 바리스타 과목이 없거나, 바리스타 과목이 개설되었다고 하더라도 이를 가르칠 교사가 없거나 실습할 시설과 장비가 없으면 교육과정을 실천할 수 없다.

그러한 의미에서 교육과정은 구체적인 내용뿐만 아니라 이를 지원하기 위한 제도적 측면과 제대로 결합되어야 한다. 여기서 제도는 물리적, 인적인 조건을 포함하는 법과 규칙 등의 전반적 내용을 말한다. 고교학점제를 위해 시설을 정비하고, 선택과목의 확대를 위해 교사와 강사 충원은 교육과정의 충실한 구현을 위한 것이다. 교육과정 중심의 교육활동이 되기 위해서는 내용만이 아니라, 제도가 뒷받침되어야 한다. 교육과정에 대한 국가적 통제와 학교의 자율성에 대한 조화를 위해서는 내용적인 연구 중심에서 제도적인 면의 연구까지 확장하는 관점이 요구되는 것이다.

교육과정은 사회제도의 한 부분으로 제도적 뒷받침에 의해 이루어져야 하는 것으로, 그 내용이 제도와 부합되는 형태가 되어야 하는 것이다. 그러나 제도 부분에 대한 관심은 생각보다 많지 않은 편이다. 그 이유는 두 가지로 나누어 살펴볼 수 있다. 하나는 교육과정은 학교에서 배울 그 '무엇'을 선정하고 조직하는 일을 중심으로 연구하는 것에 있는 것으로 보인다. 다른 하나는 교육과정을 교육학의 하위 분야로 생각하면서도, 교육학의 다른 하위 분야와 교류가 제대로 이루어지지 않은 것에 있다고 생각된다.

첫째, 교육과정을 교육현장에서 배우는 내용을 만드는 것으로 제한하여 이해하는 방식에 대한 것이다. 교육과정에서 조직하는 교육내용은 어떠한 지식이 가장 가치있는가에 대한 문제로, 초·중등학교의 학교급의 고려와 활동중심이나 내용중심 등 어떠한 내용으로 구성할 것인지에 대해서도 고려하게 된다. 이러한 것은 교육내용이 어떠한 관점에서 어떠한 내용으로 구성이 되든 수업 시간, 학기, 수업일수, 수업방법 등 교육의 제도적 과정과 결부되어 의미를 지니는 것이다. 교육과정의 운영은 일정한 법과 규칙에 의해 제한을 받기도 하고, 이를 수정·보완하거나 새로운 제도를 형성함으로써 학생의 학습의 질을 향상시키고자 한다. 그래서 교육과정은 그 '무엇'에 대한 연구는 제도적 맥락과 더불어 이루어져야 의미를 지니는 것이다. 그렇지 않으면 교육과정 내용은 임의적인 것이 되어 버린다.

둘째, 교육과정은 교육학의 하위 분야이며, 다른 하위 분야와의 교류가 제대로 이루어지지 않는 것에 대한 것이다. 한국에서 교육과정은 대학원 석사과정부터 전문 분야로 분화되기도 하고, 박사과정에서는 대부분 분화된 전공영역으로 되어 있다. 교육학의 하위 분야로 분화된 전공은 해당 분야에 대한 관심으로 한정되고, 교육학의 다른 하위 분야에 대한 전공 분야에 대해서는 관심이 없거나 자신의 전공 분야와 관련지으려는 노력은 제대로 나타나지 않고 있다.

교육과정의 내용을 조직하기 위해서는 방향이나 목적 설정을 위한 철학적 접근, 학생의 발달과 학습에 부합하기 위한 심리학적 접근, 사회현상에 부합하는 내용인지에 대한 사회학적 접근, 학생의 진로 설계를 위한 진로상담 등의 심리·상담학적 접근 등 교육학의 하위 학문 분야의 도움이 필요하게 된다. 그리고 교육과정 운영에서 지원을 위한 행·재정적 지원에 대한 법적 근거의 마련 등의 제도적 지원이 요청된다. 교육과정의 개발과 운영의 전반에 걸쳐 교육학의 하위 학문 간의 밀접한 유기적 관계가 요청되는 것이다.

교육과정은 교육학의 실천적 분야로 그 위치를 차지하고 있다. 교육과정 개발에서는 교육의 목적 설정과 그에 따른 내용의 선정과 조직, 그리고 어떠한 방법으로 가르칠 것인가에 대해 집중하고 있다. 그래도 이러한 사항을 다루는 기구와 절차 등에 대한 제도적 뒷받침이 없으면, 합리적인 교육과정이 만들어지기 어렵다. 그리고 개발된 교육과정을 학교에서 운영하기 위해서는 행·재정적 지원과 같은 제도적 기준이 마련되고, 그 기준에 따라 적합하게 이루어져야 한다. 교육과정의 개발과 운영은 제도적 기준에 의해 이루어지게 되고, 성과의 점검 역시 마찬가지라고 하겠다.

　교육과정에서 배워야 할 내용을 선정하고 조직하는 것은 중요하다. 그러나 교육과정은 법과 규칙 등에 의해 교육 현장에 적용되고, 이들과 별개로 분리할 수 없는 관계다. 교육과정은 제도적 맥락에서 함께 이루어져야 한다. 이들의 관계를 고려하더라도 조금 더 검토해야 할 과제가 있다. 그것은 교육과정의 운영을 중심으로 법과 행정이 작용하여야 한다는 것이다. 학생의 과목 선택이 제대로 이루어지기 위해서는 과목을 개설할 수 있는 근거가 있어야 하고, 과목을 운영을 위한 교사의 시설 등에 대한 기준이 마련되어야 한다. 교육과정이 개인에게 적합하게 만들어졌다고 하더라도 이를 지원하는 제도가 마련되지 않는다면 의미가 없게 된다. 따라서 행정 중심의 교육과정 운영이 아니라, 교육과정을 중심으로 하는 행정 작용이 이루어져야 하는 것이다.

후주

제1장 서론: 교육과정 이해의 관점

1) 이돈희(1999). 교육정의론. 교육과학사. 387 참고.
2) 여기의 내용은 이돈희(1999). 앞의 책. 331-335에서 교육에 대한 구성 집단 간의 설명을 한 내용을 교육과정 분야의 구성 집단으로 해석·적용한 것이다.

제2장 교육과정의 체계적 이해

1) 이돈희, 황정규, 윤희원, 조영달, 권오량, 우정호, 최승연, 강신복(1998). 교과교육학 탐구. 교육과학사. 14.
2) 교육부(1999). 초등학교 교육과정 해설. 교육부. 23.
3) 김종서, 이영덕, 황정규, 이홍우(1991). 교육과정과 교육평가. 교육과학사. 154.

제3장 교육과정학의 발전

1) 김복영, 박순경, 조덕주, 석용준, 명지원, 박현주, 소경희, 김진숙 역(2001). 교육과정 담론의 새 지평. 원미사. 107-108.
2) 박창언(2003). 교육과정 편성권에 대한 문제점과 대안 탐색. 교육과정연구. 21(1). 92.

제4장 교육과정 이론의 발전

1) 강신택(1984). 사회과학연구의 논리. 박영사. 24-27.
2) 김인식, 문선모 역(1984). 학습이론과 교육. 교육과학사. 45.

3) 이홍우(1986). 교육과정탐구. 박영사. 97.

4) 유봉호(1992). 한국교육과정사연구. 교학연구사. 308-309.

5) Kliebard, Hebart M.(2004). *The struggle for the american curriculum*. RoutledgeFalmer.

6) Bobbitt, F.(1924). *How to make a curriculum*. The Riverside Press.

7) 김경자(2000). 학교교육과정론. 교육과학사. 125.

8) 교육부(1999). 초 · 중 · 고등학교 국가수준의 교육과정 기준—총론—. 교육부. 30.

9) 교육부(1999). 앞의 문헌. 26-29.

10) 이홍우(1986). 교육과정탐구. 박영사. 61.

11) Bruner, Jerome S.(1960). *The process of education*. Harvard University Press. 33.

12) Bruner, Jerome S.(1966). *Toward a theory of instruction*. Cambridge, Harvard University Press. 44-45.

13) 교육부(1999). 앞의 문헌. 44.

14) 김복영, 박순경, 조덕주, 석용준, 명지원, 박현주, 소경희, 김진숙 역(2001). 교육과정 담론의 새지평. 원미사. 245.

15) Silberman ,C. E.(1970). *Crisis in the classroom: the remaking of american education*. Random House.

16) Jackson, P. W.(1968). *Life in classrooms*. New York: Holt, Rinehart and Winston.

17) Bowles, S., & Gintis, H.(1976). *Schooling in capitalist america: educational reform and the contradictions of economic life*. Basic Books.

18) 이종각(2007). 교육사회학총론. 동문사. 508.

19) 한국교육개발원(1981). 교육과정개정안의 연구 · 개발 답신 보고서. 한국교육개발원. 15-22.
   유봉호(1992). 한국교육과정사연구. 교학연구사. 382에서 재인용.

20) 신득렬 역(1993). 파이데이아 제안. 양서원. 의 내용을 참고하여 작성한 것이다.

21) 강충열, 정광순, 유위준 역(2011). 교육과정 리더십. 학지사. 90.

22) 강현석, 허영식, 신영수, 최윤경, 추갑식 역(2012). 미국의 교육과정 개혁 이야기. 양서원. 27.

23) 강충열, 정광순, 유위준 역(2011). 앞의 책. 98.

제5장 교육과정 개발

1) 이경섭, 이홍우, 김순택(1997). 교육과정: 이론 · 개발 · 관리. 교육과학사. 45-46.

2) 교육인적자원부(2007). 초 · 중등학교 교육과정 총론 개정안 공청회. 교육인적자원부. 3.

3) 교육인적자원부(2007). 앞의 문헌. 4.

4) 허경철, 이근님, 박순경, 이광우, 이미숙, 노희방(2003). 교육과정 수시 개선을 위한 정부 · 전문연구기관의 역할 정립 방안에 관한 연구. 한국교육과정 평가원. 154.

5) 국가교육위원회(2023). 2023 국가교육과정모니터링단 운영계획. 국가교육위원회. 4.

6) Print, Murray(1988). *Curriculum development*. Allen & Unwin. 20-21. 에서는 교육과정 개발을 합리적 모형에서 역동적 상호작용 모형으로 구분하고 있다.
장인실, 한혜정, 김인식, 강현석, 손민호, 최호성, 김평국, 이광우, 정영근, 이흔정, 정미경, 허창수 역(2007). 교육과정. 학지사. 316-346. 에서는 기술 · 과학적 접근은 교육과정 개발에서 객관주의와 논리적 합리성을 강조하고, 비기술적 · 비과학적 접근은 주관적, 심미적, 총체적 이해와 상황에 따른 융통성을 강조하고 있다. 이들의 구분도 용어를 달리하고 있지만, 합리적 접근과 역동적 모형의 연속선상을 고려하고 있어, 이를 종합해 구분한 것이다.

7) 함수곤, 김종식, 권응환, 왕경순(2003). 교육과정 개발의 이론과 실제. 교육과학사. 67.

8) Tyler, R. W.(1949). Basic principles of curriculum and instruction. Chicago: The University of Chicago.

9) Wiggins, G. & McTighe, J.(2005). *Understanding by design(expanded 2nd ed.)*. Association for Supervision and Curriculum Development. 17-18.

10) 김경자, 온정덕(2011). 이해중심 교육과정. 교육아카데미. 39.

11) 이원희, 최호성, 박정희, 강현석 편역(1997). 학교교육과정론. 교육과학사. 44.

12) 최호성, 박창언, 최병옥(2012). 교육과정: 이론과 실천. 교육과학사. 127.

13) 최호성, 박창언, 최병옥(2012). 앞의 책. 129.

14) Eisner, E. W.(1979). *The educational imagination: on the design and evaluation of school programs*. Macmillan.

15) 최호성, 박창언, 최병옥(2012). 앞의 책. 140.

16) 최호성, 박창언, 최병옥(2012). 앞의 책. 133.

제6장 교육과정 설계

1) 김낙운(1986). 현행 교육법해설. 하서출판사. 57.

2) 박창언(2019). 교육과정과 교육법. 학지사. 125-126.

3) Anderson, L., Krathwohl, D., Peter W. A,, Cruikshank, K. A., Mayer, R. E., Pintrich, P. R., Raths, J., & Wittrock, M. C.(2001). *A Taxonomy for learning, teaching, and assessing: a revision of Bloom's taxonomy of educational objectives.* Longman.

4) Marzano, R. J.(2001). *Designing a new taxonomy of educational objectives.* Corwin Press.

5) Hauenstein, A. D.(1998). *A conceptual framework for educational objectives: a holistic approach to traditional taxonomies.* University Press of America.

6) 김인식, 박영무, 이원희, 최호성, 강현석, 최병옥, 박창언, 박찬혁 역(2004). 신교육목표분류학. 교육과학사. 원저자 서문.

7) 김인식, 박영무, 이원희, 최호성, 강현석, 최병옥, 박창언, 박찬혁 역(2004). 앞의 책. 27.

8) Tyler, R. W.(1949). *Basic principles of curriculum and instruction.* The University of Chicago Press. 65-70.

9) Brady, L.(1992). *Curriculum development(4th ed).* Prentice Hall. 111-116.

10) 최호성, 박창언, 최병옥(2012). 교육과정: 이론과 실천. 교육과학사. 202.

11) Tyler, R. W.(1949). *Basic principles of curriculum and instruction.* The University of Chicago Press. 98-99. 최호성, 박창언, 최병옥(2012). 앞의 책. 202-203에서 재인용.

12) Tanner, D., & Tanner, L.(2007). *Curriculum development -theory into practivce-.* Person Education Inc. 274.

13) Tyler, R. W.(1949). *Basic principles of curriculum and instruction.* The University of Chicago Press. 85.

14) Tyler, R. W.(1949). *Basic principles of curriculum and instruction.* The University of Chicago Press. 85.

15) 문교부(1981). 국민학교 교육과정. 문교부.

16) 문교부(1987). 앞의 문헌.

17) 장인실, 한혜정, 김인식, 강현석, 손민호, 최호성, 김평국, 이광우, 정영근, 이흔정,

정미경, 허창수 역(2007). 교육과정. 학지사. 389.

18) Stratemeyer, F. B., Forkner, H. L., McKim, M. G., & Passow, A. H.(1947). *developing a curriculum for modern living*. Bureau of Publications, Teachers College, Columbia University.

제7장 교과서 제도와 개발

1) 박창언(2017). 현대교육과정학. 학지사. 120.

2) 함종규(2004). 한국교육과정변천사연구. 교육과학사. 42.

3) 박창언(2020). "국정-검정-인정 교과서가 뭔가요?". 행복한 교육 Vol. 453. 28.의 내용을 수정·보완한 것이다.

4) 국정도서, 검정도서, 인정도서 등의 발행체제의 개념적 구분과 개발 절차는 "교육부 교과서정책과(2022). 「2022 개정 교육과정」에 따른 초·중등학교 교과용도서 개발 기본 계획(안). 교육부 교과서정책과."의 내용을 토대로 작성한 것이다.

5) 여기의 내용은 "박창언, 강전훈, 이윤하(2021). 좋은 교과서의 조건과 교과서 자유발행제 추진 방향 분석. 교과와 교과서연구. Vol. 1(1). 28-30."의 내용을 수정·보완한 것이다.

6) 이돈희(2003). 세기적 전환과 교육학적 성찰. 교육과학사. 181.

7) 김정호, 허경철, 최용기, 송성제, 정동호, 이준식, 정광훈(2019). 교과서 편찬의 실제. 동아출판(주) 교육연구소. 305.

8) 교육부(2022). 2022 개정 교육과정에 따른 초·중등학교 교과용도서 개발 기본 계획(안). 교육부. 24.

9) 교육부, 한국교육과정 평가원(2023). 2022 개정 교육과정에 따른 검정도서 개발을 위한 편찬상의 유의점 및 검정 기준. 교육부, 한국교육과정 평가원. 24.

10) 부산광역시교육청(2023). 2022 개정 교육과정에 따른 검정도서 개발을 위한 편찬상의 유의점 및 검정 기준. 부산광역시교육청. 44.

11) 교육법 제157조에 관한 헌법소원. 헌재 1992.11.12. 89헌마88.

12) 교육부(2023.06.08.). AI 디지털교과서로 1:1 맞춤 교육시대 연다. 교육부 보도자료.

제8장 교육과정 연수

1) 박창언(2019). 교육과정과 교육법. 학지사. 301.

2) 교육부(2023). 국가수준 교육과정 후속지원 계획(안). 교육부.

제9장 교육과정 운영

1) Eiser, Ellot W. (1994). *The educational imagination*. MaCmillan College Publishing Company. 113-116.

2) 박승배(2001). 교육과정학의 이해. 양서원. 210.

3) 오은경, 한유경, 서경혜, 김경이, 안정희, 안선영 역(2008). 장학론. 아카데미프레스. 18.

4) 진동섭(2003). 학교컨설팅: 교육개혁의 새로운 접근방법. 학지사.

5) 교육과학기술부(2011). 초등학교 교육과정. 교육과학기술부. 23.

6) 교육부 중앙교육연수원(2013). 컨설팅 장학. 교육부 중앙교육연수원. 1.

7) 교육부 중앙교육연수원(2013). 앞의 책. 9차시의 교육과정컨설팅의 절차와 적용사례 부분의 내용을 도식으로 정리하여 해당 부분을 설명한 것이다.

8) 박창언(2021). 교육과정행정. 동문사. 264의 〈표 13-1〉을 보완한 것이다.

9) Snyder, J., Balin, F., & Zumwalt. K. Zumwalt. K.(1992). Curriculum implementation in Philip, W. J.(Ed.). *Handbook of research on curriculum*. Macmillan Publishing Company. 402-427.

10) Snyder, J., Balin, F., & Zumwalt. K. Zumwalt. K.(1992). 앞의 책. 411-415. 최호성, 박창언, 최병옥(2014). 교육과정: 이론과 실천. 교육과학사. 287-288.에서 재인용.

11) 김정란(1996). 초등학교 교육과정 운영에 영향을 미치는 제 변인에 대한 요인 분석. 부산대 박사학위 논문. 최호성, 박창언, 최병옥(2014). 앞의 책. 290.에서 재인용하였으며, 표의 가로와 세로 제목의 위치를 변경하여 제시하였다.

12) Hall, G. E, Wallace, R. C., & Dossett, W. A.(1973). *A developmental conceptualization of the adoption process within educational in stitutions*. University of Texas, Research and Development Center for Teacher Education. 최호성, 박창언, 최병옥(2012). 앞의 책. 292에서 재인용한 것이며, 관심수준과 활용수준의 도표는 같은 책 293-295의 내용을 토대로 용어를 일부 수정하였다.

제10장 교육과정 평가

1) Tyler, R. W.(1949). *Basic principles of curriculum and instruction*. The University of Chicago Press. 105-106.

2) Taylor, P. A. & Maguire, T. O. (1966). "A theoretical evaluation model" *Manitoba Journal of Educational Research*, 1. 12-17. 이경섭, 이홍우, 김순택(1997). 교육과정:

이론 · 개발 · 관리. 교육과학사. 376에서 재인용.

3) 이경섭, 이홍우, 김순택(1997). 앞의 책. 390.

4) 최상근, 강대식, 이상무, 전제희, 박서윤, 채송화(2016). **2015 학교평가 사업보고서**. 한국교육개발원. 3-4.

5) 박창언, 김민희, 박상욱, 배지현, 이기용, 임소혜, 지은경, 한춘희(2014). **국가교육과 정 질관리 체제 구축방안 연구**. 교육부. 8.

6) 최호성, 강현석, 이원희, 박창언, 이순옥, 김무정, 유제순 역(2007). **교육과정 설계의 이론과 실제**. 시그마프레스. 269.

7) 최호성, 강현석, 이원희, 박창언, 이순옥, 김무정, 유제순 역(2007). 앞의 책. 272.

8) 최호성, 강현석, 이원희, 박창언, 이순옥, 김무정, 유제순 역(2007). 앞의 책. 273.

9) 최호성, 강현석, 이원희, 박창언, 이순옥, 김무정, 유제순 역(2007). 앞의 책. 275-276.

10) 백순근(1999). 수행평가 정착을 위한 교육평가 실천 방안. In 한국교육과정 평가 원. **초 · 중등학교 교과별 수행평가의 실제–총론–**. 한국교육과정 평가원. 69-110.

11) 최호성, 강현석, 이원희, 박창언, 이순옥, 김무정, 유제순 역(2007). 앞의 책. 280-281.

12) 배호순(2008). **교육프로그램 평가론**. 원미사. 164-165.

13) 김영숙, 김욱, 엄기욱, 오말록, 정태신(2005). **교육프로그램 개발과 평가**. 교육과학 사. 308.

14) 배호순(2008). 앞의 책. 170.

15) Worthen, B. R., Sanders, J. R., & Fitzpatrick, J. L.(1997). *Program evaluation*. Longman. 86.

16) 변창진, 최진승, 문수백, 김진규, 권대훈(1996). **교육평가**. 학지사. 김진규(2009). **교육평가 탐구이야기**. 동문사. 358-359에서 재인용.

17) 배호순(2008). 앞의 책. 원미사. 182-183.

18) 배호순(2008). 앞의 책. 원미사. 215-216.

19) 변창진, 최진승, 문수백, 김진규, 권대훈(1996). 앞의 책. 김진규(2009). 앞의 책. 364에서 재인용.

20) Eisner, Elliot W.(1994). *The educational imagination: On the design and evaluation of school programs* (3rd ed.). Macmillan College Publishing Company. 225-234.

제11장 교육과정 질 관리

1) 박창언(2019). 교육과정과 교육법. 학지사. 212.

2) 교육부(1999). 중학교 교육과정 해설(Ⅰ)—총론 · 특별활동. 교육부. 170.

3) 교육부(1999). 앞의 문헌. 170.

4) 박창언, 김경자(2014). 법령과 국가 정책에 의한 범 교과 학습 주제와 요구 시수의 문제 및 교육과정의 과제 탐색. 교육과정연구. 32(3). 77-80.

5) 교육법 제157조에 관한 헌법소원. 헌재 1992.11.12. 89헌마88.

6) 표시열(2008). 교육법: 이론 · 정책 · 판례. 박영사. 148.

제12장 교육과정의 법과 행정

1) Kandel, I. L.(1933). *Comparative education*. Houghton Mifflin.

2) 이 부분은 박창언(2019). 교육과정과 교육법. 학지사. 17-19의 내용을 수정 · 보완한 것이다.

3) 헌법재판소(1993). 헌법재판소 판례집 제4권. 헌법재판소. 750.

4) 有倉遼吉(1978). 國民の教育と憲法. In 伊藤正己. **日本國の考え方(下)**. 有斐閣. 190-191.

5) 日本教育法學會編(1994). **教育法學辭典**. 學陽書房. 142.

6) 김낙운(1986). 현행교육법해설. 하서출판사. 583.

7) 박소영, 이재기, 이수정, 김성혜, 소경희, 김주후(2007). 국가교육과정의 평가체제 연구(Ⅰ)—평가체제의 기본 틀 구안을 중심으로—. 한국교육과정 평가원. 20-21.

8) 박창언(2021). 교육과정행정. 동문사. 47. 여기서의 정의 중 '인간의 교육적 성장'을 여기서는 '인간의 성장'으로 용어를 변경하였다.

9) 이돈희(1999). 교육정의론. 교육과학사. 335-336.

부록

부록 1   교과용도서의 발행체제별 개발 절차

① 국정도서 개발 절차

발행자	교육부	편찬기관
	교육과정 고시	
	교과용도서 구분 고시	
	교과용도서 개발 기본 계획 수립	
	편찬상의 유의점 확정	
	편찬기관 공모(지정)	편찬진(연구,집필,검토진) 구성 / 편찬계획서, 실례단원 작성 등
	편찬기관 선정/연수	세부계획서 제출, 보조금 신청
	세부계획서, 예산 집행계획 검토 · 승인 / 국정도서 편찬 심의회 구성/운영	기초 연구(교육과정 상세화)
	집필 세목(또는 원고본) 심의	집필 세목 작성
		원고 집필, 검토, 수정 · 보완 / 삽화, 사진 제작
원고본 제작	원고본(집필 세목 포함) 심의	원고본 작성
개고본 제작	개고본 심의	개고본 작성
현장검토본 제작	현장검토본 심의	현장검토본 작성
현장검토본 인쇄 · 보급	현장검토본 검토/승인	전문기관 감수
	현장 적합성 검토: 연구학교 운영 / 교사연구회 운영 / 전문가 검토	현장검토 결과 반영, 수정 · 보완
수정본 제작	수정본 심의	수정본 작성
감수본 제작	검토/감수	감수본 작성
생산, 공급	신간본 검토/승인	결재본 작성
생산, 공급	기간본 검토/승인	기간본 수정 · 보완

정산서 제출 (매년 12월 말)

② 검정도서 개발 절차

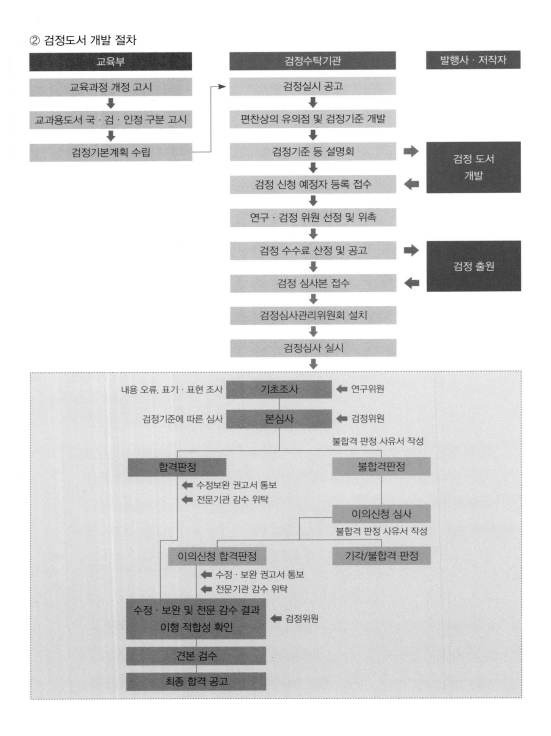

③ 인정도서 개발 절차

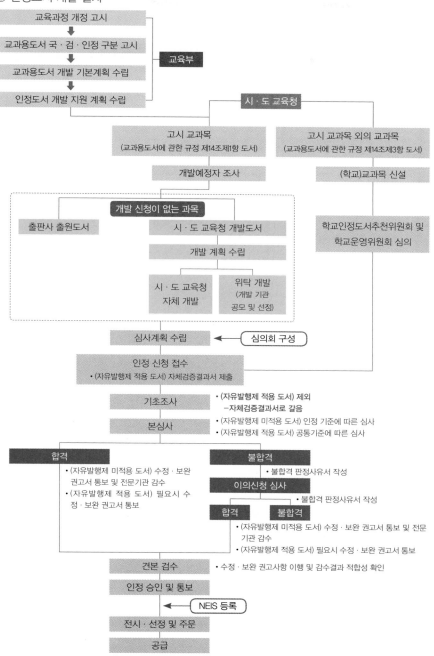

부록 2   교과용도서의 수정 · 보완

① 교과용도서의 수정 · 보완 절차

절차		추진 내용		
❶ 접수 · 검토	접수	• 국가 · 사회적 요구 사항, 자체 수정, 민원 요청, 의견 제안 접수 → 수정 · 보완 요청 사항을 편찬기관 및 발행사에 통보		
	검토	**국정 도서**	**검정 도서**	**인정 도서**
		편찬기관(집필진)과 발행사 협의	발행사(집필진) 협의	발행사(집필진) 협의
	자료 작성	발행사 발송(학기별)	발행사 입력(~매월 10일까지)	발행사 입력(수시)
		공문	교과용도서 수정 · 보완 온라인 시스템	교과용도서 수정 · 보완 온라인 시스템
		① 수정 · 보완 대조표 ② 편찬기관(집필진) 협의록	① 수정 · 보완 대조표 ② 집필진 협의록	① 수정 · 보완 대 조표 ② 집필진 협의록
	승인 요청	발행사 → 교육부	발행사 · 민간위탁기관 → 교육부(~매월 15일까지)	발행사 · 민간위탁기 관 → 시 · 도 교육청

		교육부	교육부			시·도 교육청
❷ 검토 승인	승인 검토	교과별 검토자가 검토 실시 (필요시 자문 위원회 검토 가능)	단계		내용	관련기관 (수·발신)	「인정도서 업무편람」에 근거하여 수정·보완 사항 심의
			신간본	검토자 추천	• 검토자 1~2인 추천(요청 건수 확인 후 추천 인원 확정)	• 검정심의기관 →교육부, 수정·보완민간 위탁기관	
			기간본	검토자 구성	• 교과별 내부·외부 검토자로 구성하며 내부 검토자 공석 발생 시 외부 검토자를 선정·구성	• 교육부, 수정·보완민간위탁기관	
			검토 의뢰		• 전문가에게 검토 의뢰	• (외부) 수정·보완 민간위탁기관 → 검토자 • (내부) 업무 담당자 → 검토자	
			검토 실시		• 검토 후 의견서 작성·송부 ※필요시 수정심의회 개최	• 검토자	
			검토 결과 송부		• 검토 의견서 송부	• (외부) 검토자 → 수정·보완 민간위탁기관 →교육부 • (내부) 검토자 →업무 담당자	
	승인·통보	• 교육부 → 편찬기관 및 발행사	• 교육부 → 민간위탁기관 → 발행사 • 교육부 → 시·도 교육청				• 시·도 교육청 →민간위탁기관 → 발행사
❸ 후속 조치	안내 공급	• 시·도 교육청은 교과용도서 수정·보완 사항을 학교에 안내 • 민간 위탁 기관은 교과용도서 수정·보완 온라인 시스템을 활용하여 수정·보완 사항 대국민 안내 • 발행사는 수정·보완 승인 사항을 교과용도서에 반영하여 인쇄하고 현장에 공급				
	평가 환류	사용자 대상 교과용도서 평가 결과 환류를 통한 교과서 품질 관리				

부록 3 공통 검·인정 기준(안)

2015 개정 교육과정기 공통 검정기준		2022 개정 교육과정기 공통 검정 기준	
심사 영역	심사관점	심사 영역	심사관점
Ⅰ. 헌법 정신과의 일치	1. 대한민국의 정통성과 국가 체제를 부정하거나 왜곡·비방하는 내용이 있는가?	Ⅰ. 헌법 이념과 가치의 존중	1. 대한민국의 정통성과 국가 체제를 부정하거나 왜곡·비방하는 내용이 있는가?
	2. 대한민국의 자유민주적 기본 질서와 이에 입각한 평화 통일 정책을 부정하거나 왜곡·비방하는 내용이 있는가?		2. 대한민국의 자유민주적 기본 질서와 이에 입각한 평화 통일 정책을 부정하거나 왜곡·비방하는 내용이 있는가?
	3. 대한민국의 영토가 한반도와 그 부속 도서임을 부정하거나 왜곡·비방하는 내용이 있으며, 특별한 이유 없이 '독도' 표시와 '동해' 용어 표기가 되어 있지 않은 내용이 있는가?		3. 대한민국의 영토가 한반도와 그 부속 도서임을 부정하거나 왜곡·비방하는 내용이 있으며, 특별한 이유 없이 '독도' 표시와 '동해' 용어 표기가 되어 있지 않은 내용이 있는가?
	4. 대한민국의 국가 상징인 태극기, 애국가 등을 부정하거나 왜곡·비방하는 내용이 있으며, 바르지 않게 제시한 내용이 있는가?		4. 대한민국의 국가 상징인 태극기, 애국가 등을 부정하거나 왜곡·비방하는 내용이 있으며, 바르지 않게 제시한 내용이 있는가?
	5. 성별·종교 또는 사회적 신분에 의하여 정치적·경제적·사회적·문화적 생활의 모든 영역에 있어서 차별을 조장하는 내용이 있는가?		5. 성별·종교 또는 사회적 신분에 의하여 정치적·경제적·사회적·문화적 생활의 모든 영역에 있어서 차별을 조장하는 내용이 있는가?
	6. 특정 국가, 인종, 민족에 대해 부당하게 선전·우대하거나, 왜곡·비방하는 내용이 있는가?	Ⅱ. 교육의 중립성 유지	6. 정치적·파당적·개인적 편견을 전파하기 위한 방편으로 이용된 내용이 있는가?
Ⅱ. 교육의 중립성 유지	7. 정치적·파당적·개인적 편견을 전파하거나, 특정 종교교육을 위한 방편으로 이용된 내용이 있는가?		7. 특정 국가, 인종, 민족, 정당, 종교, 인물, 상품, 기관 등에 대해 부당하게 선전·우대하거나, 왜곡·비방하는 내용이 있으며, 남녀의 역할, 장애, 직업 등에 대한 편견을 조장하는 내용이 있는가?
Ⅲ. 지식 재산권의 존중	8. 타인의 공표되지 아니한 저작물을 표절 또는 모작하거나, 타인의 공표된 저작물을 현저하게 표절 또는 모작한 내용이 있는가?	Ⅲ. 지식 재산권의 존중	8. 타인의 공표되지 아니한 저작물을 표절 또는 모작하거나, 타인의 공표된 저작물을 현저하게 표절 또는 모작한 내용이 있는가?

부록 4　교과 검 · 인정기준 예시(안)

	2015 개정 교육과정에 따른 교과용도서 교과 검정기준 예시		2022 개정 교육과정에 따른 교과용도서 교과 검정기준 예시(안)
심사 영역	**심사 항목**	**심사 영역**	**심사 항목**
I. 교육 과정의 준수	1. 교육과정에 제시된 목표를 충실히 반영하였는가? 2. 교육과정에 제시된 내용 체계 및 성취기준을 충실히 반영하였는가? 3. 교육과정에 제시된 교수 · 학습 방법을 충실히 반영하였는가? 4. 교육과정에 제시된 평가를 충실히 반영하였는가?	I. 교육 과정의 준수	1. 교육과정에 제시된 '성격'과 '목표'를 충실히 반영하였는가? 2. 교육과정에 제시된 '내용 체계'와 '성취기준'을 충실히 반영하였는가? 3. 교육과정에 제시된 '교수 · 학습'을 충실히 반영하였는가? 4. 교육과정에 제시된 '평가'를 충실히 반영하였는가?
II. 내용의 선정 및 조직	5. 내용의 수준과 범위 및 학습량이 적절한가? 6. 내용 요소 간 위계가 있고, 연계성을 가지고 있는가? 7. 학생들이 배운 내용을 다양한 방식으로 일상생활에 적용함으로써 창의력, 문제해결력 등 교과 역량 함양이 가능하도록 교육내용을 조직하였는가? 8. 일상생활과 연계되어 흥미와 관심을 유발할 수 있도록 다양한 주제, 제재, 소재 등을 선정하였는가? 9. 학습자의 자기 주도적 학습을 지원할 수 있도록 구성하였는가? 10. 융 · 복합적 사고를 촉진하는 제재를 선정하였는가? 11. 학생 관점에서 이해하기 쉽게 기술하고 있는가? 12. 교과서의 집필 기준을 준수하였는가? (* 집필기준이 있는 과목에 한함)	II. 내용의 선정 및 조직	5. 내용의 수준과 범위 및 학습량이 적절한가? 6. 내용 요소 간 위계가 있고, 연계성을 가지고 있는가? 7. 일상생활과 연계되어 흥미와 관심을 유발할 수 있도록 다양한 주제, 제재, 소재 등을 선정하였는가? 8. 학생들이 배운 내용을 다양한 방식으로 일상생활에 적용함으로써 역량 및 기초 소양 함양이 가능하도록 학습 내용을 조직하였는가? 9. 학생의 자기 주도적 학습이 촉진될 수 있도록 학습 내용을 선정 및 조직하였는가? 10. 단원의 전개 및 구성 체제가 학습에 효과적인가?

III. 내용의 정확성 및 공정성	13. 사실, 개념, 용어, 이론 등은 객관적이고 정확한가? 14. 평가 문항의 질문과 답에 오류는 없는가? 15. 사진, 삽화, 통계, 도표 및 각종 자료 등은 공신력 있는 최근의 것으로서 출처를 분명히 제시하고 있으며, 해당 내용에 대한 설명으로 적합한가? 16. 특정 지역, 문화, 계층, 인물, 성, 상품, 기관, 종교, 집단, 직업 등을 비방·왜곡 또는 옹호하지 않았으며, 집필자 개인의 편견 없이 공정하게 기술하였는가? 17. 한글, 한자, 로마자, 인명, 지명, 각종 용어, 통계, 도표, 지도, 계량 단위 등의 표기가 정확하며, 편찬상의 유의점에 제시된 기준을 충실히 따랐는가? 18. 문법 오류, 부적절한 어휘 등 표현상의 오류가 없고 정확한가?	III. 내용의 정확성 및 공정성	11. 사실, 개념, 용어, 이론 등은 객관적이고 정확한가? 12. 평가 문항의 질문과 답에 오류는 없는가? 13. 사진, 삽화, 통계, 도표 및 각종 자료 등은 공신력 있는 최근의 것으로서 출처를 분명히 제시하고 있으며, 해당 내용에 대한 설명으로 적합한가? 14. 한글, 한자, 로마자, 인명, 지명, 각종 용어, 통계, 도표, 지도, 계량 단위 등의 표기가 정확하며, 편찬상의 유의점에 제시된 기준을 충실히 따랐는가? 15. 문법 오류, 부적절한 어휘 등 표현상의 오류가 없고 정확한가? 16. 특정 지역, 국가, 인종, 민족, 문화, 계층, 성, 종교, 직업, 집단, 인물, 기관, 상품 등을 비방·왜곡 또는 옹호하지 않았으며, 집필자 개인의 편견 없이 공정하게 기술하였는가?
IV. 교수· 학습 방법 및 평가	19. 융·복합적 사고와 교과 지식의 적용 및 활용을 유도하는 다양한 교수·학습 방법 및 평가를 제시하였는가? 20. 체험 중심의 인성교육이 구현될 수 있도록 학생 참여와 협력 학습이 강화된 다양한 교수·학습 방법 및 평가를 제시하였는가? 21. 학생들이 스스로 학습하고 과제를 해결할 수 있는 다양한 교수·학습 방법 및 평가를 제시하였는가? 22. 교사와 학생, 학생과 학생 간의 상호작용이 가능한 다양한 교수·학습 활동을 제시하였는가?	IV. 학습 활동 및 평가 지원	17. 학습 활동 및 평가 과제는 교과 내용과 유기적으로 연계되어 있는가 18. 학습 활동 및 평가 과제가 학생의 수준에 적절하며, 수행이 가능한가? 19. 학생의 역량 및 기초 소양 함양이 가능하도록 다양한 학습 활동 및 평가 과제를 제시하였는가? 20. 학습의 과정을 중시하고 학생의 참여와 성장을 지원하는 학습 활동 및 평가 과제를 제시하였는가?

부록 5 교육목표 분류학의 요약

1. 지적 영역

분류번호	분류항목	목표진술에 필요한 명세적 동사
1.00	**지식**(knowledge)	지식이란 사실, 개념, 원리, 방법, 유형, 구조 등 이미 배운 내용의 기억을 의미한다.
1.10	특수사상에 관한 지식	정의하다, 기술하다, 찾아내다, 이름 짓다, 열거하다, 짝짓다, 이름 대다, 약술하다, 재생하다, 가려내다, 진술하다.
1.11	용어에 관한 지식	
1.12	특수사실에 관한 지식	
1.20	특수사상을 다루는 방법과 수단에 관한 지식	
1.21	형식에 관한 지식	
1.22	경향과 순서에 관한 지식	
1.23	분류와 유목에 관한 지식	
1.24	준거에 관한 지식	
1.25	방법론에 관한 지식	
1.30	보편적 및 추상적 사상에 관한 지식	
1.31	원리와 통칙에 관한 지식	
1.32	학설과 구조에 관한 지식	
2.00	**이해**(comprehension)	이해는 이미 배운 내용에 관한 의미를 파악하는 능력을 말하며, 단순 기억 수준을 넘어서 자료의 내용이 변환되어도 그 의미를 파악·해석·추론하는 능력을 말한다.
2.10	전환	전환하다, 변호하다, 구별하다, 추정하다, 설명하다, 부연하다, 일반화하다, 예시하다, 추론하다, 의역하다, 예측하다
2.20	이해	

2.30	추론	
3.00	**적용**(application)	적용은 개념, 규칙, 원리, 이론, 기술, 방법 등을 구체적이거나 새로운 장면에 활용하는 능력을 말한다. 변환하다, 계산하다, 예증하다, 발견하다, 변용하다, 조종하다, 예측하다, 준비하다, 관계짓다, 나타내다, 풀어내다, 사용하다, 작성하다
4.00	분석(analysis)	분석은 조직, 구조, 구성요소의 상호관계를 이해하기 위해 주어진 자료의 구성과 내용을 분석하는 능력을 의미한다.
4.10	요소의 분석력	세분하다, 도식하다, 변별하다, 구분하다, 식별하다, 찾아내다, 예증하다, 추론하다, 약술하다, 지적하다, 관계짓다, 가려내다, 분리하다, 세별하다
4.20	관계의 분석력	
4.30	조직원리의 분석력	
5.00	**종합**(synthesis)	종합은 비교적 새롭고 독창적인 형태, 원리, 관계, 구조 등을 만들어 내기 위해 주어진 자료의 내용과 요소를 정리하고, 조직하는 능력을 뜻한다.
5.10	독특한 의사소통의 개발	분류하다, 병합하다, 편집하다, 구성하다, 창조하다, 고안하다, 설계하다, 설명하다, 지어내다, 변용하다, 조직하다, 계획하다, 재정리하다, 재구성하다, 바꾸어 쓰다, 요약하다, 말하다, 쓰다
5.20	계획과 실행절차의 구안	
5.30	추상적 관계의 도출	
6.00	**평가**(evaluation)	평가는 어떤 특정한 목적과 의도를 근거로 주어진 자료나 방법이 갖고 있는 가치를 판단하는 능력을 말한다.
6.10	내적 준거에 의한 판단	감정하다, 비교하다, 결론짓다, 서술하다, 구분짓다, 설명하다, 주장하다, 해석하다, 관계짓다, 요약하다, 입증하다
6.20	외적 준거에 의한 판단	

2. 정의적 영역

분류번호	분류항목	목표진술에 필요한 명세적 동사
1.0	**감수**(receiving)	감수는 어떠한 자극이나 활동을 기꺼이 수용하고, 자발적으로 주의를 기울이게 되는 것과 같은 민감성을 말한다.
1.1	감지	묻다, 가려잡다, 주다, 갖다, 찾아내다, 이름짓다, 지적하다, 선택하다, 바로앉다, 대답하다, 사용하다
1.2	자진감수	
1.3	선택적 주의집중	
2.00	**반응**(responding)	반응은 어떤 자극이나 활동에 적극적으로 참여하고, 자발적으로 반응하며, 그러한 참여와 반응에서 만족감을 얻게 되는 행동을 말한다.
2.1	묵종반응	대답하다, 조력하다, 편집하다, 확인하다, 인사하다, 돕다, 명명하다, 실행하다, 연습하다, 제시하다, 읽다, 암송하다, 보고하다, 선택하다, 말하다, 쓰다
2.2	자진반응	
2.3	반응에 대한 만족	
3.00	**가치화**(valuing)	가치화는 특정한 대상, 활동이나 행동에 대해 의의와 가치를 직접 추구하고, 행동으로 나타내는 정도를 가리킨다.
3.1	가치수용	완성하다, 기술하다, 구분하다, 설명하다, 추종하다, 형성하다, 선도하다, 초대하다, 참가하다, 입증하다, 제안하다, 읽다, 보고하다, 분담하다, 공부하다, 일하다
3.2	가치의 채택	
3.3	확신	
4.0	**조직화**(organization)	조직화는 일관성 있는 가치체계를 내면화시키는 전단계로서 서로 다른 수준이나 종류의 가치를 비교하고 연관시켜 통합하는 것을 말한다.

4.1	가치의 개념화	추진하다, 변경하다, 정리하다, 결합하다, 비교하다, 완성하다, 변호하다, 설명하다, 일반화하다, 찾아내다, 수정하다, 조직하다, 차례짓다, 준비하다, 관련짓다
4.2	가치체계의 조직	
5.0	**인격화**(characterization)	인격화는 개인의 행동과 생활의 기준이 되며, 가치관이 지속적·일관성 있고, 그것이 그의 행동을 예측할 수 있을 가능한 정도로 확고하게 그의 인격의 일부로 내면화된 정도를 의미한다.
5.1	일반화된 행동태세	활동하다, 변별하다, 나타내다, 영향주다, 수정하다, 경청하다, 실행하다, 실천하다, 제안하다, 한정하다, 묻다, 개정하다, 봉사하다, 해결하다, 사용하다, 증명하다
5.2	인격화	

3. 심동적 영역

1) 심슨(Simpson)의 분류방식

1.0 지각(perception)

어떤 반응이나 동작을 하자면 감각기관을 통하여 대상과 그 대상의 특정과 관계 등을 알아보는 과정이 반드시 필요한데, 그 과정의 제일 첫 단계가 지각이다. 지각은 상황-해석-동작이라는 일련의 실체 운동과정에서 매우 중요한 자리를 차지하고 있다.

2.0 태세(set)

자세나 준비 자세는 포괄적으로 정신적, 정서적, 신체적 자세를 의미한다. 여기서 말하는 태세는 신체적 준비 자세를 뜻하며, 특정한 행동에 필요한 준비적 적응을 의미한다.

3.0 안내된 반응(guided response)

안내된 반응이란 타인의 지도나 조력을 받아 나타난 외현적 동작을 말한다. 그것은 그 다음 단계에 다가올 보다 복잡한 운동 기능을 발전시키는데 필요한 기초 동작을 의미한다.

4.0 습관화(mechanism)

동작의 습관화란 어떤 동작을 하는데, 숙련도와 자신감의 정도를 말한다. 습관적으로 반응하게 되는 동작을 가리켜 동작의 기계화가 이루어졌다고 한다.

5.0 복합적 외현행동(complex overt response)

복합적 외현행동은 특정한 흐름과 연결을 요구하는 비교적 복잡한 동작을 최소한의 노력과 시간으로 아주 자연스럽고 효과적으로 표현하는 것을 말한다.

2) 해로우(Harrow)의 분류방식

1.00 반사적 운동(reflex movements)

반사적 운동은 파악과 무릎 반사와 같이 개인의 의지와는 관계없이 나타나는 단순한 반사운동을 말한다. 이러한 반사적 운동은 훈련이나 교육에 의해서 발달되는 것은 아니기 때문에, 교수목표로 설정될 수 없는 행동이지만, 보다 높은 운동기능의 발달에 기초가 된다.

    1.10 소분절적 반사

    1.20 중분절적 반사

    1.30 초분절적 반사

2.00 초보적 기초운동(basic-fundamental movements)

초보적 기초동작은 잡고, 서고, 걷는 것과 같은 여러 가지나 몇 개의 바사적 운동이 함께 발달하고, 통합됨으로써 이루어지는 동작을 말한다.

2.10 이동 동작

2.20 입상(立像) 동작

2.30 조작 동장

3.00 운동지각능력(perceptual abilities)

운동지각 능력은 감각기관을 통하여 자극을 자각하고, 해석하며, 그것을
토대로 환경에 대처하고 적용하는 기능을 말한다.

3.10 근육감각을 통한 변별

3.20 시각을 통한 변별

3.30 청각을 통한 변별

3.40 촉각을 통한 변별

3.50 협응운동능력

4.00 신체적 기능(physical abilities)

신체적 기능은 숙달된 운동기능의 발달에 반드시 필요한 부분이며, 민첩하
고도 유연하게 일련의 숙달된 운동을 연속시켜 가는데 필요한 기초기능을 말
한다.

4.10 지구력

4.20 체력

4.30 유연성

4.40 민첩성

5.00 숙련된 운동기능(skilled movements)

타자와 기계체조와 같이 비교적 복잡하고, 숙련된 기능을 요구하는 운동을
할 때, 동작의 능률성, 통합성을 요구하는데, 이와 같이 숙련된 운동기능은
능률성과 숙련도를 필요로 하는 운동기능을 뜻한다.

5.10 단순적응기능
5.20 혼성적응기능
5.30 복합적응기능

6.00 동작적 의사소통(non-discursive communication)

동작적 의사소통은 간단한 안면 표정을 비록해서 무용과 같이 신체적 운동과 동작을 통하여 감정, 흥미, 의사, 욕구 등을 표현하고, 그 표현 자체를 창작하는 운동기능을 의미한다.

6.10 표현동작
6.20 해석동작

찾아보기

저자 소개

박창언(Park, Changun)
현 부산대학교 사범대학 교육학과 교수
국무조정실 정부업무평가 국정과제평가 전문위원
인사혁신처 개방형직위 국가공무원 중앙선발시험위원회 위원
국가교육위원회 국가교육과정모니터링단 단원
교육부 양성평등심의회 심의위원
교육부 교원양성체제 개선 실무위원회 위원
교육부 국가교육과정 각론조정위원회 체육 · 예술 분과 위원장
교육부 교육과정심의회 학교별위원회 심의위원/(특수학교) 전문위원
교육부 인공지능교육정책자문단 위원
교육부 교과서자유발행추진위원회 위원장/교과서정책자문단 위원
교육부 일반재정평가위원회 위원
교육부 한국형 무크(K-MOOC) 기획위원회 위원
한국국제교육교류학회 학회장/교과와 교과서학회 학회장 외

〈주요 저 · 역서〉

교육과정행정(동문사, 2021)

교육과정과 교육법(학지사, 2019)

진로교육학개론(공저, 교육과학사, 2019)

현대 교육과정학(학지사, 2017)

교육과 교육학(공저, 학지사, 2015)

교육과정: 이론과 실천(공저, 교육과학사, 2012)

Le Rôle du Pouvoir Politique dans l'élaboration des Programmes d'enseignement
    en Corée du Sud(ANRT, 2008)

교육과정실행연구(공역, 교육과학사, 2015)

통합방법연구의 기초(공역, 아카데미프레스, 2015)

최신 교사교육론(공역, 학이당, 2009)

거꾸로 생각하는 교육과정 개발(공역, 학지사, 2008)

최신 영재교육과정론(공역, 시그마프레스, 2007) 외

〈학위 및 수상〉

경북대학교 교육학과 졸업 및 동 대학원 교육학박사

프랑스 프랑쉬-콩테대학교 사회학, 인류학, 인구학 분야 박사

한국대학교육협의회에서 한국학술진흥재단(현 한국연구재단) Post-Doc.

한국연구재단 2016년도 인문사회분야 학술지원사업 우수평가자 인증(2017년)

부총리 겸 교육부장관 표창(2014년, 2016년, 2020년)

부산대학교 Premier 교수(2012년) 외

새로운 **교육과정**
–제도적 과정의 분석–

Introduction of Curriculum Studies

2023년 8월 25일 1판 1쇄 인쇄
2023년 8월 31일 1판 1쇄 발행

지은이 • 박창언
펴낸이 • 김진환
펴낸곳 • ㈜ **학지사**

04031 서울특별시 마포구 양화로 15길 20 마인드월드빌딩
대표전화 • 02-330-5114   팩스 • 02-324-2345
등록번호 • 제313-2006-000265호

홈페이지 • http://www.hakjisa.co.kr
인스타그램 • https://www.instagram.com/hakjisabook

ISBN 978-89-997-2968-3 93370

정가 20,000원

출판미디어기업 **학지사**

간호보건의학출판 **학지사메디컬** www.hakjisamd.co.kr
심리검사연구소 **인싸이트** www.inpsyt.co.kr
학술논문서비스 **뉴논문** www.newnonmun.com
교육연수원 **카운피아** www.counpia.com